吉林财经大学资助出版图书

证券分析师关注对财务报告重大错报风险的影响研究

胡玮佳 著

中国社会科学出版社

图书在版编目（CIP）数据

证券分析师关注对财务报告重大错报风险的影响研究/胡玮佳著. —北京：中国社会科学出版社，2019.6
ISBN 978-7-5203-4669-6

Ⅰ.①证… Ⅱ.①胡… Ⅲ.①会计报表—会计分析 Ⅳ.①F231.5

中国版本图书馆 CIP 数据核字（2019）第 131906 号

出 版 人	赵剑英
责任编辑	车文娇
责任校对	周晓东
责任印制	王 超

出 版	中国社会科学出版社
社 址	北京鼓楼西大街甲 158 号
邮 编	100720
网 址	http://www.csspw.cn
发 行 部	010-84083685
门 市 部	010-84029450
经 销	新华书店及其他书店
印 刷	北京明恒达印务有限公司
装 订	廊坊市广阳区广增装订厂
版 次	2019 年 6 月第 1 版
印 次	2019 年 6 月第 1 次印刷
开 本	710×1000 1/16
印 张	14.75
插 页	2
字 数	220 千字
定 价	69.00 元

凡购买中国社会科学出版社图书，如有质量问题请与本社营销中心联系调换
电话：010-84083683
版权所有 侵权必究

摘　　要

　　资本市场秩序的建立和保持需要具备真实可靠的信息，其中可靠的财务信息是投资者及其他利益关系人进行经济决策的基础，也是维持资本市场秩序和保证资本市场正常运行的关键。但由于我国资本市场存在监督机制不够完善、法律制度不足等问题，有些上市公司披露的财务报告中存在重大错报的信息，严重地误导了报表使用者的相关决策，使生产力发展和资源的有效配置受到了阻碍，损害了市场主体的合法权益。因此，寻找资本市场多方参与者的监督力量，提高中介机构的监督效力，降低上市公司财务信息重大错报风险成为优化资本市场资源配置的重要基础。

　　在信息经济学理论下，企业会计信息从内向外流动的过程形成了"制作（生产）—控制—鉴证—接收（披露）"的链条。在此链条中，上市公司、外部审计师、投资者、监管部门等各自起到了不同的作用。资本市场的制约体制包括注册分析师、会计准则、资本市场监管及反欺诈和内部交易的相关法律，有效的制约体制能够帮助防止和识别上市公司财务报告中存在的重大错报问题。但由于我国的监管力度较弱，投资者保护还不完善，除了健全现有的制约体制，寻找其他资本市场的监督力量是保持资本市场有效运行、降低投资者与上市公司之间信息不对称程度的关键因素。

　　作为资本市场的信息中介和上市公司的外部监督机制，证券分析师在资本市场信息监管体系中扮演了重要的角色。基于西方资本市场的研究证据已经发现，证券分析师识别舞弊公司的效率要远远高于市场监管层及审计师。在我国近年来发生的财务造假事件中，证券分析机构"浑水"（Muddy Waters）沽空公司对"辉山乳业"虚报资产的发现，以及证券分析师蒲某对"银广夏"夸大生产利润的跟踪和证实，都向市场揭露了财务报告中存在的重大错报信息，引起了监管层及投资者的注意。与注册会计师和政府监管相比，证券分析师可以从多渠道获取公司的信息，包括参加股东大会、电话会议和与管理层的私人谈话等，因此信息搜集的成本较低；与投资者相比，证券分析师具有更专业的背景知识，因此信息解析能力更强。尽管以往研究强调了分析师关注与会计信息质量之间的关系，但是研究结果并不一致。本书认为，这源自两个方面的原因：一是我国证券分析师行业尚处于发展阶段，政府部门对于中介机构的监管还不完善，因此导致研究结果受制度环境的影响；二是已有文献缺乏从会计信息传递的整个链条来分析的研究视角，因此不能系统地针对分析师关注对上市公司披露会计信息的影响进行分析。

借鉴以往研究和现有理论，本书从研究分析师对会计信息链的"制作（生产）—控制—鉴证—接收（披露）"流程各层面的影响作用入手，为分析师关注对财务报告重大错报风险的影响机理提出了新的解释框架。通过实证研究发现，分析师关注较高的上市公司，财务报告存在的重大错报风险较低。具体表现为：（1）在信息制作层面，本书从两个方面衡量了上市公司财务报告存在重大错报风险。一方面，重大错报在制作层面的直接表征为财务报告舞弊或财务报告重述。研究发现，分析师关注较高的公司，财务报告舞弊及财务报告重述发生的概率越低。另一方面，重大错报在制作层面的间接表征为盈余管理信息风险。通过识别上市公司财务报告中与业绩波动相关的可操控应计部分，本书发现，分析师关注越高的上市公司，财务报告中存在的盈余管理信息风险及基本面信息风险越低。（2）在信息控制层面，当上市公司的内部监督机制出现问题时，分析师可能会选择及时地发现并沟通，如果沟通没有达到有效提高内部控制的目的，分析师在避免发布负面预测的情况下会采取停止对企业跟踪的方式向市场传递信号。因此，在信息的"产品控制"阶段，分析师的关注有效提高了公司内部的治理环境，显著地降低了管理层舞弊的"合理化"因素，从而降低了财务报告中可能存在的重大错报风险。研究发现，分析师关注较高的公司，披露内部控制报告的可能性越高，内部控制的有效性越高，内部控制存在缺陷的概率越低。(3) 在信息鉴证层面，前两个阶段分析师对信息制作和控制的关注，提高了企业的信息环境，完善了上市公司的内部监督机制，有效降低了财务报告舞弊或错报可能存在的概率，因此，减少了注册会计师需要投入的审计成本，同时增加了上市公司被出具"清洁"审计意见的概率。

本书主要的研究贡献如下：

第一，构建了分析师关注对财务报告重大错报风险的影响的新的解释框架，为分析师关注对会计信息传递的整个链条具有监督和改善的作用提供了理论依据。研究认为，会计信息是企业向外界披露的"产品"，从产品的制作到"消费者"手中，经历了"制作（会计报告的编制）—控制（企业内部控制）—鉴证（注册会计师审计）—接收（披露给报告使用者）"的一系列流程。但是，以往大量文献把焦点放在分析师关注对资本市场反应或财务报告盈余质量的影响，忽略了分析师作为资本市场信息中介和上市公司外部监督者对于会计信息流动各层面的影响作用。

第二，根据会计信息传递链条的不同层面，构建了财务报告重大错报风险新的度量体系。以往文献主要以受到证监会处罚，或可操控应计利润作为公司财务报告存在重大错报风险的衡量变量，但此类替代变量存在局限性：一是没有受到违规处罚的公司并不意味着其披露的财务信息是"清洁的"（即完全不存在重大错报风险）；二是由于盈余管理是中性的，可操控应计利润的高低并不能直接代表上市公司财务报告是否存在重大错报风险。因此，本书对重大错报风险的衡量根据会计信息的传递进行了多层面的量化，使研究结论更具有可靠性。

第三，本书的研究结果着重强调了资本市场的中介机构——证券分析师在市场信息传递中的重要作用。随着我国资本市场规模的不断增长，证券分析师从早期不规范的民间"股评师"，发展到截至2017年从事证券投资业务的2309人，他们对于上市公司披露会计信息质量的影响越来越重要。因此，本书的主要现实意义在于引起监管层对如何利用分析师的职业特点和信息优势，提高上市公司会计信息质量、完善资本市场会计监管等问题的重视。研究结论以期为政府监管及资本市场利益相关者作为未来决策参考。

关键词：证券分析师；分析师关注；财务报告；重大错报风险；会计监管

目　录

第一章　绪论 …………………………………………………… （1）
　第一节　研究背景与研究意义 ………………………………… （1）
　第二节　研究目的与研究方法 ………………………………… （10）
　第三节　研究内容与研究框架 ………………………………… （15）
　第四节　研究创新 ……………………………………………… （19）

第二章　文献回顾与评述 ……………………………………… （23）
　第一节　财务报告重大错报风险的相关文献 ………………… （23）
　第二节　证券分析师关注的相关文献 ………………………… （39）
　第三节　文献评述 ……………………………………………… （49）

第三章　制度背景 ……………………………………………… （52）
　第一节　证券分析师行业的产生和发展 ……………………… （52）
　第二节　证券分析师行业的性质和特征 ……………………… （58）
　第三节　证券分析师行业对资本市场的作用 ………………… （61）
　第四节　本章小结 ……………………………………………… （67）

**第四章　证券分析师关注对重大错报风险影响机理的理论分析及
　　　　　假设提出** ……………………………………………… （68）
　第一节　会计信息链的传递与财务报告重大错报风险 ……… （68）

第二节　证券分析师关注对重大错报风险影响的理论分析 … (72)
   第三节　假设提出 …………………………………………… (86)
   第四节　本章小结 …………………………………………… (96)

第五章　证券分析师关注对财务报告舞弊及财务重述影响的
　　　　实证检验 …………………………………………… (97)
   第一节　样本选取与研究设计 ……………………………… (97)
   第二节　实证结果 …………………………………………… (107)
   第三节　稳健性检验 ………………………………………… (120)
   第四节　本章小结 …………………………………………… (127)

第六章　证券分析师关注对盈余管理信息风险影响的
　　　　实证检验 …………………………………………… (129)
   第一节　样本选取与研究设计 ……………………………… (129)
   第二节　实证结果 …………………………………………… (134)
   第三节　稳健性检验 ………………………………………… (142)
   第四节　本章小结 …………………………………………… (149)

第七章　证券分析师关注对内部控制评价影响的实证检验 …… (150)
   第一节　样本选取与研究设计 ……………………………… (150)
   第二节　实证结果 …………………………………………… (154)
   第三节　稳健性检验 ………………………………………… (163)
   第四节　本章小结 …………………………………………… (165)

第八章　证券分析师关注对审计费用及审计意见影响的
　　　　实证检验 …………………………………………… (166)
   第一节　样本选取与研究设计 ……………………………… (166)
   第二节　实证结果 …………………………………………… (171)
   第三节　稳健性检验 ………………………………………… (180)

第四节　本章小结 ………………………………………（183）

第九章　研究结论与政策建议 ……………………………（185）
　　第一节　主要研究结论 …………………………………（185）
　　第二节　政策建议 ………………………………………（188）
　　第三节　研究局限及展望 ………………………………（190）

参考文献 …………………………………………………（193）

第一章 绪论

第一节 研究背景与研究意义

一 研究背景

党的十八届三中全会通过的《中共中央关于全面深化改革若干重大问题的决定》(以下简称《决定》)中指出:"建设统一开放、竞争有序的市场体系,是使市场在资源配置中起决定性作用的基础。"[①] 在资本市场中,良好秩序的建立是资本市场有效发挥作用的前提和基础。资本市场秩序的建立和保持需要具备真实可靠的信息,其中可靠的财务信息是投资者、债权人和其他利益关系人进行经济决策的基础。针对市场中出现的主要现实问题,《决定》提出:"着力清除市场壁垒,提高资源配置效率和公平性。"投资者、债权人及其他资本市场参与者所使用的信息主要来自上市企业所披露的财务报告。但由于我国资本市场监督监管不够完善、法律制度不足等因素,一些上市公司披露的财务报告中存在着重大错报的会计信息。这样的信息误导了报表使用者的投资决策,导致市场生产力发展和资源的优化配置受到了严重阻碍,损害了市场主体的合法权益。可见,维持资本市场秩序和保证

---

① 人民网(http://cpc.people.com.cn/n/2013/1115/c64094-23559163.html),2013 年 11 月 15 日。

2　证券分析师关注对财务报告重大错报风险的影响研究

资本市场正常运行的核心是提高会计信息质量，保证上市公司披露的财务报告不存在重大错报风险。

重大错报会计信息是由错误及舞弊两种原因造成的。其中，与错误信息相比，管理层财务舞弊形成的重大错报信息，是很难被监管部门及审计师发现并鉴证出来的。如何识别财务报告重大错报风险，始终是政府部门监管资本市场和注册会计师审计财务报告的关键问题。"重大错报风险"的概念由 2006 年版《中国注册会计师审计准则第 1101 号——财务报表审计的目标和一般原则》正式提出[①]，准则将审计风险模型定义为：审计风险 = 重大错报风险 × 检查风险，即确立了现代风险导向审计的审计模型[②]。新模型体现了以经营风险为起点，以重大错报风险为核心的现代风险导向审计思路，注重系统分析和企业战略分析；同时强调通过了解企业及其环境以及评价内部控制以确定检查风险、设计和实施实质性程序。新准则对审计风险的定义扩展了传统理念对于重大错报风险的理解，强调对企业整体经营状况的关注。这意味着，会计信息的形成是资本市场多方参与的结果。在信息经济学理论下，企业会计信息从内向外流动的过程形成了"制作（生产）—控制—鉴证—接收（披露）"的链条。在此链条中，上市公司、外部审计师、投资者、监管部门及其他资本市场利益相关者在整个信息传递的过程中各自起到了不同的作用。资本市场有效的制约体制包括独立的注册会计师、会计准则、资本市场监管及反欺诈和内部交易的相关法律。有效的制约体制能够帮助防止和识别会计欺诈或舞弊行为，但是如果只关注已有的制约体制，而忽略了其他可能存在的有用机制，也同样是错误的（黄明，2002）。作为资本市场的信息中介和上市公司的外部监督机制，证券分析师在市场制约体制当中起到了不

[①] 参见中注协制定、中国财政部发布的《中国注册会计师审计准则第 1101 号——财务报表审计的目标和一般原则》（2006）。

[②] 该模型中的"重大错报风险"是指注册会计师审计前财务报告存在的重大错报风险，而审计风险是指审计后财务报告仍存在的重大错报风险。由于审计前数据无法获取，本书研究的"重大错报风险"为后者。

可忽视的积极作用。

2017年3月中旬,港股上市的"辉山乳业"被沽空机构"浑水"指出夸大资产价值及杠杆过高,导致其股价于3月24日重跌85%,创历史最大幅度,最低暴跌至0.25港元。事实上,"浑水"在2014年就曾揭露辉山乳业的财务造假行为,通过持续跟踪,多次向市场发布报告警示投资者,但是并未引起足够的重视,直到后期引起监管层的注意,监管部门前往调查后发现了巨额的财务漏洞,引起市场的抛盘。① 但这并不是分析机构或分析师发现财务报告舞弊的唯一案例。在2001年的"银广夏"事件中,分析师在2000年3月份与银广夏管理层的一次偶然对话中,对其财务利润产生了质疑。在对工厂进行实地考察、持续跟踪经营状况之后,分析师认为银广夏确实存在财务造假行为,并将自己搜集的信息交给《财经时报》,最终引起监管部门及市场投资者的注意。

与外部审计师不同的是,分析师的职责是发现有价值、被低估的公司,具有可以利用各种途径、广泛地搜集和分析信息的优势,因此分析师事实上从整个企业信息的传递链影响了财务报告可能存在的重大错报风险。例如,Lees(1981)针对美国资本市场的研究发现,分析师主要通过与公司管理层的会面、上市公司提交给监管部门的报告(如10-K报告)②、上市公司的年度及中期财务报告、管理层披露的盈余预测、管理层发布的其他公开陈述五个方面获取关于上市公司的信息进行盈余预测,并出具包含投资建议的报告。胡奕明(2005)通过调查问卷发现,我国证券分析师最常用的信息渠道依次是上市公司的财务报告、各类新闻媒体对上市公司经营的相关报道、从各大证券公司有关部门获得信息、学术性图书刊物、对上市公司进行电话访问、实地调研等。具体来说,证券分析师工作流程如图1.1所示,在

---

① 《回顾浑水沽空报告全文:辉山乳业为啥一文不值》,http://finance.sina.com.cn/stock/hkstock/ggscyd/2017-03-24/doc-ifycstww0996112.shtml,2017年3月24日。

② 指在美国资本市场注册上市公司每年必须提交10-K表格,其中包括管理层讨论与分析,以及根据美国公允会计准则编制及被审计过的年度财务报表。

综合企业的宏观经济环境、行业竞争状况及发展趋势、企业财务经营状况、企业发展前景等多个方面的信息后,分析师以个人或团队的形式出具研究报告,为投资者或其他利益相关人在投资决策时作为参考。在搜集信息方面,分析师不仅关注上市企业财务报表中的信息,还对企业宏观环境、行业竞争力等多方面进行综合分析,最后通过模型估值和财务评估等程序,发布盈余预测或评级报告。相比注册会计师、政府监管、投资者及其他资本市场利益相关者,证券分析师能够获取更及时的信息且获取信息成本更低,因此他们在企业信息从内部传递到外部的过程中起到了重要的积极作用。

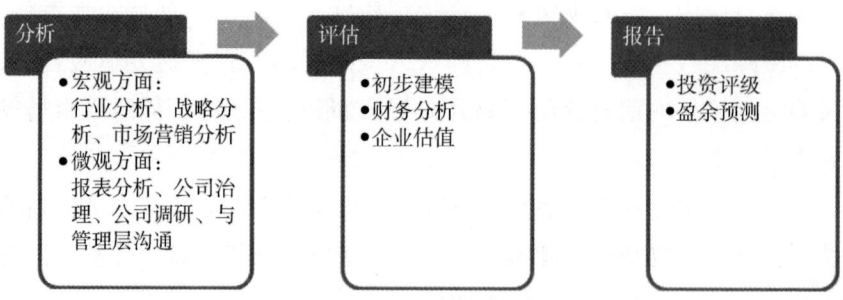

图 1.1　证券分析师工作流程

尽管以往研究强调了证券分析师作为财务报告使用者与上市公司管理层之间的信息媒介,是提高上市公司会计信息质量的重要监督机制,但是没有得到一致的结论。例如,Jensen 和 Meckling 在 1976 年针对委托代理理论的分析中指出,证券分析师能够有效缓解股东与企业管理层之间的代理问题,从而减少信息不对称;于忠泊等(2011)认为分析师的关注是有效替代审计师监督力度不足和法制环境监管不足的一项重要市场行为;Dyck 等(2010)发现,分析师能够比外部审计师更有效地识别财务报告舞弊。通过分析 1996—2004 年美国资本市场的财务舞弊案例,他们发现由传统治理机制(例如 SEC 监管与注册会计师审计)发现的舞弊行为只占总体的 1/5,其中,分析师和媒体在识别 Health South、Worldcom 和 Cendant 等公司舞弊案例中起到了重要的作用。另外，与薪酬契约相似，部分学者认为分析师的关注能够加大管理层进行盈余操纵行为的动机（Matsunaga 和 Park，2001；Brown 和 Caylor，2005；Burns 和 Kedia，2006）。例如，Graham 等（2005）发现公司的财务总监们通过达到或超过分析师盈余预测（Meet-or-Beat Earnings，下文简称 MBE）来增强资本市场对其的信心，同时稳定或增长其股票价值，保证经理人在资本市场声誉，同时表达出上市公司具有投资前景的信号。Dhaliwal 等（2004）、Cheng 和 Warfield（2005）也发现了公司盈余和其分析师跟踪人数的正向关系。Bartov 等（2002）、曹胜和朱红军（2011）发现能够 MBE 的上市公司可以获得更高的收益，而未能达到分析师预测的企业会在资本市场蒙受损失。Keune 和 Johnstone（2012）发现在财务报告重述时，前期分析师关注高的公司也很少会在修正信息中下调公司的盈余。

  本书认为，以往研究之所以没有得到一致的结论是因为对分析师在资本市场信息传递过程中扮演的角色认识不够全面，缺乏完整的逻辑框架和研究主线。按照信息经济学来说，会计过程实质上是一个信息收集、制作和披露的过程，其最终产品是一种反映企业整体或部分经营成果及财务状况的信息，即财务报告。证券分析师对于上市公司的监督机制不仅体现在以往研究中主要关注的市场反应和盈余管理，而更重要的是在企业将内部信息传递到报表使用者手中的过程会经历"制作（生产）—控制—鉴证—接收（披露）"一系列的"生产流程"，而分析师在信息链传递的过程中分别发挥了监督"产品生产"、完善"产品控制"、降低"产品鉴定"成本等作用。因此，本书以此为研究主线，在现有的研究基础上，考察分析师关注对上市公司会计信息传递过程中的作用，从而研究前者对财务报告重大错报风险的影响，为资本市场政府监管者、投资者、债权人和其他利益相关者作为决策参考。

二　研究意义

（一）理论意义

以上市公司财务报告重大错报风险的识别为核心研究问题，本书探讨了资本市场企业外部监督者与信息中介——证券分析师的关注行为对重大错报风险的影响。以往的大多数研究集中于上市公司的委托代理理论来解释分析师对上市公司披露会计信息的影响，指出分析师通过降低企业的代理成本起到了对上市公司管理层的监督作用。但由于会计信息在资本市场的流动不仅仅发生在披露层面，它从企业内部向企业外部的流动过程中经历了"制作—控制—鉴证—披露"一系列的流程。以往研究虽然充分关注了分析师对会计信息披露的影响，但对会计信息链条各个层面的系统研究尚不完善。因此，本书以信息流动的链条为主线，从多个层面出发，指出分析师的关注行为对财务报告重大错报风险的影响从企业内部信息的"产生"开始，经历了内部信息质量的"控制"、信息的鉴证，最终到报表使用者的信息接收均起到了不同程度的重要作用。本书拓展了上市公司财务报告重大错报风险研究的相关理论，有利于构建有效监管环境下分析师关注对会计信息编制者、会计信息控制者、会计信息鉴证者，以及会计信息使用者影响的理论体系，从而丰富现有学术文献和拓展研究视角。

首先，资本市场是一个信息流动的市场。财务信息通过企业管理层的编制，再经由注册会计师审计，最后由管理层披露审计后的财务报告信息和注册会计师出具的审计意见。保证资本市场信息流动是发展有效市场的重要途径。尽管以往研究不乏对此路径的探究，但回顾早期文献发现，大多数只关注于信息的"制作"和"发布"的过程。即使在萨班斯法案后，相关研究领域逐渐出现从影响信息"制作阶段"角度出发的经验证据，但主要焦点依然是公司治理等影响会计信息的内部因素，而忽视了影响上市公司信息"制作过程"的外部因素。在资本市场中作为企业会计信息的外部监督者,除了对企业披露信息进行审计的注册会计师、对违规行为进行处罚的市场监管层,还存在着具有专业能力,能够挖掘并解析上市公司信息、评估公司投资价值、发布分析报告的证券分析师。分析师所承担的双重职能已经得到众多学者的认可,包括:一是对分析师具有专业解析上市公司财务信息能力的认可。通过评估上市公司外部经营环境的影响因素、收集公司内部的财务数据,分析师发布预测、评级报告及其他有用信息,有效减弱了上市公司与投资者之间的信息不对称程度。二是对分析师能够抑制上市公司管理层会计操纵行为的监督职能的认可。尽管分析师的监督职能在以往研究中存在争议,但是,分析师通过跟踪、实地调研、与管理层的面谈等方式深入分析公司的经营决策问题,发布独立且稳健的评级报告,有效地提高了公司经营决策行为和资本市场财务报告使用者之间的信息透明度,进而减少股权公司所有者和委托人之间存在的代理成本(Jensen 和 Meckling,1976)。因此,本书认为具有专业的信息分析能力和特有信息渠道的证券分析师,将关注上市公司的财务状况和投资前景以分析报告的形式传递给资本市场投资者,在一定程度上改善了上市公司管理层对会计信息的"制作过程"和内部治理环境。但是,由于证券分析师的预测行为及信息会显著影响投资者的投资行为,那么分析师对上市公司的关注会成为管理层操纵会计信息的直接动因。所以,简单地用委托代理理论来解释分析师关注是否会影响上市公司的重大错报风险并不能得到一致的实证结论。

其次,资本市场是多个参与人博弈的"域",包括上市公司管理层、投资者、市场监管机构、外部审计师、证券分析师,以及其他利益相关者。每个决策主体通过考虑其面临的局势,思考其他博弈者具备的可能选择,选择能够最大化自己效用的行为决策。根据本书的核心研究问题,上市公司财务报告中重大错报风险的识别主要涉及三个资本市场参与人:一是证券市场的监管方,例如证监会、沪深证券交易所;二是证券市场的中介机构,在这里特指跟踪上市公司,并发布预测及评级报告的证券分析师[①];三是披露财务报告信息的上市公司管理层。根据张维迎(1996)的研究,基于完全信息静态博弈模型分别对上市公司与监管部门、上市公司与分析师之间的决策进行了博弈分析。根据博弈的均衡结果,本书发现分析师是否跟踪上市公司,是上市公司管理层是否会披露存在重大错报风险财务报告的重要决策因素。

再次,基于青木昌彦(2001)的比较制度经济学分析,本书认为分析师关注与上市公司管理层财务报告披露之间是多层博弈的结果。青木昌彦(2001)指出,制度是博弈的均衡,是一种内生规则。在重复博弈的状况下,各参与人之间形成了一种均衡。他的论点支持了传统博弈模型无法解释的问题,即当个体参与人在无法了解别人决策行为时,整个市场反馈机制如何能达到均衡的状况。

之后,本书依据 Deci 和 Ryan(1985)在心理学上的"认知评价理论",对分析师的关注可能形成的压力效应给出了理论基础。按照他们的理论,当外部作用机制(如分析师的关注行为)影响到了个体的自主权或控制权(如管理层的会计政策选择)时,个体的行为会表现为外部作用机制本应该控制的方向(如从稳健的会计行为转为更多的盈余操控行为),因此该理论也从心理学角度证实了分析师的关注能够影响管理层的会计信息"制作"行为。

最后,公司的财务报告舞弊行为被认为是财务报告存在重大错报风险最明显和最直接的表征。本书基于 Cressey(1953)的舞弊三角形理论,从压力、动机、合理化三个方面对分析师关注如何影响上市公司财务报告重大错报风险给出了进一步的理论分析:其一,作为上市公司的外部监督者,市场期望分析师能够减少舞弊的"动机"因素;其二,由于分析师逐渐成了资本市场的衡量标准,从而分析师的跟踪增加了公司管理层的舞弊"压力"因素;其三,分析师对于公司的跟

---

① 为了简化模型,本节在构建博弈模型时假定外部审计师是独立的,且具有合理保证财务报告不存在重大错报的责任,因此没有将其作为博弈参与人。

踪关注及与管理层的沟通能够优化上市公司的内部监督机制，因此会有效减少管理层进行会计操纵的"合理化"因素。因此，舞弊三角形理论从三个方面说明了分析师关注对财务报告信息在传递过程中的作用。

综上所述，以往相关领域的研究多集中于管理层的会计操纵、注册会计师对财务报告的鉴证或分析师关注行为带来的投资者反应，而这些仅代表了会计信息链条中的一个层面。从会计信息链条的多个层面研究证券分析师关注对会计信息披露的影响尚不多见。本书在已有研究的基础上，以财务报告重大错报风险为核心研究问题，以会计信息传递链为逻辑主线，基于不同的理论分析了证券分析师关注对企业财务报告重大错报的影响机理，并提供了假设及实证检验；在深化证券分析师及会计信息相关理论的同时，也丰富了关于资本市场中介机构的监督治理功能与会计信息质量的研究文献。

（二）现实意义

我国资本市场现阶段处于快速发展及上升期，相比计划经济阶段，企业逐步从对政府的依赖转为对市场的依赖，但同时伴随着较低的投资者保护水平（Allen等，2005）、影响作用较低的外部审计监督机制及媒体披露。在这样的环境下，证券分析师会通过影响会计信息制作、控制、鉴证的流动链条来缓解资本市场的信息不对称。因此，系统地研究分析师关注行为对资本市场上市公司财务报告重大错报风险的影响对于注册会计师、投资者、监管部门、政策制定者以及其他利益相关者都具有重要的参考价值和实用意义。

首先，对证券分析师行业而言，提高从业人员的职业能力和增加执业道德教育的培训内容。分析师的跟踪行为及其发布的预测、评级报告都能够在很大程度上影响上市公司的财务报告质量，因此，需要保证分析师在执业中具有谨慎、独立及稳健的态度。同时，凭借监管部门不断完善的行业监督机制，寻找到更有效的应对利益冲突的方法。

其次，对个人投资者而言，尽管借助分析师发布的报告可能做出更准确的投资决策，获得更好的投资回报，但由于证券分析师行业的高速发展、证券分析师报告供给的增加，多数"闻风而来"的投资者盲目地选择分析师推荐的投资股票或过于相信上市公司所披露的财务信息而导致损失。另外，对于机构投资者，其对证券分析师预测报告及跟踪行为的"追随"现象也是市场行业监管需要重点关注的问题。本书研究分析师关注对上市公司财务报告质量的影响，以期帮助投资者更加客观地对待分析师预测及企业披露的信息，做出更理性的投资决策。

再次，对上市公司而言，证券分析师的跟踪及关注有助于降低企业的资本成本，提高公司价值。但是，上市公司管理层的会计造假行为也可能会受来自证券分析师关注的外在压力，增加进行盈余操纵的可能性。因此，本书从管理层对会计信息的"制作"出发，对分析师关注影响信息"制作—控制—鉴证"的整个流程进行分析，研究认为分析师关注越高的上市公司，能够形成"分析师关注—抑制管理层财务报告披露—改善内部监督机制—降低信息鉴证成本—降低财务报告重大错报风险"的良性循环。

最后，对监管机构而言，不仅要把监管重点放在上市公司的管理层以及注册会计师行业上，还需要对证券分析师行业进行监管、对分析师行业发展进行完善。政策制定者在不断推出新的监管规定的同时，也应该重视市场机制的调节作用，以市场调节和适度监管两个手段，为证券分析行业找到更完善的生存环境和发展方向，促进资本市场效率的提升。

第二节 研究目的与研究方法

一 研究目的

财务报告信息从上市公司内部向资本市场流动的过程中经历了信息的制作（即报表编制）、信息的控制（内部控制系统）、信息的鉴证（注册会计师审计）和信息的接受（资本市场反应）四个过程。在整个会计信息链条中,上市公司管理层、注册会计师、投资者、监管部门、证券分析师等在其中扮演了相互联系但存在显著差异的不同角色。在以往的研究中,对于上市公司重大错报风险影响的相关文献主要集中于注册会计师的审计工作或上市公司的财务指标特征(即信息鉴证层面);对于证券分析师的研究主要集中于其对管理层的盈余管理行为和对资本市场投资者的反应等(即信息披露层面)。本书通过理论分析和逻辑推理发现,证券分析师的关注行为在上市公司财务报告信息流动的整个链条中都发挥了重要作用,这对于研究如何缓解资本市场信息不对称等相关领域具有一定贡献。本书的具体研究目标如下。

第一,基于会计信息的流动链条,识别企业内部会计信息在制作、控制、鉴证、披露或接收的过程中,受到公司内部治理环境及资本市场其他利益相关者的影响机理。从信息经济学的角度理解,信息流动的各层面作用主体,包括政府监管、上市公司管理层、注册会计师等,在流动的各个层面发挥了不同的作用。首先,信息的制作由管理层进行,在信息生产的过程中,管理层会受到来自外界的压力或监督。例如,自20世纪90年代中期开始,分析师对跟踪的企业发布的盈利预测点已基本取代上市公司原有的盈余亏损点,成为投资者及其他利益相关者衡量上市公司经营状况的最重要的阈值标准。市场参与人在投资决策前,会比较上市公司业绩与同一期的分析师预测判断,看企业是否达到或超过了分析师的盈余预测,再考虑做出相应的投资决策。因此,管理层在进行财务报告编制时,会受到类似因素的影响,从而对盈余信息进行操纵,严重可能导致舞弊。其次,在信息控制的过程中,公司内部控制系统起到了重要的作用。薄弱的内控会降低信息质量,而较为完善的内部监督机制则能够降低管理层进行舞弊或其他会计造假行为的"合理化"理由。再次,在信息的鉴证方面,注册会计师为上市公司提供外部审计服务的主要职责是对上市公司披露会计信息的真实公允性进行合理的保证。最后,当会计信息最终被报表使用者接收时,将会相应地反映在公司的股票价值及资本成本上。

第二,基于分析师行业的特征,构建分析师关注对于上市公司会计信息影响的理论框架。在对行业特征及性质的制度背景介绍中，认为以往研究使用的盈余预测和评级报告等分析师跟踪特征，可能会因为分析师不情愿披露负面信息的原因而受到影响。因此，本书选择分析师关注或跟踪来衡量其对上市公司投资前景及经营状况的客观态度。根据前述对信息流动链的分析，在理论分析和实证验证时，本书的主要目的是找到分析师关注在信息从内向外的流动中对各层面的影响机理和经验证据。借鉴信息经济学、制度经济学、心理学等学科的理论，对分析师关注对财务报告重大错报风险的影响关系分别从 Jensen 和 Meckling（1976）的委托代理理论、完全信息静态博弈模型、青木昌彦（2001）的比较制度经济学分析、Deci 和 Ryan（1985）的认知评价理论，以及 Cressey（1953）的舞弊三角形理论进行了理论分析，找到分析师关注对上市公司财务报告信息流动各层面影响的理论支持，并提出相应假设。

第三，比较分析现有文献中重大错报风险衡量指标的适用性，以期在未来研究中找到更有效的衡量方式。以往文献主要采用以"结果"和"原因"的表征变量对重大错报风险进行衡量，其中最具有代表性的是财务报告舞弊违规公告和上市公司的盈余质量。通过对国内外文献进行梳理可以发现，这些变量存在各自的优点和局限性，因此本书基于会计信息传递链的各个层面，应用多个衡量变量对核心研究问题进行验证，以期在未来研究中为相关领域提供支持和研究方向。

第四，明确加强行业监管及资本市场法制环境对于市场健康发展的重要性。我国法制环境整体对中介机构的监管较弱已经成为影响资本市场健康发展的重要问题。尽管本书的核心问题是针对证券分析师的关注能否影响上市公司财务报告的重大错报风险，但是分析师的监督效应依赖于整体的监管环境和监管部门的处罚力度。因此，政府相关部门应肩负起提高对资本市场各参与者监管的职责，使上市公司的外部监督者能够更有效地识别企业披露信息中存在的问题，更好地建立起信息畅通、协调有序的资本市场。

二 研究方法

本书主要采用规范研究与实证研究相结合的研究方法，对研究问题进行了检验。研究思路整体上遵循了"文献搜集—梳理评述—理论研究—假设优化—实证检验—政策建议"这样从特殊到一般再到特殊、实践与认知紧密联系的研究逻辑。

（一）理论演绎与逻辑归纳

首先，本书采用档案研究方法对已有文献进行归纳并分别围绕分析师关注与财务报告重大错报风险进行总结、评述，找到相关领域中的研究机会。其次，在理论分析部分采用了规范分析方法，参考信息经济学、制度经济学、心理学等多学科的知识进行了理论分析。其中包括，利用 Jensen 和 Meckling（1976）的委托代理理论，分析在资本市场中分析师所担任的信息中介角色作用；采用完全信息静态博弈分析，分别为上市公司管理层与监管层、上市公司管理层与分析师之间的行为建立了博弈模型；利用青木昌彦的比较制度经济分析理论，指出在我国特殊的制度背景情境下，会计信息的传递受资本市场多方参与者的影响，在其中找到分析师关注在信息传递中发挥的重要作用；采用心理学的认知评价理论，指出上市公司管理层面对证券分析师关注时，可能受到的压力或动机；采用犯罪心理学的舞弊三角形理论，从动机、压力、合理化三个方面，分别对管理层面对分析师关注可能作出的行为对策进行分析。最后，基于会计信息传递链的各个层面，分别针对证券分析师关注对信息自内向外流动的各个阶段影响进行分析，并相应地提出研究假设。

（二）实证研究和结果分析

在实证方法方面，本书采用了描述性统计方法和多元回归的统计方法对研究假设进行了检验，其中包括独立样本 t 检验、加权最小二乘法、Logistic 回归、倾向得分匹配法、工具变量、自然实验与安慰剂测试、Heckman（1979）二阶段模型等。在研究设计方面，本书在已有研究的基础上,从会计信息流动的各个层面对重大错报风险进行衡量,其中包括:①基于信息的"制作(生产)"层面,认为舞弊违规公告和财务报告重述分别代表了重大错报风险存在的"舞弊"和"错报"两方面,因此将这两者作为重大错报风险的离散变量;另外,盈余管理的水平并不一定代表管理层的会计舞弊动机,因此将盈余管理信息风险作为重大错报风险的连续变量。②在信息"生产流程"的控制层面,内部控制是否有效严重影响着上市公司管理层舞弊发生的概率,因此本书在此层面选取"内控评价报告"是否存在缺陷作为上市公司是否具有重大错报风险的衡量变量。③在信息"产品"的鉴证层面,前两个阶段的信息传递过程很大程度地影响了"产品鉴证"阶段的所需成本,即注册会计师对于财务报告信息鉴证时所投入的审计成本,因此采用审计费用作为重大错报风险的衡量变量;同时,注册会计师出具的"不清洁"审计意见也是作为企业财务报告存在重大错报风险的直接变量。本书的实证部分对于分析师关注可能因自选择问题存在的内生性也进行了充分的考虑和控制。根据以往的文献,主要使用以下几种方法控制分析师在选择上市公司时可能产生的内生性问题:①取分析师跟踪的滞后变量作为研究变量(Degeorge 等,2013;袁知柱等,2016),以控制分析师关注和被解释变量之间存在反向因果关系的可能性。②以分析师跟踪人数为因变量、公司其他特征变量为自变量进行回归,取残值为超额关注度作为主模型回归中的主要解释变量(Yu,2008;李晓玲等,2012;周冬华、赵玉洁,2015;Sun 和 Liu,2016)。③使用自然实验和安慰剂检验方法(如 Irani 和 Oesch,2013;Chen 等,2015;李春涛等,2016),利用券商关闭和券商合并为导致分析师对上市公司关注度减少的外生冲击,之后找到受影响公司的对照匹配样本进行检验,以此找到分析师关注与因变量之间存在的关系。④借鉴以往文献(Hu 和 Han,2015;Chen 等,2016)的方法并选择 Heckman(1979)二阶段回归控制分析师在跟踪上市公司时可能存在的自选择问题。同时,本书采用倾向得分匹配法(Propensity Score Matching,下文简称 PSM)找到财务报告舞弊、内控存在缺陷公司的匹配样本与舞弊（缺陷）样本进行回归，对实证结果的稳健性进行验证。

第三节 研究内容与研究框架

一 研究内容

本书以分析师关注是否影响上市公司财务报告重大错报风险为核心问题来展开分析。现有理论和已有文献均证实分析师关注行为显著影响了上市公司财务报表中披露的信息，但结论并不一致。本书通过梳理文献，发现以往研究对于分析师是如何影响资本市场会计信息披露的理解并不全面。因此，本书以会计信息自企业内部流向市场的信息链条为逻辑主线，研究分析师关注对会计信息流动各层面的影响机理。同时，通过借鉴信息经济学、制度经济学、心理学等相关理论对分析师在各层面的影响作用进行进一步分析，从而提出研究假设并进行实证检验。本书的具体研究内容如下。

第一章为绪论。本章首先介绍了研究的背景与意义，从当前我国证券市场的现状入手，提出研究问题在当前资本市场背景下的重要性。其次，从理论和现实两个方面阐述了本书的研究意义。最后，根据研究背景和研究意义，提出了本书的研究问题并列出了研究问题的逻辑框架，之后简要陈述了研究方法、内容、框架及研究的创新点。

第二章为文献回顾与评述。本章主要围绕本书核心研究问题，首先对财务报告重大错报风险、分析师关注的相关文献分别进行了回顾和整理。通过梳理文献发现，已有研究对重大错报风险的衡量主要基于重大错报结果的表征和基于影响重大错报的因素两方面进行研究，笔者对此分别进行了回顾。其次，针对有关分析师关注的文献进行了综述，通过整理发现分析师关注的影响方面包括财务舞弊及重述、上市公司盈余管理行为、资本市场反应以及审计意见及费用。最后，对已有文献进行了评述以及阐述了对本书的启示。

第三章为制度背景。本章对证券分析师行业的制度背景进行了简要介绍，其中包括证券分析师行业的产生和发展、性质和特征，以及证券分析师行业对资本市场的作用。

第四章为证券分析师关注对重大错报风险影响机理的理论分析及假设提出，是本书的理论核心部分。首先，根据本书主要的逻辑主线——会计信息链的传递，认为具有更多信息渠道和专业分析能力的证券分析师对信息的"生产制作—过程控制—产品鉴定—披露给市场"的整个信息商品的"产品链条"分别起到了监督及改善等作用，即降低了财务报告的重大错报风险存在的可能性。其次，借鉴信息经济学、制度经济学、心理学的理论，对分析师关注对财务报告重大错报风险的影响关系分别从 Jensen 和 Meckling（1976）的委托代理理论、完全信息静态博弈模型、青木昌彦（2001）的比较制度经济学分析、Deci 和 Ryan（1985）的认知评价理论，以及 Cressey（1953）的舞弊三角形理论进行进一步理论分析。最后，基于以上的理论分析和演绎，提出了研究的相关假设。

本书的第五章到第八章，分别从信息传递的不同阶段，对分析师关注影响重大错报风险的机理进行了实证检验。每章实证检验均包括了样本选取、研究设计、实证结果分析、稳健性检验以及结论。具体来说，第五章对证券分析师关注对财务报告舞弊及财务报告重述的影响进行了实证检验。舞弊和差错都能形成财务报表的重大错报，财务报告舞弊是形成重大错报的主要因素，以往研究默认为注册会计师应该能够识别会计差错，最终的财务报表重大错报是由管理层的会计舞弊造成的，因此在与重大错报风险相关的文献中，财务报告重述和财务舞弊违规公告作为最常用且最直观的两个变量出现。上市公司由于对财务报告造假而造成资本市场损失，被监管部门处罚，并同时被发布违规公告。财务报告重述是指对前期发布的财务报表中的重大错误进行修正或重要信息补充，在审计领域中被广泛地使用（Kinney 等，2004；Archambeault 等，2008；Chin 和 Chi，2009）。所以，财务重述和违规公告从直接性（Directness）和重大性（Egregiousness）来说，都是衡量财务报告重大错报风险的有效变量（Defond 和 Zhang，2014）。通过实证检验发现，分析师的关注度与上市公司的财务报告舞弊和重述发生概率均呈显著的负相关关系。结果说明，一方面，分析师的关注在信息"制作"层面对管理层发挥了有效的监督作用，遏制了管理层的财务报告舞弊行为；另一方面，分析师能够识别上市公司财务报告重大错报风险并相对减少了跟踪行为，并且分析师的跟踪行为能引起监管方面的注意，督促其对上市公司进行进一步调查，提高了财务报告舞弊被发现的概率。

第六章是证券分析师关注对盈余管理信息风险影响的实证检验。以往研究对分析师关注是否能抑制上市公司的盈余管理行为一直存在争议（Yu，2008；Dyck 等，2010；袁知柱等，2016；Hu 和 Schaberl，2017）。笔者认为，由于成本及自身能力问题，分析师倾向于识别那些非常极端明显的盈余操纵，而非任何程度的盈余管理（Bartov 等，2002；Dechow 等，1995）。大部分公司可能都存在会计准则"灰色地带"的盈余管理行为，因此本章采用盈余管理信息风险衡量可能存在的重大错报风险。结果发现，分析师关注与上市公司的盈余管理信息风险及基本面信息风险均显著负相关。结论指出，同样处于会计信息的"制作"层面，分析师的关注会使管理层减少"极端"的盈余管理行为，即波动幅度较大的会计操纵；同时，当上市公司存在较为"极端"的盈余管理行为时，财务报告会具有较高的盈余管理和基本面信息风险，分析师会相应地减少关注来保护自身的声誉风险。

第七章是证券分析师关注对内部控制评价影响的实证检验，对分析师关注是否影响会计信息传递链的"控制"层面进行了实证检验。存在缺陷的内部控制设计增加了上市公司管理层进行舞弊的动机并为其行为增加了合理化的因素（陈汉文等，2005；张龙平等，2010）。本章将公司内部监督层是否披露了内部控制评价报告以及是否存在内部控制缺陷作为财务报告可能存在重大错报风险的替代变量进行实证检验，发现分析师关注与内部控制评价报告披露的概率正相关，与内控存在缺陷的概率负相关。结论说明，分析师的关注改善了企业的内部监督机制，增加了公司内部监管高层对内控信息的披露概率，因此分析师关注较高的上市公司，内部控制存在缺陷的概率较低。在内部评价报告披露强制后的子样本中，分析师关注与内控存在缺陷概率的显著负相关关系仍成立。

第八章是证券分析师关注对审计费用及审计意见影响的实证检验，对分析师关注是否影响了会计信息传递的鉴证层面进行实证检验。较多的审计努力（或投入）通常被认为是上市公司财务报告具有重大错报风险的表征之一（路云峰，2009；Fang 等，2014）。当审计师在对被审计单位进行重大错报风险评估时认为其具有较高风险，则会相对收取较高的审计费用。因此，本章将审计费用作为企业财务报告具有重大错报风险的替代变量。另外，当上市公司财务报告存在重大错报风险时，审计师会出具非标准审计意见以警示资本市场，所以第八章将非标准审计意见作为另一个重大错报风险的替代变量。通过实证检验，结果发现：分析师关注与非标准审计意见发生的概率、外部审计师收取的财务报告审计费用呈显著负相关关系。这说明，分析师对上市公司的财务报告重大错报风险具有识别能力并相应地减少了关注，因此上市公司更有可能被出具非标准审计意见；同时，企业具有的审计风险也相对较高，外部审计师所需的投入也较高，因此表现为较高的审计费用。当进一步地将所有非无保留审计意见从全样本中剔除，只留有无保留审计意见和无保留加强调事项段的审计意见时，分析师的关注度越高的公司仍具有较低的财务报告重大错报风险，因此更可能"收获"审计师的"清洁"意见。研究结论在控制稳健性后仍成立。

第九章为研究结论与政策建议。此部分对研究的主要论证进行了阐述，并提出了相关的政策建议，同时概述了研究的局限性和相关领域的未来研究建议。

二 研究框架

根据本书的研究内容，研究框架如图 1.2 所示。

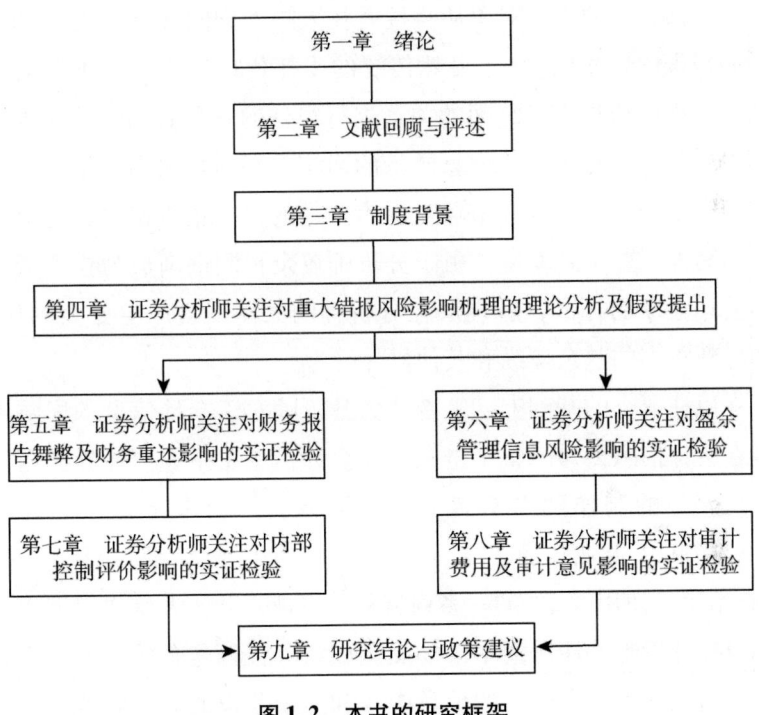

图 1.2 本书的研究框架

第四节 研究创新

与已有研究相比，本书的研究创新与潜在贡献主要有以下几个方面。

第一，构建了分析师关注对财务报告重大错报风险影响机理的新的解释框架。以往大多数研究对分析师在资本市场中的作用是基于 Jensen 和 Meckling（1976）应用委托代理理论对股权公司代理关系的解释，他们认为由于上市公司股权分散，管理层在运营方面不能完全按照股东利益最大化的目的来执行，而分析师作为资本市场信息传递的中介和上市公司的外部监督者，通过跟踪上市公司并发布盈余预测报告的形式将上市公司的真实投资前景披露给投资者和其他利益相关人，这样减少了公司的代理成本。但1933年美国颁布的《证券法》提出，审计人员的责任对象从直接委托人扩大到间接委托人（即潜在的财务报告信息使用者），显然传统的委托代理理论已经不能对资本市场中介机构与投资者之间的关系进行很好的解释。同时，在现有的研究中，分析师对于会计信息质量的影响是存在争议的。尽管一部分研究证实了分析师在资本市场对上市公司的财务报告操纵具有监督效应，但另外一些学者发现，由于分析师盈余预测逐渐成为投资者衡量上市公司业绩的标准，管理层在分析师的关注下会产生更大的压力，从而导致更多的盈余操纵和其他舞弊行为。

在以往研究的基础上，笔者认为分析师对于会计信息的影响主要体现在会计信息传递的整个链条，即会计信息是企业向外界披露的产品，从产品的制作到消费者手中，经历了"制作（会计报告的编制）—控制（企业内部控制）—鉴证（注册会计师审计）—接收（披露给报告使用者）"的一系列流程。但是，以往大量文献把焦点过多地放在分析师关注对资本市场反应或财务报告盈余质量的研究，忽略了分析师作为资本市场的信息中介和上市公司的外部监督者，对于会计信息的影响是遍及了财务报告信息流动的整个过程。

第二，比较和评价以往的重大错报风险的衡量方式，并建立了新的度量体系。现代风险导向审计强调财务报表重大错报风险与被审计单位所处的内外部环境相关（陈毓圭，2004）。其中，外部环境包括上市公司所处的制度环境、宏观经济环境、行业状况、法律监管环境、市场竞争环境；内部环境包括被审计单位的会计政策的选择、内部控制系统、公司战略的制定、相关经营风险、财务业绩的衡量和评价等。这些因素说明影响重大错报风险的因素和重大错报风险的表现形式是多维度的，当研究者尝试用一种变量对重大错报风险进行衡量时，会存在一定的困难。例如，文献中多数以因财务报告舞弊而受到证监会处罚作为公司财务报告存在重大错报风险的衡量变量，但这种以重大错报结果为替代变量的局限性是，未受到违规处罚的公司并不意味着其披露的财务信息是"清洁的"（即完全不存在重大错报风险）。另外，也有学者利用盈余管理质量作为重大错报的替代变量，但是管理层的部分盈余管理行为是为了向市场披露更多公司的真实经营状况。因此，单单使用一种变量对重大错报风险的衡量是存在局限性和片面性的。本书按照财务报告信息从企业内部，传递到企业外部的流动过程，从多角度出发，对重大错报风险的结果表征及重大错报风险存在的影响因素对重大错报风险进行多个维度的衡量，使研究结果更具稳健性。

第三，实证计量方法上，由于考虑到分析师在选择关注公司时可能存在的内生性问题，本书采用了已有相关文献中大部分的控制方法。其中，包括用二阶段模型控制分析师关注的自选择问题（Heckman，1979）；使用倾向得分匹配法（PSM）找到存在重大错报风险样本公司的匹配样本进行回归；使用自然实验和安慰剂检验方法（如 Irani 和 Oesch，2013；Chen 等，2015；李春涛等，2016），将券商关闭和券商合并作为导致分析师对上市公司关注度减少的外生冲击，之后找到受影响公司的对照匹配样本进行检验，以此找到分析师关注与因变量之间存在的关系；以及文献中最常使用的超额分析师关注（Yu，2008）等。同时，考虑到我国地域辽阔，资本市场发展具有不均衡的特点，在对连续型因变量进行 OLS 回归时借鉴 Degeorge 等（2013），使用了 WLS（加权最小二乘法）对每个观测值根据不同地域的资本市场规模大小进行赋值，使得到的统计结果更稳健。

第四，财务报告重大错报风险是一个全球性的问题，层出不穷的会计造假丑闻暴露了以往制约体制的重要缺陷。这是由于只关注制约体制、忽略其他有用的机制是明显不正确的。资本市场报表使用者对于上市公司的了解远不及公司内部的管理层，因此这种无法消除的信息不对称使得政府监管层及注册会计师识别所有可能的重大错报风险和会计欺诈是不现实的。作为广大投资者的"股评师"，证券分析师具有的信息渠道不仅仅是依靠上市公司的财务报告，还包括各类新闻媒体对上市公司经营的相关报道、从各大证券公司有关部门获得信息、学术性图书刊物、对上市公司进行电话访问、实地调研等。因此，相比较监管部门和强制法规下的外部审计师来说，分析师具有较低的信息获取成本。同时，如上文所述，分析师发布评级及预测报告的工作性质，使其从会计信息的"生产"阶段就进行关注，直到披露给信息使用者。因此，分析师的关注行为，对于会计信息的传递链起到了重要的监督作用，改善了企业内部治理环境，降低了注册会计师的审计投入，从而整体上降低了财务报告的重大错报风险。本书的现实意义旨在为资本市场会计信息监督扩展视野，同时研究结论以期为未来的证券市场监管及研究方向提供新的参考和方向。

第二章　文献回顾与评述

本章首先针对核心问题重大错报风险的已有研究进行归纳和整理，发现以往研究主要从财务报表重大风险的结果表征与影响重大错报风险的因素两个维度进行衡量；其次对与分析师关注相关的文献进行整理和归类；最后对以上文献进行评述并阐述对本书的启示。本章主要从以往文献中试图回答两个问题：如何衡量财务报表重大错报风险？分析师关注影响了资本市场的哪些方面？

第一节　财务报告重大错报风险的相关文献

本书所指的财务报表重大错报风险是上市公司公布的经过注册会计师审计后的财务报表仍存在重大错报的可能性，或者说，未被注册会计师识别的会计报表重大错报的可能性，这些错报是重大的，它们足以误导财务报表的使用者，使他们做出错误的决策。重大错报风险受多方面的影响，包括上市公司的内外部经营环境。外部环境包括上市公司所处的制度环境、宏观经济环境、行业状况、法律监管环境、市场竞争环境等。内部环境包括被审计单位的会计政策的选择、内控控制系统、公司战略的制定、相关经营风险、财务业绩的衡量和评价等。这些因素都能对重大错报风险产生影响，因此当研究者尝试对重大错报风险进行衡量时，存在一定的困难。同时，由于研究者无法获得审计前的财务报告数据，以往文献假定审计师能够发现并与管理层进行沟通，那么相关研究主要集中于以重大错报存在的结果（如违规公告、非标准审计意见、较高的审计费用、财务报告的重述行为）或重大错报存在的影响因素（如管理层内控评价、经营风险、外部监管环境、盈余质量）作为重大错报风险的衡量方式。因此，本章根据已有文献的研究路线，从重大错报的衡量结果和原因两个方面进行综述。

一 基于结果的重大错报风险衡量

（一）财务报告舞弊

当公司存在业绩压力或企业处于财务困境时，管理层故意编制和披露虚假财务会计信息，歪曲地反映企业某一会计期间财务状况的经营成果，对企业的营运活动情况做出不实披露，以欺骗财务报告使用者及潜在使用者，实现自身利益的目的（王丽等，2015）。由于重大错报风险的识别和评估的特殊性，以往文献在对重大错报风险进行衡量时，最常用的办法是使用财务舞弊的数据（Beneish，1999；张宜霞和郭玉，2015）。财务报告舞弊是指由于管理当局对企业真实经济情况进行虚报、违背公认会计准则，对财务报告进行了故意的舞弊而导致公司财务报告出现了重大的错报的行为。已有文献中关于财务舞弊的研究主要从"舞弊三角形"和"红旗标识"两个主分支进行理论分析。

1. 舞弊三角形

舞弊三角理论最早由美国社会学家、心理学家和犯罪学家 Donald R. Cressey（1953）提出，他通过对 200 名挪用投资基金的罪犯进行访谈，总结出舞弊的实施是由于压力（Pressure）、动机（Opportunity）、合理化（Rationalization）三个因素的存在而发生的。压力是促成舞弊发生的首要因素，当个人出现财务状况时，他可能会考虑通过非法手段，如偷窃资金和粉饰财务报表，以解决自己的困难；动机也可以理解为机会主义的行为，舞弊者会利用所在职位的权力来解决自己的财务问题，同时认为其行为不会被发现；合理化是指，大多数的舞弊者是没有犯罪前科的，他们在被发现时甚至认为自己是无辜的，因此合理化是指舞弊者以一种自认为合理或可接受的手段实施舞弊。例如，韦琳等（2011）根据舞弊三角形的三个方面，选取2000—2009年发生财务报告舞弊的A股上市公司及其匹配非舞弊公司为研究对象，利用匹配样本t检验、Wilcoxon符号秩检验、Logistic回归，对描述舞弊的25个财务与非财务指标进行研究，结果发现，两类公司之间采用"营业利润—经营现金流量、外部董事比例"等指标描述的压力和机会存在显著差异。岳殿民等（2009）通过对被审计单位财务数据之间、财务数据与非财务数据之间可能存在的关系的研究和比较，对被审计单位重要的财务比率或趋势进行分析，发现异常变动和意外的波动，以便找出存在较多错报风险的领域和机会因素存在显著差异的方面。他们发现，各指标与舞弊可能性的相关关系为压力越大、机会越多，舞弊可能性越大。由此建立的识别模型的正确识别率达到93.7%，有助于人们识别舞弊，帮助上市公司发现舞弊根源。

2. 红旗标识

对红旗标识（Red Flag）的研究，起始于20世纪80年代人们对以"白领犯罪"为代表的舞弊行为的关注，相关研究对识别舞弊行为的红旗标识的特征变量进行了总结和验证（Romney、Albrecht和Cherrington，1980；Albrecht和Romney，1986）。20世纪80年代末至90年代，红旗标识被用于财务报告舞弊的识别，同时在研究方法上有所拓展。Loebbecke和Willingham（1988）、Loebbecke等（1989）以及Weisenborn和Norris（1997）等对识别财务报告舞弊的红旗标识进行了归纳总结。Brazel等（2015）通过对194名非专业投资者进行问卷调查，发现对舞弊风险评估重视的投资者，很大程度地使用了舞弊"红旗"来避免潜在的舞弊投资。他们发现，投资者也会关注SEC调查、法律诉讼、债务毁约及公司的高层管理者更换，却很少依赖公司规模、成立时间、外部融资需求，以及非四大事务所的聘用等信息。Eining等（1997）通过红旗标识提出了三种对管理层舞弊进行评估的方法，即清单法（Pincus，1989）、统计模型（Bell等，1991）、专家系统（Eining 等，1990）。具体来说，Picus（1989）在对红旗标识的清单法的有效性验证中发现：不使用清单辅助的审计师在没有清单项目的束缚下，能够更有效地识别管理层舞弊风险。通过将红旗标识的线索转换为管理层舞弊发生的概率统计模型，Bell 等（1991）发现统计模型与清单法存在类似的缺陷：只能得到整体的舞弊风险估计，而无法提供关于模型的内在逻辑的信息。韩丽荣等（2015b）也得到了类似的结论。相比之下，Eining 等（1997）发现，评估中包含建设性对话的专家系统能更好地识别管理层舞弊风险。安然事件等上市公司重大财务舞弊案件的发生，促使监管者更加重视投资者对红旗标识的理解和运用（Schapiro，2011）。国内学者王泽霞、梅伟林（2006）对识别管理层舞弊征兆的红旗标识进行问卷调查，结果显示，大股东操纵董事会（即"一股独大"）是我国上市公司管理层舞弊的重要特征。使用红旗标识作为舞弊风险因子进行的研究对财务报告舞弊风险识别做出了重要贡献，然而红旗标识中包含很多非财务指标，对于大多数投资者或其他利益相关者来说很难搜集。另外，红旗标识由于是间接识别舞弊公司的各种特征，其识别的有效性具有很大的局限性（韩丽荣等，2015b）。

3. 财务比率

财务舞弊的一些其他研究则侧重于分析性程序中财务比率的使用（Loebbecke 等，1989；Calderon 和 Green，1994；Persons，1995；Roxas，2011），或针对报表主要项目指标的静态分析，如企业投资融资活动（Wang，2013）、虚增收入资产或少计费用负债等（Persons，1995；Spathis，2002；阎达五，2001）。而 Beneish（1999）、韩丽荣等（2015b）通过分析样本公司舞弊发生前后财务数据的趋势发现：基于应收账款日销量指数、销售增长指数、销售与一般管理费用指数和资产质量指数等变量能够有效预测和识别公司的财务舞弊。类似地，其他学者通过财务比率的分析研究也发现常用财务指标如财务杠杆（Fanning 和 Cogger，1998）、毛利率（Spathis，2002）、负债对总资产之比（Dechow 等，1996）、资本构成（Summers 和 Sweeney，1998）、资产流动性（Spathis，2002）、资本周转率（Dalnial 等，2014）等能够有效识别财务舞弊。

4. 其他方面

除了从财务分析的角度和红旗标识的角度识别财务报告舞弊风险的研究，还有通过数字本身分布规律的路径进行的专门研究。Benford（1938）在 Newcomb（1881）对数字分布规律进行研究的基础上发现了"首位数字规律"，即"奔福德定律"。Carslaw（1988）首次将奔福德定律应用到会计数据的分析中，说明公司在虚报利润时就可能与奔福德定律下的数据分布不符。此后，出现的很多运用奔福德定律识别财务报告舞弊风险的研究，无论是与非舞弊公司的财务信息比较（Thomas，1989；Durtschi 等，2004；Cleary 和 Thibodeau，2005），还是对舞弊公司发生舞弊前后年度财务数据的比较（Nigirini，1994），被虚报的数字均显著偏离了奔福德定律的分布。我国学者也运用这一定律进行了类似的研究（张苏彤，2005；张苏彤、康智慧，2007），发现其能够识别银广夏、蓝田股份等财务舞弊行为。但是，这方面的研究也存在一定的缺陷，由于缺少更完善的理论框架，使用奔福德定律来识别财务舞弊就类似于使用霰弹枪打猎，每次扣动扳机，都可能只有很少的子弹击中目标（张苏彤，2005）。

（二）财务报告重述

美国 SEC 证监会将财务报告重述认为是"不恰当会计行为的最直接信号（Indicator）"（Schroeder，2001）。由于财务报告的重述行为代表着公司在以往期间披露的财务报表中存在重大的差错，因此财务报告重述在一定程度上就意味着公司在相应年度的财务报告存在重大错报风险（曹强等，2012）。类似地，Lobo 和 Zhao（2013）指出，以往研究的理论模型存在一个模糊的假设，即上市公司的财务报告是在审计后出具的，而非传统假设中认为的是审计前（Shibano，1990；Matsumura 和 Tucker，1992；Dye，1993；Hillegeist，1999）。Shibano（1990）的模型将审计质量与存在差错的财务报告联系在一起。他认为通过高质量的审计努力，审计师能够降低被审计单位出具存在错报的财务报表的概率。同时，DeAngelo（1981）指出，审计质量是审计师识别已存在的问题（审计能力）和报告所识别的问题（审计独立性）的联合概率。因此，Lobo 和 Zhao（2013）将财务报告重述作为被审计单位披露的财务报表存在重大错报的主要衡量变量。

（三）非标准审计意见

审计意见是审计师与报表使用者最直接的沟通方式，与标准无保留的审计意见相比，非标准审计意见或带强调事项段的标准审计意见都表达出被审计单位的持续经营能力被审计师所质疑，因而其披露的财务报告存在重大错报风险的可能（Defond 和 Zhang，2014）。出于对自身声誉的考虑，非标准审计意见是审计师对报表使用者传递上市公司可能存在持续经营问题或重大错报会计信息的最直接且重要的途径。薄仙慧、吴联生（2011）发现当上市存在信息风险时，审计师出具非标准审计意见的概率较高。Bradshaw 等（2001）的研究结果发现，企业的总应计利润大小是影响审计意见的关键因素，当应计利润越大时，会被认为审计风险越高，因此审计师出具非标准审计意见的概率也越高。与财务报告舞弊类似，审计意见作为离散变量，其二元特征能够降低研究中的衡量误差，因此非标准审计意见是注册会计师的审计工作不存在审计失败并具有审计独立性的显著信号（Defond 和 Zhang，2014）。

（四）审计费用

审计投入可以作为上市公司财务报告存在重大错报风险的间接衡量变量，即在审计风险评估阶段，被审计单位披露的财务报告可能存在的重大错报风险越高，注册会计师会估计越高的审计投入（或审计努力）。这是由于审计师付出的努力越多，其所要求的审计费用也越高。早期研究识别了多个和高审计收费相关的因素，包括客户损失、非标准审计意见、市场投资者占股、首次公开发行、破产及诉讼披露等（Simunic，1980；Francis 和 Simon，1987；Palmrose，1986；Beatty，1993），但大多数结论并不一致。Defond 和 Zhang（2014）认为，这是由于早期的审计费用数据是通过调查问卷或私有的信息渠道获取的，因此可靠性并不高。近期的研究发现,高额的审计费用与较高的应计盈余、较低的会计稳健性、内部控制存在缺陷、政治联系等因素相关（Abbott 等, 2006; Gul 等, 2003; DeFond 等, 2012; Hogan 和 Wilkins, 2008; Cassell 等, 2011; Gul 和 Tsui, 1997; Lyon 和 Maher, 2005）,而这些因素都会显著影响上市公司财务报告的重大错报风险。同时,研究者还发现高额的审计费用与被审计单位的财务报告重述行为发生的可能性正相关（Kinney 等, 2004）。在控制了公司的其他风险之后,Blankley 等（2012）、Lobo 和 Zhao（2013）发现了类似结论。因此,基于以上的文献梳理,如果采用审计费用替代外部审计师所投入的审计努力,那么审计费用越高时,被审计单位财务报告存在的重大错报风险越高（Keune 和 Johnstone, 2012）。

二 基于原因的重大错报风险衡量

本部分从财务报告重大错报风险存在的影响因素角度,对以往文献进行整理。与传统的风险导向审计相比,现代风险导向审计更注重从宏观和整体的角度对财务报告可能存在的重大错报风险进行评估。本书认为能够从整体和个体层面对重大错报风险产生影响的因素包括上市公司可能存在的内部控制缺陷问题、经营风险问题、内部治理环境的特征,以及外部监管力度的影响。

（一）内部控制缺陷

在制度基础审计时期,学者和实务界就已经意识到内部控制对财务报表会产生重要的影响,内部控制会减少财务舞弊的或然性。[①] 美国公众公司会计监督委员会（Public Company Accounting Oversight Board, 下文简称 PCAOB）指出,内部控制是上市公司财务报告可靠性的合理保证,通过对报表编制过程的有效控制保证了会计信息是符

---

① 参见 Mautz, R. K., Sharaf, H. A., *The Philosophy of Auditing*, New York: American Accounting Association, 1961, p. 143。

合 GAAP 且公允真实表达的（PCAOB，2004）。

2001 年的安然事件发生后，出台了萨班斯法案（Sarbanes-Oxley Act，SOX），对内部控制进行了进一步的发展及完善。SOX 法案要求注册会计师对内部控制进行审计，进一步地保证会计信息的可靠性。1949 年，美国注册会计师协会（AICPA）下属的审计程序委员会（Committee on Auditing Procedure）发布了有关内部控制的专题报告，并将内部控制界定为"一个企业为保护资产完整、保护会计资料的准确和可靠、提高经营效率、贯彻管理部门制定的各项政策所制定的政策、程序、方法和措施"。在此说明下，内部控制被定义为一个极为广泛的概念。美国注册会计师协会在 1958 年发布的《审计程序公告第 29 号》中将内部控制区分为会计控制和管理控制，分别涉及与财务安全安全性和会计记录可靠性有直接联系的方法和程序，以及与管理方针和提高经营效率有关的方法和程序。继而颁发的《审计程序公告第 33 号》申明审计人员主要关注会计控制，但同时在会计信息的可靠性受到威胁时，应当同时考虑评价管理控制。为进一步清晰审计人员应该考虑的范围，美国注协在 1990 年发布了《审计准则公告第 55 号》，将"内部控制结构"定义为"内部控制制度"，具体概念为"一个由管理者建立的整体系统，旨在以一种有序的和有效的方式开展公司的业务，确保其与管理政策和规章的一致，保护资产，确保记录的完整性和正确性"。此次更新的公告首次将控制环境纳入审计人员考虑的范围内。为进一步减少对内部控制含义的误解，COSO 委员会（The Committee of Sponsoring Organizations of the National Commission of Fraudulent Financial Reporting）于 1992 年总结了各方面对内部控制的要求并整合成为权威性框架，被广泛使用。通过对上市公司控制环境、风险评估、控制活动、信息与沟通及监督这五方面的了解和评价，审计师能够对被审计单位的重大错报风险进行更进一步的有效评估。

作为保证信息能够有效传递和对管理层操纵盈余约束的一种公司内部治理机制，内部控制的缺陷严重威胁了企业经营的有效性，并导致企业披露的财务报告可能存在重大错报风险。当内控存在缺陷时，公司向市场传递信息的真实性将会受到质疑，从而影响会计信息使用者的经济决策；相反，当内控制度有效且不存在缺陷时，上市公司向信息使用者传递信息的渠道得到一定保证，使投资者能够根据管理层披露的盈余信息作出正确的决策（王海滨，2014）。同时，研究者发现内部控制缺陷与盈余质量之间存在显著关系：当内控存在缺陷时，公司的披露的会计信息质量较低（Doyle等，2007；田高良等，2010）；披露内控报告的公司，相较于未披露内部控制评价报告的公司，具有较低的个别风险和系统风险（Ashbaugh-Skaife等，2008）。存在缺陷的内部控制设计增加了上市公司管理层进行舞弊的动机并为其行为增加了"合理化"的因素（陈汉文等，2005；张龙平等，2010）。在紫鑫药业的舞弊案例中，公司的内部控制活动形同虚设，管理层凌驾于内控之上，自我风险评估意识不强，因此加大了舞弊风险（郝玉贵、刘李晓，2012）。方春生等（2008）采用调查问卷发现，国有大型企业集团的内部控制与财务报告可靠性之间存在正向的关系。相较于内控制度实施前，企业的财务报告可靠性——包括"如实反映""可验证性""中立性""实质重于形式""谨慎性"等方面，在内控制度实施后有了显著的提高。方红星和段敏（2014）认为，有效的内部控制通过保证财务报告的可靠性，提高了盈余信息质量。高质量的内部控制可以抑制公司管理层的机会主义行为，使企业具有更强的会计稳健性，从而提高了盈余信息质量（方红星和张志平，2012）。因此在以往文献中，内部控制是否存在缺陷被认为是评估财务报告是否存在重大错报风险的重要标准。

（二）经营风险

《中国注册会计师审计准则1503号——在审计报告中增加强调事项段和其他事项段》指出，对于注册会计师，应以强调事项段的形式在出具的审计报告中提供补充规定的信息，以警示报表使用者。这说明，尽管无保留审计意见和带强调事项段的审计意见均可以被认为已不具有重大错报风险，但强调事项段中所含的信息仍被市场认为是负面信息，从而相对于无保留审计意见来说存在一定的风险。强调事项段主要指当企业的战略经营方面存在重大不确定事项时可能带来的影响,即以往文献中常用的持续经营风险或战略运营风险(韩丽荣等,2015a)。注册会计师使用"经营风险"(Business Risk)来代表当企业存在无法有效继续经营时的风险(Schultz等,2010)。经营风险影响了企业管理层关于财务报告中的认定,因此职业准则要求在审计的计划阶段,注册会计师要对企业的经营风险进行评估。[①] Bell 等在1997年提出从战略系统透镜的角度对企业的风险进行衡量,他们建议审计师在审视会计数字之前先整体地对被审计单位风险进行评估。战略系统风险审计将企业的经营风险加入重大错报风险的评估(Peecher等,2007)。国际会计师联合会(International Federation of Accountants,下文简称 IFAC)颁布的国际审计准则(International Standards on Auditing,下文简称 ISA)第315号中的31条指出,了解被审计单位的经营风险能够提高识别重大错报风险的可能性。另外,该准则的第38条提到,经营风险的增加会同时增加财务报告舞弊的风险。较差的财务状况会导致经营风险的增加,同时也增加管理层在编制财务报告时可能存在错误的潜在风险。Schultz 等(2010)认为,战略系统风险审计不仅使审计师能够识别那些和财务报告错报直接相关的经营风险,并且能在分析性程序阶段为账户之间的变动提供合理的判断标准。具体来说,当被审计单位的经营状况出现问题导致企业营运效率变低时,财务报告存在错报的可能性就会增加。另外,了解企业的经营风险使注册会计师对被审计单位的经营流程有更进一步的了解,在判断账户间是否存在重大错报的时候能够提供符合企业经营环境的更合理的标准。

企业经营风险是风险导向审计最重要的一个部分(Allen 等,2006;Knechel 等,2010;Lemon 等,2000;Schultz 等,2010)。Knechel

---

① 参见 International Federation of Accountants (IFAC), International Auditing and Assurance Standards Board: Identifying and Assessing the Risks of Material Misstatement through Understanding the Entity and Its Environment, International Standard on Auditing 315 (Revised), 2010, pp. 22 – 40。

等（2010）指出："整体来讲，经营风险审计的特点是对被审计单位的竞争经营环境、战略目标以及重要内部程序的自上而下的关注。"[1]国际审计委员会要求注册会计师对被审计单位的战略和目标进行评估，并且着重强调了经营风险对重大错报风险的影响（IFAC，2012）。PCAOB 要求审计师理解"被审计单位的目标和战略"以及那些"和经营风险相关会导致重大错报风险的目标及战略"（PCAOB，2010）。为了解被审计单位的经营风险及可能存在的财务报告重大错报，审计师需要执行战略分析，即对被审计单位的战略计划和经营模型进行评估（Knechel 等，2010；Kochetova-Kozloski 和 Messier，2011；Peecher 等，2007）。

Knechel 等（2010）发现无论当审计师进行深层次还是较浅显的战略性分析时，对于经营风险和重大错报的判断都需要大量的信息。Brewster（2011）指出，使用风险导向审计使审计师的心智模型（Mental Model）能够产生更有效的衡量标准和更合理的评估方式，而被审计单位前后不一的辩解在这样的情况下会显得更不可信。Kochetova-Kozloski 和 Messier（2011）建议注册会计师对被审计单位的战略风险进行详尽和充分的评估。他们发现，详细的战略评估虽然没有帮助审计师发现更多的经营风险，但是在过程当中能够有效地识别重大错报风险。O'Donnell 和 Schultz（2005）发现，当被审计单位提供的信息存在不一致时，比起那些没有进行战略分析的审计师，完成了战略风险评估的审计师发现了更多的报表层次的重大错报风险。此外，对重大错报风险的识别是否受益于经营实体层面（Entity-Level）的战略分析取决于审计证据的搜集。O'Donnell 和 Schultz（2003）发现，相比以交易为循环的公司，审计师能够从以经营循环的公司发现更多的重大错报线索。Wright 和 Berger（2011）的结论证明，当面对被审计单

---

[1] W. Robert Knechel, Steven E. Salterio, and Natalia Kochetova-Kozloski, "The Effect of Benchmarked Performance Measures and Strategic Analysis on Auditors' Risk Assessments and Mental Models", *Accounting, Organizations and Society*, Vol. 35, No. 3, 2010, p. 317.

位虚报的业绩利润时，按照战略分析收集的审计证据比传统时间排序的审计证据更能帮助审计师识别重大错报风险。Schultz 等（2010）的结论证实，相比较传统的交易形式的审计证据，战略系统的审计方式和审计证据使审计师能够将经营实体层面的风险运用到重大风险错报的评估中去。但 O'Donnel 和 Perkins（2011）发现，尽管经营实体层面的战略分析能够识别一定程度的重大错报风险，但最后结果仍取决于证据的搜集。业务流程层面（Process-Level）的经营风险分析及其与重大错报风险之间的关系则是另外一个层面的问题，业务流程层面的经营风险则更为全面和详尽（Wright，2016）。Kochetova-Kozloski 等（2013）发现，对被审计单位进行业务流程层面的经营风险分析的审计师能够有效地识别重大错报风险。Ballou 等（2004）证明对被审计单位重大错报风险的有效评估是基于其经营环境、行业等因素综合考虑得到的。

（三）盈余质量

以往文献中的假设是，上市公司财务报告质量与其重大错报风险直接相关：较低质量的财务报表信息具有较高的财务报告舞弊的可能，因此具有较高的重大错报风险（路云峰，2010）。虽然财务报告信息质量的定义较为广泛，但以往研究主要使用能够识别管理层机会主义行为的盈余质量进行衡量。

异常应计利润（Abnormal Accruals），或可操控应计利润（Discretionary Accruals），通常被用来作为识别上市公司财务报告是否存在重大错报风险的有效工具。最常用的计算异常应计利润的模型是以 Jones（1991）的可操控应计模型、修正的 Jones 模型（Dechow 等，1995）、基于是否达到盈余目标来计算的 DD 模型（Dechow 和 Dichev，2002）、针对中国资本市场的 Jones 模型（陆建桥，1999）、McNichols（2002）以及 Ali 和 Zhang（2015）采用的 DD 及 Jones 联合模型等为基础的。

Jones（1991）的基本模型认为，应计项目的变化应同企业收入的变化及资产保持一致，那么建立的模型中不可解释的部分越多（即回归模型的残差越大），可操纵的部分越大，盈余质量越差。Dechow 等（1995）认为，基本的 Jones 模型中假定收入不可操纵，与现实的情况相差较远，因此在基本模型的基础上构建了修正 Jones 模型。之后，Dechow 与 Dichev（2002）的 DD 模型对当期营运资本与前期、当期、后期的经营现金流之间的关系进行检验，将模型无法解释的部分作为盈余质量的度量。McNichols（2002）提出将修正 Jones 模型和 DD 模型联合起来作为计算可操控利润的改进模型。她认为，将销售收入和固定资产原值的变化放入计算异常盈余管理的模型，比单独考虑经营现金流更为重要，因为改进的模型明显增加了截面 DD 模型的解释能力，并减小了衡量误差。Francis 等（2005）的研究证实，McNichols（2002）的改进联合模型将研究模型的解释能力从 39% 提高到了 50%。基于中国上市公司数据，陆建桥（1999）认为，修正 Jones 模型和基本 Jones 模型都忽视了无形资产以及其他长期资产对不可操控应计项目的影响，它们应该也是应计利润的重要组成部分，否则模型得到的可操控应计利润将被高估。Jones 等（2008）通过对以上模型对财务报告舞弊及财务报告重述的识别效力进行评价和检验，发现基本 Jones 模型（Jones，1991）、修正 Jones 模型（Dechow 等，1995）及业绩匹配模型（Kothari 等，2005）计算的可操控盈余与舞弊之间并不存在显著关系；而 DD 模型（Dechow 和 Dichev，2002）、McNichols（2002）联合模型及 Beneish（1999）的 M 分值模型在此方面明显胜出。同时，M 分值与上市公司舞弊的程度正向关，而 DD 模型与非舞弊的财务报告重述发生概率显著正相关。基于我国市场的经验证据，陈小林和林昕（2011）发现高风险机会主义的盈余管理与非标准审计意见的概率正相关。夏立军、杨海滨（2002）却发现我国的注册会计师出具审计意见的类型和被审计单位的盈余管理程度并不相关。在进一步的研究中，薄仙慧、吴联生（2011）发现，盈余管理与非标准审计意见发生的概率并无显著关系，审计师对上市公司财务报表审计时重点考虑的是信息风险。

与基于重大错报风险结果的二元变量相比，由于上市公司管理层的应计盈余操控行为并不能直接指代财务报告存在重大错报，且存在多种衡量模型，因此应计盈余质量具有的直接性和重大性与前述变量相比较低（Defond 和 Zhang，2014）。尽管如此，会计信息质量（即盈余质量）的衡量指标仍然被重大错报的相关研究所广泛使用。原因有以下两点：其一，基于以往的研究，财务报告是审计师及管理层的共同产物（Magee 和 Tseng，1990；Dye，1991），不存在重大错报的财务报表被认为能够公允真实地反映上市公司的经营状况。作为上市公司财务报告存在重大错报风险的重要影响因素（Dechow 等，1996），盈余管理的低水平能够说明财务报告的会计信息质量较高，因而不存在重大错报风险或存在的风险较低。其二，正是由于盈余质量水平衡量了"未违反公认会计准则"（Within-GAAP）的操纵盈余行为，他们可以在不违规的情况下误导投资者（Levitt，1998），促使重大错报的发生，即盈余质量指代了管理层的误导性会计决策（PCAOB，2010）。但是，尽管在样本量较小时，盈余质量的连续性比起基于结果的变量具有绝对的优势；由于模型的多样性和衡量方式等，其具有较高的测量误差（Kothari 等，2005；Dietrich 等，2007；Ball 等，2013）。同时，Gul 等（2009）、Reichelt 和 Wang（2010）发现，企业的平均可操控盈余占总资产的4%—10%，而仅用盈余管理来解释如此高的比重并不使人信服。同时，Lennox 等（2014）指出研究中存在多种对盈余管理的衡量方式，例如不同方向的盈余操纵（应计盈余的正负号）、不同程度的操纵（应计盈余的绝对值）等，因此现有文献中的研究结论也可能存在偏差。

（四）内部治理环境

以往研究对审计委员会的特征与重大错报之间的关系也给出了经验性证据。标准审计准则（Statements on Auditing Standards，下文简写为 SAS）第89号（即 AU Section 333），要求注册会计师告知被审计单位的审计委员会对财务报告披露进行监督，同时对管理层认为不重要的会计错报进行必要的调整。[①] 这些要求敦促审计委员会对企业存在

[①] AICPA，"SAS NO. 89"，http://www.aicpa.org/Research/Standards/AuditAttest/DownloadableDocuments/AU-00333.pdf，pp. 1944 – 1945.

的错报进行及时的更正（Johnstone 等，2001；Cohen 等，2010）。在萨班斯法案出台之前，研究者已经发现了审计委员会的存在能够降低财务报告重述行为发生的概率，并且设置审计委员会的企业具有更完善的公司治理环境的经验证据（Defond 和 Jiambalvo，1991；Pincus 等，1989）。萨班斯法案出台之后，理论上，审计委员会的职责是减少管理层信息披露的偏差，并同时鼓励管理层向审计师提供真实可靠的信息（Caskey 等，2010；Kornish 和 Levine，2004）。同时，Krishnan 和 Visvanathan（2009）发现，独立的审计委员会倾向于聘任具有行业专长的外部审计师，并愿意支付高额的审计费用。因此，以往文献发现审计委员会的独立性及专业性与较高的盈余质量、较少的内部控制缺陷显著相关。Keune 和 Johnstone（2012）指出，审计委员会的特征（例如具有财务背景）能够显著提高对企业财务报告重大错报的监督作用。他们认为审计委员会成员的财务背景能够使其更好地了解错报的概念，因此更有效地监督公司管理层的财务报告舞弊行为。类似地，Abbott 等（2004）的研究结果证实了审计委员会的财务专业程度与公司是否会财务报表重述显著负相关；Dhaliwal 等（2010）发现审计委员会的法律专业性与上市公司的可操控应计利润负相关；Farber（2005）指出那些发生财务舞弊的公司的审计委员会中具有财务背景的人员相对较少等。

（五）外部监管环境

萨班斯法案的颁布使美国发达资本市场经历了从自愿管制到政府强制监督的转换，这对于美国审计市场来说是历史上的首次，因此在过去十年内萨班斯法案一直是会计学界关注的重点研究问题。虽然一些研究证实萨班斯法案增加了股东价值，但另外一些研究发现了相反的结论（DeFond 等，2011；Litvak，2007；Berger 等，2011）。Geiger 等（2005）指出在萨班斯法案颁布后，注册会计师在被审计单位破产前出具非标准审计意见的概率更高。但是，Fargher 和 Jiang（2008）、Feldmann 和 Read（2010）认为这可能是由于法案颁布后，外部审计师的过度稳健导致的，他们发现这种情况在法案颁布后的前后年度最为显著。针对财务报告质量方面，Carter 等（2009）、Patterson 和 Smith（2007）发现萨班斯发案施行后，被审计单位的内部控制质量明显提高，从而管理层的盈余管理行为显著降低。

作为全球第二大经济体，我国资本市场却缺乏健全的资本市场监管体制（Cumming 等，2016）。我国当前资本市场的法律环境包括来自全国人大、最高级人民法院、最高级人民检察院、各行政单位相关行政法规、证监会监管法规及沪深两所自身发布的规则等。其中，三个直接和资本市场相关的国家最高机关颁布的法律为《中华人民共和国证券法》（下文简称《证券法》）、《中华人民共和国公司法》和《中华人民共和国证券投资基金法》。其中，《证券法》第七章的第一百七十九条对证券监督管理委员会（下文简称证监会）作出了明确要求，其履行以下职责："（一）依法制定有关证券市场监督管理的规章、规则，并依法行使审批或者核准权；（二）依法对证券的发行、上市、交易、登记、存管、结算，进行监督管理；（三）依法对证券发行人、上市公司、证券公司、证券投资基金管理公司、证券服务机构、证券交易所、证券登记结算机构的证券业务活动，进行监督管理；（四）依法制定从事证券业务人员的资格标准和行为准则，并监督实施；（五）依法监督检查证券发行、上市和交易的信息公开情况；（六）依法对证券业协会的活动进行指导和监督；（七）依法对违反证券市场监督管理法律、行政法规的行为进行查处；（八）法律、行政法规规定的其他职责。国务院证券监督管理机构可以和其他国家或者地区的证券监督管理机构建立监督管理合作机制，实施跨境监督管理。"由此可见，上市公司的财务舞弊活动与所在的外部治理环境有很大关系。但是，基于我国资本市场的数据，Li 等（2015）并没有发现董事会独立性、CEO 是否"两职合一"、CEO 薪酬以及是否聘用国际审计师等因素降低我国上市公司舞弊发生的概率，并且，CEO 所持股份与舞弊的发生率显著正相关。他们还发现，在上市公司的市值、融资水平及 GDP 都相对较高的地区，公司舞弊发生率更低。例如，当金融发展水平高出平均值的一个标准差时，舞弊的发生率则平均降低

18.25%；同一省份内，省会城市的舞弊发生率要高于同省的其他城市。Hass 等（2016）的结果证实，在中国资本市场，股权激励和上市公司舞弊行为显著正相关，国有企业尤为严重。Ding 等（2015）通过检验公募基金是否影响信息含量，发现除了从属银行的公募基金，其他均减少了信息披露。同时，经历过股权分置改革的上市公司具有明显较低的舞弊发生率。Chen 等（2014）采用自然实验对股权分置改革后，控股股东对管理层舞弊行为的影响进行了实证检验。他们发现股权改革加强了 CEO 更换和公司舞弊发生概率之间的相关性。Yu 等（2015）利用 2006—2011 年中国上市公司的财务数据，发现公司治理水平和政治联系能够影响同业之间的舞弊行为。在针对中国上市公司治理特征是否影响管理层舞弊行为的相关文献中，学者从监事会、分析师、国有股比例及政治联系等方面进行了检验（Firth 等，2016；Jia 等，2009；Hou 和 Moore，2010；Lisic 等，2015；Chen 等，2016；Stuart 和 Wang，2016；Shafer 等，2016），更有文献从公司高管性别分布的角度对公司财务舞弊进行研究（Cumming 等，2015；周泽将等，2016），结果发现公司层面的各项特征与财务报告是否存在重大错报风险均有一定关系。

第二节 证券分析师关注的相关文献

一 分析师关注与财务报告舞弊及重述

已有文献证明，由于具有职业的财务分析能力和对上市公司经营状况的全面分析，证券分析师在资本市场被认为是上市公司的外部监督者（Dyck 等，2010；Healy 和 Palepu，2001；Jensen 和 Meckling，1976；Schipper，1991）。Healy 和 Palepu（2001）指出，分析师通过公开和私人的渠道搜集有关跟踪上市公司的信息，对其当期的经营状况进行评价，并同时给出未来盈余预测和投资建议。他们发现，作为资本市场的信息中介，分析师通过提供上市公司未公开和分析已公开的披露信息对上市公司的投资前景进行预测，对跟踪的企业起到了监督作用。由于具有相关专业知识和行业背景，分析师能够及时分析上市公司披露的财务信息（如管理层盈余预测、中期财务报告等），并通过电话会议、管理层谈话等途径进一步获取公司的经营状况（如 Bowen 等，2002；Kimbrough，2005）。Dyck 等（2010）通过分析 1996—2004 年美国资本市场的财务舞弊案例，发现由美国证券交易监督委员会（Securities Exchange Committee，下文简称 SEC）和审计师发现的舞弊分别只占样本的 7% 和 10.7%，而没有直接金钱利益的分析师和媒体却在识别 Health South、Worldcom、Cendant 等公司的舞弊案例中起到了重要的作用。Reezaee（2005）认为，证券分析师同机构投资者、外部审计师、监管机构等是作为上市公司舞弊监督机制的一部分而存在的。Dechow 等（1996）发现，在上市公司会计舞弊发现的前期，分析师明显减少了关注。Cotter 等（2006）认为，这是因为分析师的关注及其他预测行为向资本市场传达了一种预警信号，因此减少了管理层盈余管理行为，降低了舞弊的可能性。

在财务报告重述方面，Griffin（2003）通过研究分析师对舞弊法律诉讼的影响，发现分析师在上市公司发生虚报利润等错误行为之间会减少跟踪数量，但没有足够的证据证明分析师在事件发生之前曾下调了发布的预测。Palmrose 等（2004）发现分析师在上市公司对财务报告进行重述之后，会显著地下调盈余预测。马晨等（2013）基于中国上市公司的财务重述数据发现，出于自身声誉的考虑，分析师会在不看好公司前景的情况下，停止对其跟踪。其他的一些学者则认为，分析师并不具有在高可操控水平下，预测公司未来业绩下降的能力。他们没有根据可能出现的应计反转（Accrual Reversals）而修正自己的预测（Barth 和 Hutton，2004；Teoh 等，2002；Bradshaw 等，2001）。Cotter 和 Young（2007）认为，分析师并没有动机去识别财务报告中存在的问题并将此信息传递给投资者是可以理解的。一个原因是识别会计舞弊的成本；另一个原因则是缺少能力和经验，且具有取悦管理层来提高自身薪金水平的动机。但是，当可能存在的声誉损失成本很大时，他们则更可能会披露公司的负面新闻，正因为如此，分析师更可能会选择减少跟踪（降低关注）的方式来传递公司可能存在财务风险的信息。但是，Cotter 和 Young（2007）指出，高水平的应计盈余可能与公司的增长期及其他无法识别的风险相关，用分析师是否下调盈余预测作为其是否能识别财务舞弊的标准是不恰当的。他们认为，如果分析师发布的预测值恰好等于管理层发布的预测值，无论是否有舞弊存在，这样的行为都会被认为被预测的公司是不具有投资价值的（Matsumoto，2002）。并且，分析师的预测报告被发现在同一预测方向是具有"黏性"的（Conrad 等，2006）。当他们持续对一公司发布乐观预测时，则很难对其发布相反悲观的预测。因此，虽然分析师不具有通过下调预测来警示舞弊的动机，但是减少跟踪人数可以被认为是舞弊可能发生的有效信号。基于我国资本市场的上市公司数据，Chen 等（2016）通过对中国上市公司2003—2008年的财务数据进行实证分析，认为作为信息传递的中介，分析师能够帮助提高资本市场效率。他们发现，分析师的关注度越高，公司发生财务舞弊的概率越低，因此得出结论，中国的证券分析师能够抑制管理层的机会主义行为，从而保护了所有者权益。袁春生、唐松莲、江涛武（2013）利用2005—2011年被证监会处罚的公司作为研究对象，发现分析师通过降低评级向市场发布预警，具备一定的舞弊警示能力。张俊瑞等（2016）发现分析师的跟踪能够降低公司的诉讼风险，对公司的管理层起到一定的监督作用，约束可能存在的不正当会计操作，缓解了上市公司与市场投资者之间的信息不对称程度。但是，由于较差的信息环境、较低的财务报告信息质量、较弱的投资者保护（Piotroski 和 Wong，2012），Hu 和 Yang（2014）在研究结果中发现在中国的资本市场，上市公司承担的法律风险较低，分析师并没有承担外部监督者的作用，与财务舞弊发生概率并没有显著关系。

二 分析师关注与盈余管理行为

一直以来，证券分析师被认为是公司内部知情人与外部投资者之间最重要的信息传递媒介。除上市公司公开披露的信息，分析师通过实地调研或与管理层的沟通等方式获取公司内部更多的信息，之后以发布预测报告或评级报告等形式将信息传递给公司所有者、潜在投资者以及资本市场的其他参与人（Chung 和 Jo，1996）。作为资本市场中重要的信息中介及外部监督者的角色，分析师通过对上市公司财务信息进行分析并披露，有效减弱了上市公司与投资者之间的信息不对称程度。因此，分析师发布的盈余预测逐渐被作为上市公司盈利能力的衡量标准，受到资本市场投资者的追捧而成为影响上市公司盈余管理行为的主要因素（Bartov 等，2002）。但是在以往的文献中，对于分析师关注是否监督还是施压了上市公司的盈余管理行为并没有得到一致的结论，总结已有的研究来看，主要存在压力效应与监督效应两种假说。

（一）压力效应

根据压力效应假说，由于分析师的盈余预测逐渐成为投资者评估上市公司的衡量标准，出于满足资本市场预期的目的，管理层会通过调整应计项目以达到分析师预测（MBE）。大量研究发现，未能达到分析师预测的企业在资本市场蒙受损失（Bartov 等，2002；曹胜、朱红军，2011）。由于分析师的报告已被作为资本市场大多数投资者的决策参考，分析师跟踪越多的公司，受到投资者的关注程度及预期越高，管理层调高盈余的动机也越大。Matsumoto（2002）指出，大多数进行盈余管理行为的公司都刚好达到或超过（MBE）分析师预测。这是由于管理层的业绩也会受到不能 MBE 的负面影响（Matsunaga 和 Park，2001），甚至面临被辞退的风险（Hazarika 等，2012；Mergenthaler 等，2012）。可见，如果分析师对上市公司的财务状况及行业前景能够进行专业的分析和评价，资本市场的投资者则会借鉴分析师的报告作为未来的投资参考。因此在文献中"压力效应假说"也被称为"资本市场期望假说"（Burgstahler 和 Eames，2006；Cotter 等，2006；Skinner 和 Sloan，2002）。谢震和熊金武（2014）总结了分析师关注对公司盈余管理行为影响的三种机制，即约束机制、施压机制和配合机制，他们利用我国资本市场 A 股上市公司的数据进行研究，发现分析师对管理层施加的压力大于约束，因此分析师的高度关注会引致更多的盈余操纵，即约束机制并没有起到作用。当上市公司不能达到分析师相应的预测值时，其公司价值会被市场质疑，进而造成股价的下跌，因而投资对分析师跟踪数较多的公司具有更高的期望。该假说认为，分析师关注越多，管理层进行应计盈余操纵的动机越大（Fuller 和 Jensen，2002；Dechow 等，2003）。同时，与薪酬契约相似，分析师的关注增强了管理层进行盈余操纵行为的动机（Brown 和 Caylor，2005；Burns 和 Kedia，2006）。例如，Graham 等（2005）发现公司的财务总监通过达到或超过分析师预测（MBE）来增强资本市场对企业的信心，以此稳定或增长公司股票价值，保证经理人在资本市场声誉，同时表达出上市公司具有投资前景的信号。同样，Dhaliwal 等（2004）、Cheng 和 Warfield（2005）也发现了公司盈余和其分析师跟踪人数的正向关系。Bartov 等（2002）在比较具有类似预测偏差的公司后，发现无论公司是否进行盈余操纵，能够 MBE 的上市公司每个季度都能够获得更高且持续性的收益。Keune 和 Johnstone（2012）发现即使在发现错报且修正盈余时，分析师关注高的公司也很少会在修正信息中下调盈余。同时，由于应计盈余管理与真实活动盈余管理之间可能存在的替代关系（王良成，2014），部分学者也发现，和真实盈余管理相比，应计盈余管理不需要构建实际的经济交易，操作成本较低，因此在分析师关注较高的压力下，管理层更容易选择应计项目进行操纵（袁知柱等，2016；Hu 和 Schaberl，2017）。

（二）监督效应

监督假说认为，由于分析师在资本市场具有外部监管的作用，因此在一定程度上会抑制管理层的盈余管理行为。Jensen 和 Meckling

（1976）指出，能够抑制管理层机会主义行为的监督者是具有竞争性优势的机构和个人，而分析师恰好能够胜任这种专业性的监督任务。由于具有职业分析能力，证券分析师能够有效地改善公司治理环境，从而减少代理成本。与投资者相比，他们对上市公司不仅具有信息优势，还能够对公司发布的会计信息具有专业的分析能力，因此具有一定的监督职能。Healy 和 Palepu（2001）指出，分析师通过公开和私人的渠道搜集有关跟踪上市公司的信息，对其当期的经营状况进行评价，并同时给出未来盈余预测和投资建议。他们指出，作为资本市场的信息中介，分析师通过提供上市公司未公开披露的财务信息并因此对跟踪企业的管理层产生监督作用。由于具有相关金融和行业背景，分析师能够不断获取公司财务报表披露的信息，并通过电话会议等和管理层进行沟通以进一步获取公司的经营状况（如 Bowen 等，2002；Kimbrough，2005）。Yu（2008）指出，由于对公司披露的信息具有专业的解析能力，分析师能够评估上市公司的真实财务状况。因此，分析师跟踪人数较高的公司，其盈余管理的水平越低。Dyck 等（2010）在基于美国资本市场的研究中发现，被 SEC 与外部审计师揭露的上市公司财务丑闻只占不到 20%，而由分析师及媒体等其他外部监督者揭露舞弊的效率远远高于以往公众对其的预期。Chen 等（2015）的研究证明，当分析师对上市公司的跟踪由于券商的合并或关闭而减少时，其关注公司的内部治理会随之恶化。Moyer 等（1989）对分析师关注能够减少代理问题也提供了支持性的证据。Degeorge 等（2013）针对分析师的跟踪对应计盈余管理是抑制还是促进进行了实证检验：通过国际数据的对比，他们发现在信息更透明、金融发展程度更高的市场环境下，分析师跟踪所具有的监督职能更有效。Knyazeva（2007）发现，高水平的分析师关注会导致公司利润的提高、较低的多元程度、更多的企业并购行为和投资行为、较低的财务杠杆、更多的股票增发、较高的现金持有，以及较少的盈余管理。从提高公司业绩和改善会计政策的角度来说，分析师被认为是监管和董事会的替代角色。Sun 和 Liu（2016）发现分析师关注与会计稳健性具有正向关系，如分析师跟踪人数较多的公司，会选择提前确认费用或推迟确认收入，采用较低程度的应计盈余管理行为及更稳健的会计核算方式。同时研究者发现，由于舞弊等负面信息可能给自身声誉和职业带来影响，分析师作为公司治理的重要因素治理能够抑制此类现象的发生（Karpoff 等，2008；Dyck 等，2010）。因此该假说认为，由于分析师对企业和市场具有专业的判断，其预测行为减少了管理层与投资者之间的信息不对称，进而促进了公司治理机制，发挥了监督作用（朱红军等，2007；于忠泊等，2011；江轩宇和于上尧，2012）。

（三）其他方面

以上的经验性证据多与分析师关注对应计盈余管理行为的影响相关。对于其他方面的管理层盈余管理行为，相关研究也提供了经验性证据。例如，谢震、艾春荣（2014）指出，分析师的关注将进一步加剧管理层所承受的压力，如抑制管理层在研发方面的投入。He 和 Tian（2013）发现在市场预期较高的情况下，为了能够提高短期业绩以达到分析师预测，管理层会选择放弃对公司具有长期价值研发项目的投入。但是，徐欣、唐清泉（2010）发现分析师对于企业研发活动具有一定的分析甄别能力，分析师关注的提高能够有利于企业长期价值的增加。Irani 和 Oesch（2014）指出，分析师跟踪对管理层施加了更多压力，使其通过真实盈余管理的方式达到资本市场预期。Sun 和 Liu（2016）发现，分析师在抑制真实盈余管理方面并没有应计盈余管理有效，当上市公司的跟踪分析师较多时，管理层会选择进行更多的真实盈余管理。

三　分析师关注与资本市场反应

以往国外文献给出了分析师关注增加股票的信息含量并降低市场信息不对称的证据（Francis 和 Soffer，1997；Hong 等，2000；Ayers 和 Freeman，2003；Piotroski 和 Roulstone，2004）。Beyer 等（2010）指出，相对来说，分析师与投资者之间的交流受到较少的监管干预，因此投资者不仅可以从分析师发布的报告中获得盈余预测,也可以从分析师是否选择跟踪某公司、何时披露预测等方面来获取分析师预测行为蕴含的内在信息。例如,Lang、Lins 和 Miller(2004)等发现分析师倾向于关注公司治理较好的公司,并且在投资者保护较好的资本市场,分析师关注对市场具有更多参考价值。

我国的新兴资本市场尚处于转轨阶段,近十几年大量的个人投资者涌入资本市场,但由于缺少专业知识和相关证券投资经验,在信息搜集及分析方面要承担高额的成本。作为上市公司和投资者之间传递信息的重要中介机构,具有专业投资背景的分析师不仅具有获取信息的优势,还可以凭借自身领域的知识特长为投资者在宏观环境和公司的微观层面给出更全面的信息,从而降低了企业内部与投资者之间的信息不对称程度,提高了资本市场的信息效率。肖浩和詹雷(2016)指出,媒体和分析师起到了改善上市公司外部信息环境的重要作用。利用创业板上市公司的数据进行研究,他们发现分析师的跟踪行为能够显著降低公司信息与市场的股价同步性,认为分析师能够提高资本市场信息效率。

此外,部分学者通过将分析师在资本市场的信息角色进行分类,证明了分析师关注对于资本市场信息流动具有有效性。Lang 和 Lundholm(1996)指出,分析师关注行为的"需求"是受市场上市公司所提供的信息影响的。他们认为,如果分析师在资本市场的角色是信息中介——主要的作用是将跟踪的公司的信息传递给资本市场投资者,那么公司较多的盈余操纵的行为(即较低的会计信息质量)会导致分析师不能提供给投资者有价值的预测或评级报告,从而导致市场对分析师需求的下降;但如果分析师在资本市场的角色是信息生产者——能提供给市场多于公司披露的信息,那么公司较多的盈余操纵行为会使分析师"供给"的报告更有价值,因而导致市场对分析师的需求增加。薛祖云、王冲(2011)认为分析师发布预测的行为在我国资本市场中同时扮演着信息竞争和信息补充两种角色,一方面,分析师与管理层之间存在着信息竞争,即二者通过不同的渠道把信息披露给市场,并且分析师主要在于为市场提供企业未披露的新消息，因此与管理层披露的信息产生竞争；另一方面，由于分析师的专业投资背景，其专业能力能够帮助广大投资者解读企业披露报告中内在的信息，即起到了信息补充的作用。他们认为，这两种角色并不矛盾，且均证实了分析师关注对于资本市场信息增加起到的积极作用。Chan 和 Hameed（2006）认为中国市场对证券分析师更多的反应是出自市场层面的信息，而在反映公司特质信息方面则效率较低。但朱红军等（2007）的实证结果发现，证券分析师的证券搜寻活动提高了资本市场股票价格的信息含量，从而改善了资本市场的运行效率。冯旭南和李心愉（2011）认为差异的主要原因是数据来源的不同，他们通过加大样本容量和稳健性检验发现，国内分析师的跟踪较少地反映了公司层面的特质信息，而更多反映的是来自市场层面的宏观信息。类似地，张纯和吕伟（2009）指出，分析师对上市公司的跟踪改善了资本市场的信息环境，降低了信息不对称程度。潘越等（2011）认为分析师的关注降低了信息不透明可能对股票暴跌带来的风险，并认为分析师是资本市场中，除了法律监督外的另外一种机制。周泽将和杜兴强（2012）通过研究公司新闻发言人的设立与证券分析师的跟踪程度之间的关系，认为证券分析师是信息是否透明的重要传导机制，对公司的关注能够有效提高公司的透明度。

四 分析师关注与审计费用及审计意见

信息环境理论认为，分析师的关注能够有效减少其他市场参与者的信息获取成本，以此提供了更好的信息披露环境（Lang 和 Lundholm，1996）。因此，作为资本市场的信息中介，证券分析师不仅仅为投资者提供信息，对于其他市场参与者也具有重要的作用。例如，Yuan（2013）发现银行对分析师关注程度比较大的企业会给予较低的贷款利率。回顾相关文献可以发现，已有研究关注较多的是分析师关注与外部审计师之间的关系。Lim 等（2013）发现，根据"声誉保护假说"，当分析师跟踪程度增加时，资本市场的关注程度增加，导致外部审计师的声誉受损风险也明显增加。为了应对这种情况，外部审计师会做更多的审计努力以保证出具正确的审计意见，因此审计费用也相应增加。Gotti 等（2012）基于美国资本市场的数据发现，分析师作为公司外部环境的监督机制，对上市公司管理层机会主义行为进行限制，因此改善了上市公司的治理环境，降低代理成本，并降低了外部审计师的审计成本，即审计费用降低。

基于我国资本市场的经验证据，周冬华、赵玉洁（2015）指出，分析师通过减少资本市场上市公司和报表使用者之间的信息不对称，减少了审计风险，并明显降低了上市公司的外部审计费用。李晓玲和任宇（2013）发现，分析师关注越多的公司，被出具非标准审计意见的可能性越低。赵保卿和陈润东（2016）通过对2010—2013年我国沪深两市 A 股上市公司的财务数据进行研究发现，分析师的关注优化了审计资源的投入与分配，也从而证实了分析师关注能够影响其他外部资本市场参与者的决策。他们指出，当一家公司被多个分析师关注时，披露的信息越充分，被监督的程度越大，因此管理者操纵财务报告信息的动机受到影响，财务报告存在重大错报风险的可能性降低，注册会计师将会减少审计投入，从而降低审计费用。许浩然等（2016）用分析师跟踪人数作为上市公司信息环境的衡量方式，认为在分析师跟踪人数越多的情况下，客户信息的环境越好。在信息较透明的环境下，市场与监管部门对被审计单位的经营状况有更细致和深入的了解。同时，分析师跟踪较高的公司面临更多的市场关注，审计师面临更多的外部监督和声誉成本，从而提供的审计质量越高。Fang 等（2014）认为，审计费用代表了注册会计师所面对的审计风险，从信息环境的角度来说，分析师被资本市场认为能够提高信息的有效性，因此分析师关注越高的被审计单位具有越好的信息环境，因此审计风险较低。Yu（2008）指出，分析师在资本市场的作用不仅在于整合及归类了与上市公司相关的信息，还在于揭露了管理层的部分私有信息。比起其他市场参与者，分析师有更多机会和管理层接触，甚至是面对面的交流。

因此从审计师的角度考虑，审计费用反映的是成本投入，当分析师的关注改善了信息环境时，审计风险及审计成本也会相应降低，从而表现为审计费用的减少。在其他方面，翟宝胜等（2016）发现分析师关注的增加会对管理层造成压力，使其更在意公司业绩表现和被出具的审计意见类型，因此导致管理层进行审计意见购买的动机增强。

第三节 文献评述

本章围绕研究的核心问题和研究目的，分别对财务报告重大错报风险和分析师关注的相关已有文献进行了回顾，下文对上述文献进行简要评述。

一 财务报告重大错报风险的衡量

本书根据以往文献，将重大错报风险的衡量方式分为基于原因和基于结果两类进行综述。其中，基于原因的变量包括审计师的投入、具有缺陷的内部控制评价和上市公司符合公认会计准则内的盈余管理行为（主要指可操控应计）；基于结果的原因则指证监会及沪深两所对上市公司出具的违规公告、上市公司的财务报告重述，以及审计师发布的非标准审计意见。相对于基于原因的变量来说，基于结果的变量更能准确表达上市公司披露的会计信息是否存在重大错报。但相比较"非黑即白"的基于结果的变量来说，基于原因的变量由于其连续性而广泛被以往文献所使用。这是因为尽管低水平的会计信息质量可能会导致上市公司对财务报表操纵，但不一定导致重大错报的产生。通过梳理文献，本书提出以往研究对重大错报风险衡量方式的局限性。第一，以财务报告舞弊及重述作为重大错报风险的替代变量依然是当前研究的主流方式。尽管这二者具有较低的衡量误差且与重大错报风险存在最直接的相关性，但是样本的限制和非舞弊（非重述）样本可能存在的"不清洁性"，会导致研究结果偏差。第二，文献中较为频繁使用的重大错报风险的替代连续变量是会计信息质量，即应计盈余质量。连续变量虽然增加了研究的可用样本，但是现有研究中存在多种模型及衡量方式，因此具有较大的测量误差。此外，面对真实的资本市场，必须承认的是许多上市公司都存在在会计准则合法的"灰色"领域对盈余进行操纵的事实。因此，用盈余管理程度作为财务报告存在重大错报风险的衡量方式严格来说并不准确。最后需要强调的是，无论采取基于重大错报发生的原因还是已识别的重大错报结果来衡量其风险，研究结果仍然是存在局限性的，这是因为重大错报风险的形成原因是企业内部信息向外传递时在某个层面发生的问题但不足以对整个信息链条的环节进行解释。

二 分析师关注与财务报告重大错报风险

分析师具有可以利用各种途径、广泛地搜集和分析信息的优势。与其他外部监督机制不同，证券分析师的报告信息、关注行为能够显著影响市场的投资决策。以往的研究过多地关注分析师对会计信息披露质量及资本市场反应的影响，而忽略了在会计信息传递的过程中，分析师关注对会计信息链条各个层面的影响。因此，本书认为企业财务报告信息是一种向资本市场投资者及其他利益相关者提供的"商品"，在从内部向外部传递的过程中，证券分析师对信息商品从"生产制作—过程控制—产品鉴定—提供市场"的整个"产品链条"都存在着积极的影响，起到了监督和改善公司治理的作用。已有文献只停留在减少信息不透明和是否引起资本市场反应等问题的层面上，并没有深入挖掘分析师作为资本市场企业的外部监督者，在信息披露的整个过程中所起到的作用，因此缺少从整个信息传递的角度对分析师关注的影响机理进行的研究。

三 借鉴与启示

有效的制约体制能够帮助防止和识别会计欺诈或舞弊行为，但是如果只关注在体制的制约，而忽略了其他可能存在的有用机制，也同样是错误的（黄明，2002）。面对管理层在会计准则"灰色领域"进行信息操纵的行为，无论独立的外部审计师多么严谨，都不能防止这种情况的发生。因此，具有更多信息渠道和专业分析能力的证券分析师就起到了减少信息不透明和增加信息含量的作用。以往的研究虽然对财务报告重大错报风险进行了大量的研究并给予了足够的重视，但从文献回顾中可以发现，大多数研究关注的是重大错报风险形成的片面因素或结果表现。事实上，会计信息从管理层编制到内部控制的监管、注册会计师的审计、市场投资者的接收，经历了一系列的信息传递链条。而单方面的关注一个角度不足以在未来的实践中帮助实务界识别企业报告中可能存在的重大错报风险。因此，本书认为，分析师凭借专业分析财务报告信息方面的知识能力和专业投资背景，能够从企业内部治理环境和外部宏观环境等多角度对上市公司信息传递进行监督，从而为实务界和学界提供了新的研究角度和经验证据。通过对以往文献的回顾和评述，本书旨在已有的研究思路和方法基础上进行更深入的研究，基于我国资本市场上市公司信息传递的特征，结合我国特有的制度背景，构建理论框架，并予以实证检验。

第三章 制度背景

第一节 证券分析师行业的产生和发展

一 证券分析师行业的产生

证券分析师最早出现在 20 世纪的美国，距今已有 90 多年的历史。莫茨和夏拉夫认为，投资分析顾问（即证券分析师）的出现是必然的。[①] 一方面，在大量投资公司证券之前，很少有人有能力和兴趣去做调查和分析；另一方面，仅根据获取的少量消息和直觉进行决策，将资本投向无法回本的公司是极有可能的。正因为这些原因，市场的需求导致了证券分析师的产生。美国国家企业信息协会委员会（The Committee on Corporate Information of the National Federation）在 20 世纪 40 年代对投资者的调查问卷中发现，大多数调查者面对"你是如何选择股票的"的问题时，答案是"来自亲朋的推荐"（Woodworth，1949）。对此，纽约证券交易所总裁芬斯顿（Keith Funston）指出，当前的资本市场已经出现了新的职业，即调查和评价证券有关价值的专业人员，他们为一般投资者提供了大量而准确的信息，尽努力在各方面保护投资者。[②] 这说明，证

---

　　① ［美］罗伯特·莫茨、侯赛因·夏拉夫：《审计理论结构》，文硕等译，中国商业出版社 1990 年版，第 235 页。

　　② 同上书，第 224 页。

券分析师的存在，对于投资行为的影响、对会计或审计实务的影响都是有益且重要的。芝加哥投资分析专家协会主席 William（1955）认为，分析师感兴趣的不是那些从可靠来源得来的真实财务资料，例如年度报告、工业统计和报告数据等，他们感兴趣的是在公开披露的报告内找不到的信息，例如公司上市的新产品、研发费用及规模、是否扩充工厂等。投资分析人员的出现，使市场对投资决策需要传统财务报告的适当性提出了质疑，也同时对审计人员为投资决策需求的贡献提出了质疑。

随着 20 世纪 20 年代美国资本市场经历的巨大变革，一小部分的投资分析师于 1925 年在芝加哥成立了投资分析师协会（Investment Analyst Society）。[①] 与此同时，类似的机构不断出现。1937 年，美国东岸的部分分析师在纽约成立了纽约证券分析师协会（New York Society of Security Analysts，简称 NYSSA）。后来，随着资本市场的不断发展和类似组织的不断增加，在 1947 年它们合并为国家财务分析师联合会（National Federation of Financial Analysts Society，下文简称 NFFAS）。由于联合会成员的不断增多，1959 年协会提出建立分支机构，即注册金融分析师协会（Institute of Chartered Financial Analysts，简称 ICFA）来负责颁发注册财务分析师的资格证书（即后来的注册金融分析师 CFA）；同时，NFFAS 更名为金融分析师联合会（Financial Analyst Federation，简称 FAF）。在 1999 年，ICFA 与 FAF 合并成为投资管理和研究协会（Association for Investment Management and Research，下文简称 AIMR），并将"职业投资分析人员"明确地定义为"是指从事作为投资决策过程的一部分，对财务、经济、统计数据进行评价或应用的个人"。在 2004 年，AIMR 正式更名为 CFA 协会，并沿用至今。因此可以发现，分析师（或 CFA）并非局限于某一种职业，其代表的是一种资格。拥有证券分析师资格的金融从业人员，可以供职于证券公司、基金公司、保险公司、信托公司、投资银行及其他证券咨询机构。证券分析师不仅包括基于跟踪上市公司发布的信息、进行实地调研等进

[①] CFA Institute，http：//www.cfa.co.in/tag/national-federation-of-financial-analysts-society.

行单个证券分析评价的荐股师,还包括从事证券组合运用和管理的投资组合管理人、基金管理人,以及提供投资建议的投资顾问,这里面包括经济学家、企业战略分析师、投资策略分析师等一系列的职业人。按照服务对象的不同,他们可以分为卖方分析师(Sell-Side Analyst)、买方分析师(Buy-Side Analyst)和独立分析师(Independent Analyst)三类。卖方分析师的研究报告主要供个人和机构投资者使用;买方分析师一般服务于投资管理机构,如共同基金、对冲基金或投资咨询公司等,这些投资公司有自己的证券交易账户,发布的研究报告主要为他们所属公司的管理者进行投资决策时使用;独立分析师一般来自和证券业务没有联系的单位,例如专门的研究机构或高校等,其立场相对前两者而言较为独立和理性,出具的报告通常通过订购或其他方式提供。①

二 证券分析师行业的发展

随着资本市场和投资业务的扩大,证券分析师的规模在不断扩大,证券分析师的职能也在不断强化。当前,美国证券市场比较成熟,证券研究和分析工作是券商和投行业务创新及自身发展的根本动力。一些大型投资银行或证券公司都十分重视证券研究,如高盛、美林等公司。截至 2015 年 6 月,美国证券分析师从业人数达 268360 人。② 其中,就职率最高的区域在纽约、加州及德州,就职的行业包括金融和保险行业,包括证券和期货经纪商、银行和信贷机构及保险中介机构。其他的证券分析师主要分布在私人企业或政府部门工作。这意味着随着全球投资的多元化和复杂化、资产管理规模的扩大,金融机构将需要更多证券分析师进行证券研究并进行投资推荐。截至 2015 年 8 月,证券分析师年均收入达 95320 美元,是美国平均工资水平的两倍。

---

① 本书关注的分析师指发布公开研究报告的卖方分析师。
② Bureau of Labor Statistics, "Occupational Employment Statistics-Occupational Employment and Wages", https://www.bls.gov/oes/current/oes132051.htm, May 2017.

在我国，资本市场是改革开放的产物。自 1992 年的改革政策之后，资本市场得到了迅速的发展。以 2000 年之后的数据为例①，上市公司从 2001 年的 1120 家，发展到了 2017 年的 3000 多家；从总市值来看，市场规模以指数形式增长，从 21 世纪初的 53205 亿元，到 2017 年的 538211 亿元人民币，在不到 20 年内，增长的速度超过 10 倍；从投资者开户的规模来看，从 2001 年的 6000 万户发展到 2017 年的近 3 亿户（见图 3.1）。

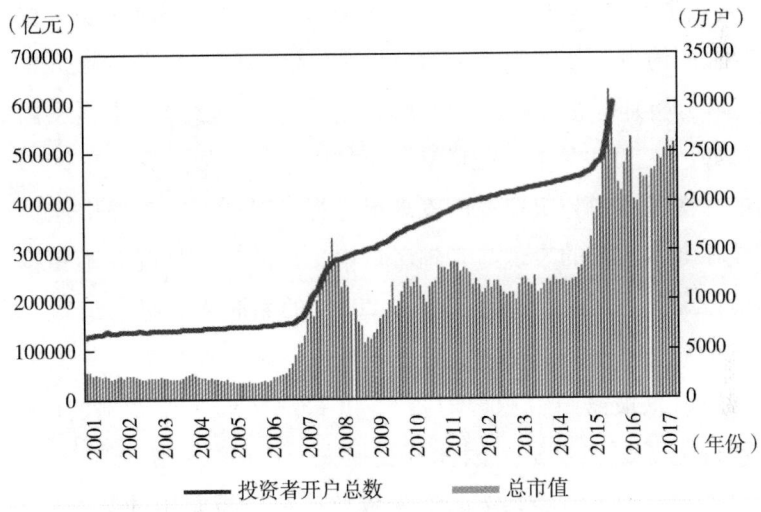

图 3.1 我国资本市场发展规模趋势

资料来源：Wind 金融资讯。

尽管我国资本市场规模的发展速度并不逊色于发达国家，但是由于监管力度较弱、对于资本市场中介监管的法律法规出台较慢，证券分析师一开始在资本市场并没有起到积极的作用。例如，1997 年的"湘中药"案例，作为"股票评论家"的熊劲松在《亚太经济时报》刊登了《湘中药自信潜力无穷》一文，对"湘中药"的投资前景进行了虚假陈述，误导了投资者的决策，导致资本市场损失巨大，并因此被

---

① 本节数据来自 Wind 资讯金融数据库。

告上了法庭。此次事件引起了监管部门的注意，由此关于规范证券分析师行业的相关法律法规陆续出台。例如，自 1998 年 4 月 1 日开始正式施行由国务院和国务证券委员会于 1997 年 12 月制定并发布的《证券、期货投资咨询管理暂行办法》，于 1997 年 6 月 19 日首次举办了证券从业人员资格考试，该规定为保障投资者的合法权益以及公众的利益，对证券、期货投资咨询活动进行了详细的资格要求，严厉禁止了证券机构与从业人员等通过披露虚假信息进行欺诈的行为。[①] 1999 年 7 月 1 日，《证券法》正式开始实施，这表示证券机构从业人员开始有了法律层面的约束。自 2000 年之后，我国证券市场在相关法律规定的制约下，证券分析师行业逐渐对上市公司的造假行为起到了监督及揭露的作用。例如，在 2001 年的"银广夏"事件中，分析师蒲少平在 2000 年 3 月份的一次考察中与银广夏的管理层进行了对话，在沟通中他发现了银广夏在资本市场的表现与管理者口中工厂的生产情况并不相符。之后，他搜集各方面的信息对银广夏 200% 的利润来源进行追踪，并同时进行了实地考察，发现事实情况与账面业绩相差巨大。蒲少平将自己搜集的信息披露给《财经时报》，并最终引起了监管部门的注意，及时地避免了更多投资者因此蒙受损失。[②] 同样，在 2001 年的"蓝田"事件中，中央财经大学的刘姝威教授在分析蓝田的数据后发现，该公司在重要的财务方面存在问题，应立即停止对蓝田发放贷款。这些分析师的行为，正是受益于他们的专业背景和较强的财务解析能力，最终发现了上市公司财务造假的问题，及时为资本市场投资者止损，对加强上市公司财务信息监管方面起到了积极的作用。

随着证券行业监管的改善和资本市场的发展，我国证券分析师队伍的规模也逐渐壮大。截至 2017 年 3 月，我国证券公司数量达到 222 家，年营业收入达到 3280 亿元。其中，124 家证券公司实现盈利，129 家证

---

① 中国证券监督管理委员会：《证券、期货投资咨询管理暂行办法》，http://www.csrc.gov.cn/pub/newsite/flb/flfg/xzfg_8248/200802/t20080227_191570.html，1997 年 12 月 25 日。

② 中央电视台"讲述"栏目组：《勇揭银广夏黑幕第一人》，http://www.cntv.cn/lm/235/64/21684.html，2001 年 10 月 24 日。

券公司的总资产到达 5.79 亿元。① 行业的迅猛发展吸引了越来越多的人加入。整个行业的注册人员数截至今年 3 月份为 33 万人，其中从事证券投资咨询业务的人员数（即证券分析师数量）为 2309 人。② 如图 3.2 所示，以证券分析活动较为活跃的 23 家证券公司数据为例，2006—2015 年，分析师的数量和报告数量急剧增加。除了政府监管，证券分析师行业还存在外部公众监管平台。例如在美国，有专业媒体和机构负责证券分析师的评选和排名，如《机构投资者》的"全美研究团队"（All-America Research Team）、《华尔街杂志》的"全明星分析师调查"（All-Star Analysts Survey）等。③ 这种评选的形式是一种具有监督作用的激励措施，那些想要上榜的证券分析师会努力争取发布更加准确和客观的研究报告。在我国，自 2003 年以来，《新财富》杂志每年都会评选中国本土市场化分析师排名——"新财富最佳分析师"。其影响力和广泛认同力不断增加，成为市场和客户评价中国证券分析师的重要本土品牌标准。

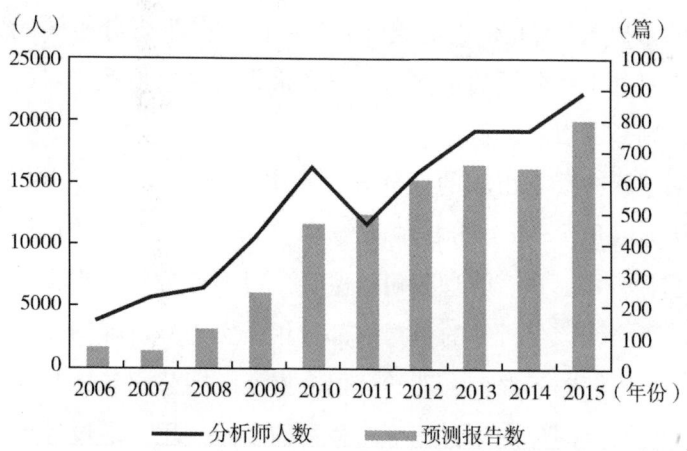

图 3.2 我国 2006—2015 年证券分析师行业发展规模

资料来源：证券业协会。

---

① 中国证券业协会：《中国证券业协会发布证券公司 2016 年经营数据》，http://www.sac.net.cn/hysj/zqgsjysj/201701/t20170125_130277.html，2016 年 12 月 31 日。

② 中国证券业协会，http://www.sac.net.cn/xxgs/cyryxxgs/。

③ Institutional Investor, http://www.institutionalinvestor.com/Research/6572/Overview.html。

第二节　证券分析师行业的性质和特征

一　证券分析师行业的性质

证券分析师通过阅读上市公司在资本市场公开披露的财务信息、挖掘上市公司存在的内在投资价值，或在必要的时候进行实地考察、同管理层进行沟通等方式，撰写投资及分析报告，供市场投资者、债权人、监管部门，或其他利益相关者参考。证券分析师所涉及的分析工作主要包含两个方面：一是对宏观层面的分析，类似于针对特定的行业环境，在经济政策的影响下，对行业投资前景进行分析并报告；二是对微观层面的分析，其中分为技术面分析和基础面分析。胡奕明（2005）在调查报告中发现，所学专业为会计学的证券分析师仅占研究样本的4.9%。因此，当前我国分析师的财务报告分析的能力仍欠缺且缺少对基本面分析的重视，在发布报告时主要依赖于对行业的熟悉和惯性判断能力。

当前活跃在资本市场的证券分析师主要分为卖方（Sell-Side）分析师和买方（Buy-Side）分析师两类。[①] 买方分析师为其受雇的投资机构（如基金公司、资产管理公司、保险公司等）撰写的报告不对外公开，仅用于雇佣该分析师的机构内部使用；卖方分析师同样受雇于投资机构，但更倾向于券商、证券公司、投资顾问公司等，其撰写的研究报告不仅可以内部使用，还可以公司的客户使用、通过各种渠道公开提供给市场的投资者。由于两种分析师工作类型的不同，卖方分析师相比较买方分析师来说，对跟踪的上市公司更有选择的自由度。另外，其发布的预测或评级公告是免费面向大多数市场投资者及利益相

---

① 本书中将"证券分析师""分析师"与"财务分析师"同时使用，主要指受聘于投资银行、基金公司或券商等，利用专业的分析能力对发行股票的上市公司进行研究并发布报告，对现有及潜在投资者提供建议的卖方分析师群体。

关人,因此,卖方分析师也被称为"独立分析师",其收入受市场和业界声誉的影响较大,此类分析师也是本书主要研究的对象。

作为资本市场信息的传递中介,在资本市场融资活动中,分析师降低了需要融资的上市公司和拥有投资意愿的市场参与者之间的信息不对称程度。通过发布盈余预测或评级报告,分析师为投资者对其有投资意向的上市公司的财务状况、经营风险、发展前景、行业趋势、竞争优势等方面提供了有价值的信息,帮助投资者作出合理的投资决策。我国资本市场大部分的投资者具有闲置资金,却不具有分析上市公司财务状况的专业能力。同时,由于法律监管程度较低、信息透明度较差等原因,投资者不仅缺乏报表分析的能力,也不可能对相关行业有很深的了解,因此可能做出错误的投资决策。正因为如此,我国的资本市场更需要具有专业分析能力的分析师利用自身的行业专业化、职业判断和上市公司管理沟通的渠道,全面解读公司所披露的复杂信息和获取的私有信息,并及时地向市场发布报告。

二 证券分析师行业的特征

证券分析师行业的工作性质决定了分析师的预测行为或报告以何种方式将上市公司的信息传递给资本市场投资者、债权人、监管部门及其他利益相关者。证券分析师行业的特征主要有如下三种。

(一)证券分析师的盈余预测

作为资本市场重要的信息中介,分析师所披露的盈利预测从20世纪90年代逐渐成为衡量上市公司盈利状况最重要的阈值标准。投资者通过比较公司业绩与年报公布前分析师最新的盈利预测判断上市公司业绩是否达到或超过分析师盈利预测并作出相应投资决策,因此是否满足资本市场预期将取决于上市公司盈余是否超过或达到分析师预测。未能达到资本市场预期而导致负向"盈余意外"(Negative Earnings Surprise)的上市公司,则可能面临股价下跌等风险(Degeorge 等,1999)。整体来看,分析师发布的报告是具有信息含量的(Stickel, 1995; Womack, 1996)。岳衡、林小驰（2008）采用2005年35家券商的分析师预测作为研究对象，与统计模型所计算的盈余预测相比，发现分析师的盈余预测相比较统计模型来说误差更小。这是由于当上市公司的业绩波动较大时，历史的数据很难估量出未来的预测；但是对于分析师而言，其专业背景和分析能力有助于他们通过搜集的信息作出相关公司或行业的准确预测。另外，曹胜、朱红军（2011）认为，如果证券分析师隶属的券商下属部门重仓了某只上市公司的股票，那么分析师很可能对该公司发布乐观的盈余预测报告。同样，Chen和Jiang（2006）利用美国证券分析师盈余预测数据，通过对其预测行为赋予权重进行计算发现，分析师的盈余预测行为是无效的，而这主要是因为分析师的过度自信理论和主观因素；郭杰、洪洁瑛（2009）利用中国资本市场数据也得出类似的结论。Bradshaw等（2001）发现，分析师在跟踪应计盈余管理程度较高的公司时，并不能预测此类公司未来可能出现的盈余问题，换句话说，分析师的预测对投资者并没有警示作用。另外，分析师发布的盈余预测还会受到管理层盈余管理行为的影响（胡玮佳、韩丽荣，2016）。为了避免"盈余意外"的发生，Matsumoto（2002）认为管理层会通过下调预期盈余、披露相关信息以避免分析师的乐观估计的方式来使公司业绩MBE。

（二）证券分析师的推荐评级

Schipper（1991）、Francis和Philbrick（1993）指出，以往学者在研究证券分析师发布的盈余预测或现金预测方面付出了过多的精力。Womack（1996）认为相比较而言，证券的评级报告更为直观地表现了分析师对上市公司经营状况的态度。我国研究学者根据媒体披露的分析师荐股信息，发现分析师出具的报告的确具有资本市场预测能力。例如，丁亮、孙慧（2001）利用《中国证券报》2000年部分月刊中"潜力股推荐"栏目的信息进行研究，发现分析师推荐的股票在信息发布后具有异常收益；唐俊、宋逢明（2002）以《上海证券报》《证券时报》的荐股栏目信息为研究样本，发现证券分析师加重了市场反应现象，且证券分析师的荐股信息具有一定的市场投资价值。但是，陈永生（1999）以媒体发布的分析师股票推荐为研究样本，发现股票专家的推荐不能够预测股票的未来趋势。与盈余预测类似，证券分析师和上市公司及资本市场之间也存在一定的乐观预测及与券商之间的利益冲突关系，并同样会受到管理层盈余预告披露的影响。证券分析师对上市公司的评级意见具体包括"减持""增持""观望""买入""谨慎买入""推荐""谨慎推荐""强烈推荐"等。方先明和汤泓（2016）通过我国的资本市场分析师评级报告数据发现，证券分析师倾向于给出较高的基础评级，即使在熊市，投资意见为"卖出"的评级报告整体上也没有显著增加，反而存在小幅减少。他们认为，这是分析师考虑到了与企业的关系，由于分析师获得私有信息的渠道大多是实地调研及与公司管理者的沟通，负面的报告将不利于今后工作的开展。

（三）证券分析师的关注（跟踪）行为

除了上述两个分析师行业的特征，以往大量研究还关注了分析师的跟踪（Following）或关注（Coverage，也译作"覆盖"）行为。Bhushan（1989）认为，分析师跟踪上市公司的均衡数量是由市场对于证券分析服务的需求与供给关系决定的，不同公司的特征会影响需求与供给的曲线，同时影响上市公司分析师的跟踪数量。例如，Knyazeva（2007）发现分析师跟踪对于公司业绩的影响与其他公司治理机制类似。徐欣、唐清泉（2010）认为，分析师对于企业研发活动具有一定的分析甄别能力，分析师关注的提高能够有利于企业长期价值的增加。分析师倾向于避免发布关于上市公司的负面的盈余预测或评级报告，因此，相对于上述两种分析师特征来说，是否选择跟踪上市公司或对上市公司的关注程度就相对更加"中性"，更能捕捉到分析师对于上市公司真实经营状况的态度。

第三节 证券分析师行业对资本市场的作用

证券分析师行业的产生是资本市场发展的结果，而不是制度的配置。资本市场的健康发展离不开证券分析师的工作。资本市场的信息搜寻和获取、解读信息，都需要成本的投入。对于大多数投资者来说，由于没有相关的专业财务分析知识背景和获取公司内部信息的渠道，高昂的信息获取及分析成本使他们依赖于分析师出具的盈余预测及股票推荐报告来作为投资参考。从美国等西方发达资本市场的实践经验来看，证券分析师在资本市场投资者与上市公司之间起到了有效沟通的作用。尤其是随着现代企业经营环境的复杂化和多元化，投资者及潜在投资者获取公司信息的成本逐渐增加。这种信息不对称情况的不断加重，使资本市场愈加的需要证券分析师的工作来为投资者及资本市场其他利益相关者进行信息的搜集、处理和分析。在完成这些工作的同时，证券分析师也对上市公司，即资本市场的被投资方，起到了一定的监督作用。总体来说，分析师对资本市场的作用主要体现在投资者、上市公司、所属机构、监管部门四个方面。

一　对投资者的影响作用

证券分析师行业对投资者的最重要的直接影响是减少了后者获取信息的成本，即缓解了投资方与被投资方的信息不对称问题。整体看来，资本市场存在两种不同层面的信息不对称问题。第一，广义理解上的资本市场投资者与上市公司之间的信息不对称。根据深交所2015年发布的《个人投资者状况调查报告》，我国当前资本市场还是以中小投资者为主，且整体交易频繁。个人投资者的不断增长趋势和证券分析师行业监管制度的发展暂缓形成了鲜明对比。由于缺少相关财务分析知识，且对于上市公司的信息获取成本较高，投资者的投资选择主要依赖于分析师对于上市公司信息的关注及发布的推荐评级报告。因此在这种情况下，由于缺乏专业的财务信息解读能力和高昂的信息获取成本，中小投资者的投资行为会在很大程度上受到分析师的影响。例如，20世纪后叶，美国资本市场的牛市成就了千万股民的财富梦，同时一批明星级的证券分析师也顺势登场。在当时，明星分析师受到了前未有过的关注和名气，包括来自媒体的争相采访和投资者的崇拜跟从。但后期随着整个股市的大跌，股民损失惨重，投资者逐渐对这些分析师的报告和结论产生怀疑，认为他们误导投资者，使投资者的利益遭受损失。胡奕明（2005）认为，在正常的情况下，假如证券分析师保持独立性和客观性，他们的行为不会对投资者的利益造成重大的负面影响。她指出，如果大多数的投资者追随证券分析师的投资建议进行证券的买卖，在正常情况下应该能获得投资收益。第二，机构投资者与资本市场中小股民之间的信息不对称。机构投资者由于对公司占股较大，因此相比较中小投资者，有更多的渠道获取公司的内部信息，甚至可能实现与管理层的直接交流和沟通，相对于中小股民而言，机构投资者拥有更专业的投资相关知识能力和更低的信息获取成本。证券分析师的存在对于以上两种信息不对称来说，均有缓解的作用。无论是企业内部的管理层，还是占股较多的机构投资者，相较于广大投资者而言，他们都具有绝对的信息优势。如果证券分析师能够独立地出具预测或股票推荐报告，那么其发布的信息将会有效地降低中小投资者获取信息的成本，帮助其做出有效的投资决策，使资本市场资源能够有效配置。薛祖云（2005）利用中国资本市场 A 股上市公司的分析师盈余预测数据进行研究，发现投资者能够依靠分析师给出的预测构建获利的投资组合，证明分析师的预测行为在我国资本市场是具有价值的。

二 对上市公司的影响作用

证券分析师行业是由于上市公司无法满足投资者的信息需求而产生的。每个分析师或分析师团队都具有自己擅长的分析领域，对特定行业有着职业敏感度和专业分析能力。分析师在撰写分析报告时所需的信息不仅来自财务报告，也来自企业各项具体的经济活动。通过与管理层的沟通、实地调研、电话会议等，分析师所掌握的信息也可以帮助满足企业加强经营管理及其他有关方面进行决策的需要。与外部审计师不同的是，分析师掌握更多渠道的信息和对宏观经济环境有更好的了解。正因为如此，分析师发布的评级或推荐报告能够帮助企业发现在生产经营活动中存在的问题，使其能够及时总结经验和提高经济效益及管理水平。因此，分析师的关注及预测评级行为不仅减少了公司与投资者、债权人、监管部门等想要了解企业经营状况和投资前景的利益相关者之间的信息不对称，还有帮助企业的上市公司经营者提高管理效率的作用。

另外，分析师对于上市公司在资本市场的表现也有着重要影响。Grossman 和 Stiglitz（1980）认为资本市场无法完全反映所有的信息，否则信息搜集者将无法从他们成本高昂的信息搜寻和解析中获益。因此，分析师发布的盈余预测报告和评级报告是公司股价波动的重要因素之一。例如，Womack（1996）针对美国资本市场证券分析师的股票推荐报告进行研究，发现上市公司的股票价格对分析师的投资报告能够迅速地做出反应，当公司被推荐"买入"时，短期平均收益上涨到2.4%，事后持续1个月；当被评级为"卖出"时，公司会遭受平均9.1%的市值下降，事后持续6个月。针对中国证券分析师，朱红军等（2007）发现分析师能够提高公司股票价格的信息含量，降低上市公司与资本市场的股票同步性，从而提高资本市场效率；方先明和汤泓（2016）的研究结果也发现，分析师的研究报告能带来超额收益。可见，分析师的股票推荐或其他预测行为对于上市公司来说极为重要。

三 对所属机构的影响作用

资本市场的证券分析师并非独立存在的，他们通常受雇于券商、证券公司或大型投资银行等。证券分析师通常以个人或团队合作的方式，根据自己擅长的行业领域，选择跟踪的上市公司并对其披露的财务信息进行分析、实地调研、与管理层沟通，并出具相关的盈余预测报告和证券评级推荐报告。在此过程中，证券分析师主要从两个方面为所属机构服务。

一是作为信息中介的存在。证券分析师的所属机构也可能是上市公司的机构投资者，因此，在此分析师主要扮演的是外部角色，为所属机构提供了必要的相关信息及研究报告，有效实现了机构投资方与被投资上市公司之间的有效沟通。但同时，所属券商及其他金融机构的客户持有量、交易量等也会因为分析师发布的评级或盈余预测报告而受影响。

二是作为信息筛选的存在。这种内部角色是指为所属的券商或证券公司筛选或评估承销单位、撰写招股说明书、评估投资价值等。通过与所属机构其他部门的合作，对潜在客户进行实地调研，获取有效的信息并进行筛选，从而做出是否承销的决策。拥有明星分析师会使分析师所属券商吸引并保持更多的客户。但是，如果分析师发布了误导的报告使投资者遭受了损失，那么所属券商也会相应地面临客户流失及利润下降的风险。

四 对监管部门的影响作用

证券分析师是监管层重要的监督对象之一，不同国家及地区对分析师行业监管的模式也不尽相同。监管主体一般包括政府监管机构、行业协会、证券分析师聘用公司等，不同监管主体的分工定位在国家间并不相同，以美国和中国为例，证券分析师行业的监管主要包括以下几个层次。

（一）政府监管机构

在美国，政府监管机构主要包括美国国会（United States Congress）、美国法院（U.S. Court）及美国金融监管局（Financial Industry Regulation Authority，FINRA）等。美国最早颁布了《1940年投资咨询者法案》(*The Investment Advisers Act of 1940*)，目的是对管理投资提供的服务进行监管。后来，监管机构通过《证券交易法》《公平披露法》《投资顾问法》等相关法规来规范证券分析师的价格操纵、内幕交易、散布不实信息等言行。对于我国来说，1997年12月，《证券、期货投资咨询管理暂行办法》发布，对证券、期货投资咨询活动进行了详细的资格要求，严厉禁止证券机构与从业人员等通过披露虚假信息进行欺诈的行为。1999年7月1日，《证券法》开始正式实施，这表示对证券机构从业人员开始有了法律层面的约束。我国现阶段对分析师行业监管制度采用的依然是证监会的集中监管与行业自律监管相结合。证监会是"国务院直属正部级事业单位，依照法律、法规和国务院授权，统一监督管理全国证券期货市场，维护证券期货市场秩序，保障其合法运行"。[①]

（二）交易所等自律组织监管机构

美国资本市场的交易所等自律组织监管机构主要包括美国证券交易委员会（SEC）、纽约证券交易所（NYSE）等机构。这些机构通过制定各种规则，要求会员公司对聘用的证券分析师进行监督。在我国除了政府的行政监管，上海证券交易所和深圳证券交易所及其他相关监管部门作为证券市场的自律监管机构而存在。其中，上交所有四个部门负责监管上市公司披露，即上市公司监管一部、二部，发行上市公司部，市场监察部。深交所也设有四个类似部门，分别为公司管理部、中小板公司管理部、创业板公司管理部、市场监察部。

（三）证券分析师协会等自律组织监管机构

在美国，证券分析师协会等自律组织监管机构主要包括CFA协会、美国证券业和金融市场协会（Securities Industry and Financial Markets Association，简称SIFMA）等机构。这些组织专门负责证券分析师的注册、考试、资格管理等相关事宜，一般要求其会员保证研究报告的客观公正等。在我国，中国证券业协会证券分析师委员会（Securities Analysts Association of China，SAAC）是我国的证券分析师行业自律组织，原名为中国证券业协会证券分析师专业委员会，于2000年7月5日在北京成立。该组织在2001年11月加入国际注册分析师协会，并当选为该组织的理事会理事。该协会的职责主要包括协助制定投资咨询行业自律规则、行业执业标准，对会员进行资格考试，为会员进

[①] http://www.csrc.gov.cn/pub/zjhpublic/G00306215/200804/t20080430_246994.htm.

行职业道德、行为标准管理，定期或不定期地对证券分析师进行培训、组织研讨会、为会员内部或国际交流提供支持等。

第四节　本章小结

本章从证券分析师的产生、发展，分析了其行业的性质和工作特征，同时针对分析师对资本市场各参与人的影响作用进行了分别讨论。我国的资本市场从 1990 年的 8 家上市公司，发展到 2017 年 3 月的 3137 家上市公司，面临的不仅是规模上急速增长的态势，还有如何加大监管力度、保护广大投资者的权益，从而保证市场健康发展的挑战。目前我国证券投资市场存在着严重的信息不对称问题，作为卖方分析师的证券投资咨询人员，在我国通常被社会公众称为"股评师"或"股票分析师"。他们通过相关知识背景和经验，对资本市场宏观环境和上市公司的经营信息进行研究、分析、预测等工作，向投资者及其他利益相关者发布证券研究分析报告。但在现实中，分析师是把"双刃剑"。一方面，分析师正确的、具有价值的评级或盈余预测报告能为资本市场投资者提供有用的信息，减少了投资者与上市公司管理层之间的信息不对称，改善了资本市场的信息环境，降低了管理层操纵会计信息的可能性；另一方面，分析师由于自身原因或其他因素发布了错误、误导性的报告，会给资本市场带来巨大的损失。因此，研究分析师的关注行为的影响作用成为资本市场能否健康发展的关键环节。我国的证券分析师行业尚处于发展阶段，如何从发达国家资本市场的教训中吸取经验，建立更好的法制监管环境，为投资者和其他财务报告使用者提供更好的信息环境，是未来需要关注的重要问题。

第四章　证券分析师关注对重大错报风险影响机理的理论分析及假设提出

第一节　会计信息链的传递与财务报告重大错报风险

每个市场经济的组成都离不开所有者与代理人的分离，那么公司内部管理层的欺诈和舞弊行为也将无可避免。有效的制约体制能够帮助防止和识别上市公司管理层会计欺诈或舞弊行为，从而降低财务报告的重大错报风险。以往关于重大错报风险的研究重点集中于如何防止管理层的会计舞弊、降低注册会计师的审计风险，尽管在萨班斯法案颁布之后，研究者逐渐意识到了证券分析师在信息不对称中起到的积极作用，但大多数研究仍停留在基于上市公司股权结构的委托代理理论来解释分析师对上市公司披露会计信息的影响。例如，Jensen 和 Meckling（1976）认为，证券分析师对股份公司发行证券的分析活动是具有社会生产性的（Socially Productive），能够降低所有权和控制权之间存在的代理成本。但是，会计信息在资本市场的流动不只是发生在披露层面，它从企业内部向企业外部的流动过程中经历了"制作（生产）—控制—鉴证—接收（披露）"一系列的"生产流程"。会计信息从形成到披露，是资本市场多方参与并影响的结果，尤其是分析师在其中起到了不可忽视的重要作用。以往研究虽然充分关注了分析师对会计信息披露和对资本市场的影响，但从会计信息链条各个层面的角度进行系统研究的还很少见。本书以信息流动的链条为主线，如图4.1所示，指出分析师的关注行为对上市公司披露的会计信息从信息的生产层面开始，经历了信息产品质量的控制、鉴证，最终到报表使用者的信息接收各阶段。本书研究的财务报告重大错报风险问题主要和信息链的"生产—控制—鉴证"层面相关，因此，本节主要讨论分析师关注在这三个层面对会计信息的影响机理。

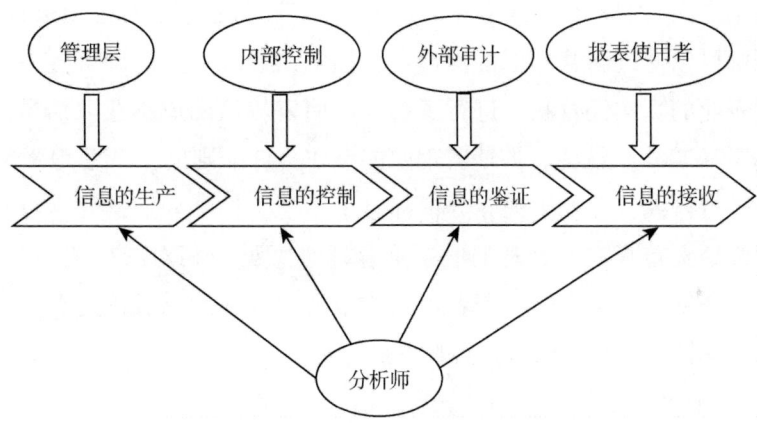

图4.1 分析师关注与会计信息链

一　信息的生产层面

会计信息链传递的起始端是上市公司的管理层，即财务报表编制者。信息的生产层面指的就是管理层对财务报告的编制阶段。在会计信息披露给资本市场或注册会计师审计之前，公司的管理层作为会计信息第一手资料的负责人，在业绩薪酬压力或其他动机下，存在对财务报告信息进行操纵的可能性。以往文献对分析师关注对会计信息质量的影响研究过多关注于分析师与管理层盈余管理行为之间的关系，但并没有得到一致的结论（Yu，2008；Chen等，2016；袁知柱等，

2016；Hu 和 Schaberl，2017）。事实上，面对真实的资本市场，人们必须承认的是许多上市公司都存在"灰色"领域盈余管理的行为，即"准则内"的会计信息操纵。面对管理层这样的行为，无论独立的外部审计师多么严谨，都不能防止这种情况发生。并且，管理层对于盈余的管理行为可能是出于信息披露的目的（Guay 等，1996），而并非全出于机会主义的动机。这在很大程度上增加了外部审计师及其他监管者的信息获取成本。同时，对于政府监管层来说，其目的并不是识别所有的管理层舞弊行为，而是旨在将会计欺诈发生的情况控制在一定范围之内（吴联生、王亚平，2003）。比起监管部门和注册会计师，分析师可以通过与管理层的沟通、参加电话会议、实地调研等多种方法对企业的真实经营状况进行了解，从而以较低的成本获取信息。因此黄明（2002）认为，即使管理层能够在会计准则的"灰色地带"对盈余进行操纵，但如果证券分析师忠于本职工作和职业操守，对其进行跟踪后发布真实、客观的股票推荐评级意见或相对减少关注行为，也能够帮助资本市场的投资者识破上市公司旨在操纵股价的意图，对管理层会计信息生产阶段发挥监督的作用。

二 信息的控制层面

会计信息的质量控制是由内部治理机制来实现的，即企业的内部控制系统。作为保证信息能够有效传递和对管理层操纵盈余约束的一种公司内部治理机制，内部控制的缺陷是威胁企业经营状况可能存在的风险。以往的研究发现，内部控制的缺陷增加了上市公司管理层进行舞弊的动机并为其行为增加了"合理化"的因素（陈汉文等，2005；张龙平等，2010）。因此，内部控制有效是保证企业财务报告信息不存在重大错报风险的关键性因素。分析师作为市场投资者所依赖的投资信息渠道来源，通过多种方式获取私有信息，能够比一般投资者获取更有价值的信息。例如，在"银广夏"事件中，分析师在参加某公司股东大会时通过与银广夏一名董事的谈话，对银广夏的高额利润产生了怀疑，后期通过实地调研和不断跟踪，发现银广夏并不具有和账面业绩匹配的大规模生产，因此得出财务报告造假的结论。由此可见，分析师具有能够识别企业信息造假的能力。他们对企业的关注行为包括对上市公司各方面信息的不断跟踪，并及时向投资者发布盈余预测报告及荐股报告。这要求分析师必须时刻关注企业的经营状况和各渠道的信息。正因为如此，分析师能够有效改善上市公司内部治理环境，完善抑制管理层财务造假的监督机制，从而降低了财务报告的重大错报风险。

三 信息的鉴证层面

信息的鉴证层面是会计信息从企业流入资本市场前的最后一个环节，即注册会计师的外部审计阶段。分析师对会计信息鉴证层面的影响主要分为两方面：一方面，分析师的关注在前期改善了公司内部的治理环境并监督了产品的生产过程，因此有效降低了鉴证层面需投入的成本。与外部审计师和政府监管层不同，分析师并不具有揭发财务信息造假的责任和义务。在对证券进行分析工作和选择关注的上市公司时，分析师会选取具有投资前景的企业进行跟踪（Lang 等，2004）。因此不考虑其他条件，被关注的企业无论在信息的生产层面还是在控制层面都比其他未受关注的公司具有较好的信息环境，那么注册会计师需要投入的鉴证成本也相对较低。另一方面，分析师的关注和不断更新的预测报告，减少了其他市场参与者的信息获取成本，降低了信息的不对称程度。这其中的受益人除了投资者和债权人，也包括同样作为外部监督机制的注册会计师。对于注册会计师来说，分析师的关注行为起到了信息补充的作用，有效地改善了公司外部的治理环境，使注册会计师在审计工作中能够对管理层提供的会计信息做出更准确的判断。

第二节　证券分析师关注对重大错报风险
　　　　影响的理论分析

会计信息的形成是资本市场多方参与的结果。在信息经济学理论下，会计信息从企业内部向外部资本市场流动的过程形成了信息生产、信息控制、信息鉴证和信息披露并接收的信息链条（陈汉文、董望，2010）。在此链条中，上市公司、外部审计师、投资者、监管部门及其他资本市场利益相关者在整个信息传递的过程中各自发挥了不同的作用。具体来说，财务报告的披露缓解了信息不对称；企业内部控制监控财务报告信息的生产过程；披露过程中审计师及其他外部监督者发挥了信息鉴定的作用，而政府对整个过程进行了管制。但以往理论研究中，往往忽视了作为资本市场信息中介的证券分析师对于整个会计信息链条的影响，大多数的焦点集中于缓解委托代理问题及为投资者增加信息含量等问题。本节借鉴制度经济学、信息经济学、心理学等学科知识，基于以往研究的理论分析和本书对会计信息链传递的观点，对分析师在企业管理层会计信息披露过程中起到的作用机理进行进一步分析，并为下节假设的提出进行铺垫。

一　基于 Jensen 和 Meckling（1976）的委托代理理论

在股份制的公司里，所有者将日常经营的控制权委派给经理或代理人，后者与前者相比，与公司经营更贴近，更了解组织的运营状况。但在这种情况下，代理人可能出于私利而机会主义地行事，忽略委托人的利益。[①] 这意味着，所有者在雇佣他人后很容易出现委托代理问题，这种问题在股份制公司中较为普遍。企业日常的经营，甚至是战

[①] 参见［德］柯武刚、史漫飞《制度经济学》，韩朝华译，商务印书馆2000年版，第330页。

略决策，被托付给作为代理的经理人，而委托人或股东（如资本市场投资者）并不直接参与公司的运作。经理人掌握着充分的信息且更密切地参与经营活动，因此较为可能地按照自己的利益行事。例如，股份制公司的经理们可以将公司的经营活动安排得让人无法提出批评，使自己获得高额薪酬并同时有违委托人利益最大化的公司目标。因此，所有权与控制权的分离导致了很高的信息成本和组织成本。而股东们，尤其是资本市场的中小投资者，并没有足够的动力去承担了解经理人是否合理按照股东利益行事的高额信息成本。

  Berle 和 Means（1932）的著作《现代公司与私有产权》(*The Modern Corporate and Private Property*) 是早期关注股东与经理人之间在股权分散时存在代理问题的研究之一。但是，自 1933 年美国颁布的《证券法》将审计人员的责任对象从"直接委托人"扩大到"间接委托人"，即潜在的财务报告信息使用者，传统的委托代理理论已经不能足够解释资本市场中介机构与投资者之间的关系了。Jensen 和 Meckling 在 1976 的研究中将委托代理理论引入现代公司制企业，他们将代理成本的总和定义为委托人的监督成本、代理人的保证成本、剩余损失。其中，"委托人的监督成本"是当契约关系的委托方将决策权转交给代理人时，对其赋予的适当激励。同时，在实践中，也存在通过监督和其他控制活动对所有者和管理者行为之间的代理关系进行控制的可能性，例如外部审计、正式的控制系统、预算限制以及使管理者利益与外部股东利益更加相关的激励性补偿制度等。假设管理者（代理人）支出一定的资源向外部股东保证他会限制自己的行为活动，那么这种"约束成本"，则会限制管理者为了自己的利益而侵害股东利益的能力，即"代理人的保证成本"。当然，最优的决策是二者所承担的费用均为零，但这无法实现。因此在大多数代理关系中，委托人与代理人均承担一定的监督费用和保证费用，而二者之间所获利益的偏差则被认为是"剩余损失"（Residual Loss）。

  Galbraith（1967）认为，只有对公司治理体制强加法律干预和政府监管时，委托代理问题才能得到抑制。而 Demsetz（1982）则指出，企业经理人所作出的众多管理决策早已超出了如律师和监管部门等外部监督者的分析范围。吴联生、王亚平（2003）指出，政府的会计监管目标并不是要杜绝所有的会计欺诈行为，而是将其控制在一定范围内。在后期学界的探讨中，委托代理问题被认为虽然存在，但市场和公司内部存在的有效机制能够一定程度地对其进行遏制。与此同时，市场中其他对于代理人机会主义行为的遏制机制也起到了一定作用。

早期经验证据发现，证券价格以一种无偏差形式综合了所有可公开得到的信息和大量所谓的"私人信息"（Fama, 1970），因此 Jensen 与 Meckling（1976）进一步的分析说明，对公司证券分析的活动降低了所有权和控制权分离有关的代理成本，是具有"社会生产性的"，这包括机构投资者、经纪人组织和为投资咨询服务业工作的证券分析师以及在正规的投资决策过程中进行分析的个人投资者。[①] 可以说，Jensen 和 Meckling（1976）是最早从委托代理理论的角度，提出分析师对于企业来说具有公司治理的作用。他们以此认为证券分析师的分析活动具有社会生产性，因为它降低了与所有权和控制权之间分离有关的代理成本，后期大量研究借用了此理论对分析师对上市公司的监督作用进行解释（Chen 等, 2015; Wierserma 和 Zhang, 2011）。基于 Jensen 和 Meckling（1976）的研究可以认为，在资本市场契约成本随着股权扩张不断增加的情况下，分析师在上市公司管理层和投资者或潜在报表使用者之间可以作为信息的中介及资本市场的外部监督者，其关注行为可以对财务报告是否存在重大错报风险产生重要影响。

二　基于完全信息静态博弈的分析

博弈论的基本概念中包括参与人、行动、信息、策略、效用、结

[①] 更多讨论参见 Michael C. Jensen, and W. H. Meckling, "Theory of the Firm: Managerial Behavior, Agency Costs and Ownership Structure", *Social Science Electronic Publishing*, Vol. 3, No. 4, 1979, pp. 354 – 355.

果和均衡，博弈分析的目的是使用博弈规则预测均衡。其中，参与人（Player）指单个博弈中的决策主体，目的是通过选择行动以最大化自己的支付水平，参与人可以是自然人，也可以是一个企业，甚至是国家。在本节，博弈的参与者包括上市公司、跟踪上市公司的证券分析师和资本市场的监管者。行动（Action）指参与人在博弈的某个时点的决策变量，行动可能是离散的，也可能是连续的。同时，行动顺序对于博弈结果也非常重要，因此博弈存在静态与动态博弈之分。本书只讨论静态博弈，即所有参与人同时选择行动且只选择一次。并且，博弈论的一般假定是，参与人的行动空间和行动顺序是所有参与人的共同知识。信息（Information）是参与人有关博弈的知识，特别是有关"自然"的选择、其他参与人的特征和行动的知识。其中，信息又分为完全（Complete）信息和不完全（Incomplete）信息，完全信息指一个参与人对其他参与人的行动选择有准确的了解；否则为不完全信息。策略（Strategy）指参与人在给定信息集的情况下的行动规则，规定参与人在什么时候选择什么行动。其中，在静态博弈中，策略和行动的意义是相同的，所有人同时参与行动。支付（Payoff）指在特定的策略组合下参与人得到的确定效用水平，或者是参与人得到的期望效用水平。支付是博弈参与人真正关心的问题。均衡（Equilibrium）指所有参与人的最优策略组合。

在本节讨论的问题中，参与人涉及上市公司、证券监管机构及证券分析师，因此下文设计了两个基于完全信息的静态博弈模型分别对上市公司与监管部门之间的博弈、上市公司与证券分析师之间的博弈进行分析。[1]

（一）上市公司与监管部门的博弈模型

1. 参与人

本小节假设有两个参与人：一个是资本市场监督部门，即发现

---

[1] 本书假设外部审计师是独立的，且有能力识别被审计单位的财务报告中存在的重大错报。

上市公司财务报告违规并处罚和披露的相关单位,包括证监会、沪深交易所;另外一个是负责上市公司运营的决策制定者,即上市公司管理层。

2. 行动

假设监管部门有稽查或不稽查两种行动选择。公司管理层也存在两种行动选择:进行财务报告违规操纵,即存在重大错报风险;或真实披露公司相关财务信息。

3. 信息

假设此模型(见表4.1)中每个参与人对其他参与人的行动选择充分了解,即信息是完全的。

表 4.1　　　　　上市公司与监管部门之间的博弈关系

上市公司	监管部门	
	稽查（q）	不稽查（$1-q$）
违规（p）	$A-C, M-A$	$0, M$
不违规（$1-p$）	$-C, 0$	$0, 0$

其中:

A 表示监管机构对上市公司的违规行为所处的罚款。

C 表示监管机构进行稽查活动所需要的成本。

M 表示上市公司进行财务报告信息操纵获取的额外收益。

p 为上市公司进行违规财务报告操纵的概率。

q 为监管机构对上市公司进行稽查的概率。

当假设上市公司管理层违规披露财务报告的概率 p 为给定时,监管机构稽查与不稽查的预期收益分别为:

$$\prod\nolimits_1 = p \times (A-C) + (1-p) \times (-C)$$

$$\prod\nolimits_2 = 0$$

当监管机构稽查与不稽查的预期收益没有差别(即 $\prod_1 = \prod_2$)时,

第四章　证券分析师关注对重大错报风险影响机理的理论分析及假设提出　77

上市公司财务报告存在重大错报风险的概率是：

$$p^* = \frac{C}{A}$$

模型的均衡状态说明，上市公司管理层会以最优概率 p^* 进行违规的财务报告信息操纵行为并获取额外收益。当违规概率大于 p^* 时，监管部门则应对其进行稽查；反之，当概率小于 p^* 时，则不进行稽查。根据所得结果，最优概率 p^* 取决于监管机构进行稽查的所需成本 C 及发现企业违规对其进行的罚款程度 A。因此，设法降低监管部门的稽查成本 C 及提高对上市公司处罚额度 A 是有效抑制上市公司财务报表操纵以降低重大错报风险的有效途径。

（二）上市公司与证券分析师的博弈模型

1. 参与人

本小节假设有两个参与人：一个是资本市场外部监督者及信息中介——证券分析师；另外一个是负责上市公司运营的决策制定者，即上市公司管理层。

2. 行动

假设分析师有两种行动选择：关注或不关注上市公司，即发布或不发布和上市公司有关的盈余预测或评级报告。公司管理层也存在两种行动选择：进行财务报告违规操纵致其存在重大错报风险，或真实披露公司相关财务信息。

3. 信息

假设此模型（见表4.2）中每个参与人对其他参与人的行动选择充分了解，即信息是完全的。

表4.2　　　上市公司与证券分析师之间的博弈关系

上市公司	分析师	
	跟踪（f）	不跟踪（$1-f$）
违规（p）	$V-R$, $E+M-A$	0, $E-A$
不违规（$1-p$）	V, $E-L$	0, E

其中：

V 表示分析师跟踪上市公司的薪酬费用。

R 表示上市公司因披露重大错报的信息被处罚，跟踪分析师遭受的声誉损失。

E 表示上市公司披露真实财务信息获得的资本市场收益。

M 表示上市公司进行财务报告盈余操纵获取的额外收益。

L 表示未达到资本市场预期遭受的损失。

A 表示上市公司的违规行为被监管部门发现所处罚的金额。

p 为上市公司财务报告存在重大错报风险的概率。

f 为证券分析师选择跟踪上市公司的概率。

上市公司存在重大错报风险的概率在给定的情况下，分析师跟踪与否能获取的预期收益分别为：

$$\prod\nolimits_3 = p \times (V-R) + (1-p) \times V$$

$$\prod\nolimits_4 = 0$$

那么令 $\prod_3 = \prod_4$，则得到的在博弈均衡时上市公司违反会计准则的最优概率是：

$$p^* = \frac{V}{R}$$

模型均衡的结果表示当上市公司财务报告存在重大错报风险的概率为 p^* 时，证券分析师是否选择对其跟踪所获的预期收益相同。在该模型的纳什均衡结果中，影响 p 的因素包括分析师跟踪上市公司的薪酬费用（V）和其在资本市场跟踪虚假公司的声誉成本（R）。在分析师薪金水平不变的情况下，上市公司外部监管环境使得分析师声誉成本增加，会减少上市公司违反会计准则的概率。胡奕明等（2005）指出，在国外发达资本市场，当广大投资者的利益与客户利益或自身利益产生冲突时，证券分析师的声誉机制会对此产生平衡作用。在中国证券市场，由于对分析师缺少有效的保护法律法规，分析师承担的潜在声誉成本较大。同时，由于分析师行业在我国新兴资本市场尚处于发展阶段，其薪酬也远低于西方发达国家。因此最优概率等式中，我国分析师的声誉成本 R 要远大于其可能得到的潜在薪酬 V。这种比例关系导致当上市公司被分析师跟踪关注时，由于不平衡的声誉薪酬机制，分析师的关注降低了上市公司违反会计准则的概率。

三 基于青木昌彦（2001）的比较制度经济学

支持博弈均衡论的经济学家认为，制度是"自发的秩序"（Hayek，1973）。在博弈均衡概念下，个体参与人在认识自己决策行为和别人决策行为之间的反馈机制时具有完备的演绎推理能力。对此，青木昌彦（2001）提出疑问，个体参与人如何能够联合选择相互一致的策略、促成制度的建立，尤其是在有多重均衡的情况下？设想每个参与者在一个固定集合的参与人中进行博弈，每个参与者面临一个认知上或技术上可行的行动集合。在一定时期，这些可选择的行动加在一起被称为行动组合（Action Profile），它决定了每个参与人的报酬分配。那么，可以把所有参与者的行动组合成为博弈的域（Domain），把规定的每个组合产生报酬分配结果的规则称为博弈的"外生规则"。

假定博弈是重复进行的，由此演化出一个稳定的结果（即行动组合），每个参与者不知道其他人行动决策规则的全部细节，但依靠简要信息可以得出自己所在域的各种行动规则，即策略。当参与者对别人行动规则的主观认识与自己的行动规则形成一致时，这种状态则为纳什均衡。青木昌彦（2001）认为，虽然制度是一种均衡现象，但其不是在一次博弈下完备演绎推理的结果，也不是不需要归纳推理的静态平衡。它代表了实际上重复参与博弈的当事人自我维系的基本预期。诺斯（1990）将制度定义为"博弈规则"。这种博弈规则何时实施、是否存在一定的实施者、在何时被激励等问题，尚无法得到回答，仿佛进入了"鸡生蛋还是蛋生鸡"的循环。青木昌彦（2001）认为，博弈规则是内在产生的，它们通过包括实施者在内的博弈参与人之间的策略互动最后成了自我实施的机制，即将制度概括为一种博弈均衡。

它无法用传统的外生博弈规则论解释，也无法建立一种模型，使每一项制度都是同时内生的。

但这与传统理论有着两个不同点。第一点，不同于传统的制度经济学，青木昌彦（2001）试图在一个统一的博弈论框架下分析制度多样性的源泉和影响。即使面对同样的技术知识和被相同的市场所联结，制度安排也会因区域和国家而异。第二点，和传统的博弈论存在区别。具体来说，传统的博弈均衡概念假设个体参与人在认识自己决策和别人决策之间的反馈机制方面具备完备的演绎推理能力。然而，青木昌彦（2001）指出，在多重均衡的情况下，参与人是如何联合选择相互一致的策略和促成制度的建立存在争议。而制度作为博弈均衡的存在恰好可以说明这个问题，它是自我实施且可维持性状态的存在。也就是说，青木昌彦不主张认为博弈参与人对博弈过程的客观结构具有完备的知识；相反，他假定博弈参与人对于博弈结构只拥有个人的不完备观点，并将此称为主观博弈模型（Subjective Game Models）。当参与人基于主观博弈模型选择的行动决策在各个时期相互一致（即均衡化）时，他们的主观博弈模型将可以被他们行动共同决定的可观察的事实证实，并作为未来行动决策的指南而不断再生产出来。所以，此时博弈实际进行方式的共有信念（Shared Beliefs）即为制度。

我国资本市场参与人之间的影响关系，则恰好可以用这种博弈关系进行分析。在我国的资本市场，政府干预较大而处罚力度较低，因此上市公司管理层、外部审计师、投资者，以及分析师之间形成了一种动态的博弈均衡。在这样的制度下，每个参与人在现有的制度背景下被利益所驱使，以一种博弈均衡的模式进行决策。在我国早期的计划经济阶段，市场坚持以公有制为主体，会计核算主要是为了满足国家所有制下计划经济的要求。企业的所有权在政府手里，负责人为政府委派制，财务报告的主要使用者为各级政府机关，因而对于会计信息质量的需求并不高。当计划经济向市场经济转型后，政府行为对上市公司的资源配置仍具有重要的影响，但大多数发展较好的公司主要由政府控制，且市场整体投资者法律保护水平低下。同时，资本市场发展趋势迅猛，上市公司数目从 1992 年的 20 家到 2017 年的 3000 余家，分析师数目从 90 年代的几十人上升到当前的 2000 余人。类似于证券分析师行业的中介机构成了资本市场新的参与人。借鉴青木昌彦（2001）的观点，本书认为分析师与其他资本市场的参与者，根据对彼此行动规则的主观认知（或信念）形成行动决策规则，所有参与者行动集合的总和构成了资本市场中各角色博弈的域，如财务报告披露域、信息甄别与鉴证域。只有在对其他参与人的行为规则形成浓缩稳定的认知后，参与人自身的行动规则才能趋于稳定。当各参与人的信念与其行动规则达成一致后，则形成了纳什均衡。而在这个总体的域中，制度对应着所有参与人共享的那部分均衡信念（指参与人预期的博弈进行方式）。同时，青木昌彦（2001）指出，制度是重复参与博弈的当事人自我维系的预期，而非一次博弈下演绎推理的结果。

根据以上基于青木昌彦比较制度分析的讨论，本书认为，我国转轨经济条件下的新兴市场正是在现有制度监管环境下，资本市场各方参与者的博弈均衡状态。中国上市公司盈余管理的程度要远大于西方资本市场上市企业，但受到的处罚程度很低（Hu 和 Schaberl, 2017）。证监会对公司的上市、增配股、退市等政策都与公司的利润紧密挂钩，这些都促使上市公司具有很强的盈余管理动机。信息能够高效的传递是资本市场能够健康发展的必要条件。但在我国资本市场监管不力的条件下，投资者获取和解释信息都需要付出大量的成本。而这个时候证券分析师的出现，使其关注的公司对于投资者来说具有更高的吸引力，因此管理层受到更多的压力。与此同时，由于分析师在新兴资本市场面对不平衡的声誉机制，当盈余管理信息风险波动较大时，分析师会一方面减少对高风险公司的关注，另一方面避免对其直接披露负面的预测报告信息；监管部门及会计师事务所也会根据分析师关注行为的减少而做出相应决策。因此，基于青木昌彦的理论，本书认为为减少信息获取成本，投资者及外部审计师认为分析师关注度较高的公司为具有投资价值/财务报告质量较高的公司（共有信念）。这直接影响了该资本市场"域"内三种现象：①分析师关注度越高，审计师非标准审计意见出具的概率越低（如李晓玲、任宇，2013）；②分析师关注度越高，公司受到监管部门处罚的概率越低（如袁春生等，2013）；③分析师关注对于准则内（within-GAAP）的盈余管理行为不能起到监督的作用（如谢震、熊金武，2014）。这是由于我国现阶段资本市场整体监管力度较弱，而信息不对称程度较高，上市公司在受分析师关注程度较高的情况下会力图调高利润以满足投资者的预期（共有信念）；但当盈余管理信息波动较大时，会引起市场监督者的重大盈余错报警示线（曾雪云、陆正飞，2016），因此分析师在意识到上市公司这种行为时也会减少关注。这两方面表示资本市场各参与者的行为经过重复博弈达到了均衡的状态，而这种状态恰好与我国现有的制度环境一致，如表4.3所示。

表4.3　　　　　　　制度化和反馈机制的科斯盒子

	制度：市场博弈均衡的结果	
	外生参与者的反馈结果	内生均衡的反馈路线
个体层面	资本市场参与人的表征：分析师关注、机构投资者持股、注册会计师审计等　⇐	上市公司 ⇓　　⇑ 代理　委托 ⇓
集体层面	宏观制度监管环境　⇒	投资者

资料来源：改编自［日］青木昌彦《比较制度分析》，周黎安译，上海远东出版社2001年版，第208页。

四　基于 Deci 和 Ryan（1985）的认知评价理论

认知评价理论（Cognitive Evaluation Theory）认为过分强调外在的激励因素会导致内在激励因素的萎缩。当员工是出于喜欢某种工作而非常投入地工作时，如果上级对他的工作业绩过分看重，并对工作结果进行奖励，可能会导致员工工作动机下降。因为对工作业绩进行奖励会使员工感到自己是为了物质利益而工作，而不是为了自己的爱好和兴趣，觉得自己丧失了对自己行为的控制。而且依靠内在动机促使员工工作可以确保员工工作比较稳定和持久地保持较高的质量；而外在激励因素促使员工工作是刚性的，一旦减少外在的激励因素，员工工作动机可能下降。虽然人们可以被内在、外在因素激励，但这两个因素并不是毫无影响的。当对某种结果进行外部奖励时，那种因喜欢做这种工作而产生的内在激励作用便会降低，因为这会使人们感到自己不是自觉的人，觉得自己丧失了对自身行为的控制。

Shi、Connelly 和 Hoskisson（2016）通过 Deci 和 Ryan（1985）的认知评价理论对管理层的财务报告舞弊行为给予了新的解释。他们从管理者行为层面对外部治理与管理层动机之间的关系进行研究，发现在认知评价理论下，外部的监管压力减少了管理层的自主权，因此促使他们向有利公司治理的反方向产生了作用力。Shi 等（2016）在研究中发现，来自外部监管的压力增加了隐性代理成本，使管理层丧失了真实发布公司财务状况的道德动机。借鉴 Deci 和 Ryan（1985）的认知评价理论，Shi 等（2016）认为外部治理机制导致了市场对管理层的高期望，这种高期望使外部的激励因素超过了内部激励因素，两种激励结合的结果表现为管理层对公司业绩成果更多的操纵。

认知评价理论在这里能够解释外部控制可能会起到反向作用的原因（如分析师对管理层的压力效应）。认知评价理论的概念认为，外部的压力机制影响了内在激励机制原本认为的正确的事。一些学者将其称为"排出效应"（Crowd-Out Effect），即外在的激励作用远大于内在的行为动机，使当事人偏离了职业道德行为（Bertelli, 2006; Georgellis、Iossa 和 Tabvuma, 2011）。在该理论下可以认为，当分析师的关注行为影响了管理层的会计政策选择时，后者可能从稳健的会计行为转向更多的盈余操纵行为。正如 Osterloh 等（2002）指出，在认知评价的理论架构下，当外部作用机制影响到了个体的自主权或控制时，个体的行为会表现为外部作用机制本应控制的方向。

五 基于 Cressey（1953）的舞弊三角形理论

舞弊三角理论最早由犯罪心理学家 Cressey（1953）提出，他认为，舞弊的实施是由于压力（Pressure）、动机（Opportunity）、合理化（Rationalization）三个因素的存在而发生的。"压力或动机"是促成舞弊发生的首个因素，是受到舞弊者的贪婪程度和舞弊的压力大小决定的（Wilks 和 Zimbelman，2004）。"压力"存在的形式可能是财务压力、执业压力、社会压力，或来自自身等因素的压力。例如，管理层想要超过或达到分析师盈余预测的强烈愿望即可能成为舞弊的动机。"机会"因素是形容缺少控制或监督机制时的条件和情形，在上市公司管理层舞弊实施的问题中，主要是由于缺少被发现的风险。例如，当上市公司的外部监管较弱或内部控制设计存在缺陷时，管理层的财务报告造假行为不容易被监管层或审计师发现。"合理化"因素，是指舞弊者以一种自认为合理或可接受的手段实施舞弊，其影响因素可能来自个人的态度、性格、价值观或特定的理由（Cohen 等，2010）。假设"压力"因素和"机会"因素都存在，如果经理人能找到"合理化"自身利益的理由，那么舞弊行为就很可能会发生。舞弊三角形理论不仅在实务界广泛使用，在会计准则制定当中也被采用（如 SAS 99 号、ISA 240 号等）。

以往文献针对"机会"和"压力（动机）"两个舞弊因素从公司内部治理和外部治理方面均进行了大量研究。内部因素主要集中于公司治理特征，其中包括董事会的构成（Beasley，1996；Dunn，2004）和企业文化（McKendall 和 Wagner，1997）等。外部因素包括制度环境及行业文化（Baucus 和 Near，1991）和行业集中度（McKendall 和 Wagner，1997）等。而第三舞弊因素"合理化"多和舞弊者的心理特征相关，其中包括意识、直觉和论断（Murphy 和 Dacin，2011）。例如，当舞弊者意识到舞弊的存在，但缺少是否应该进行舞弊的直觉时，他会通过成本—效益分析来论断自己的决策（Hannan 等，2006；

Tsang，2002）。但总体来说，关于公司内部治理因素是否有效地遏制了财务报告舞弊的发生，以往的文献并没有得出一致的结论。例如，Beasley（1996）发现，当外部董事的比例较大时，舞弊发生的可能性较低；但是审计委员会的存在没有减少舞弊的发生概率。Denis 等（2006）发现，为了缓解委托代理问题而设计的雇员股票期权反而增加了管理层进行舞弊的可能性。Dyck 等（2010）通过分析 1996—2004 年美国资本市场的财务舞弊案例，发现由 SEC 和注册会计师发现的舞弊行为只占总体的比重不到 20％，而被忽视的媒体和证券机构却起到了重要的作用。与传统的监督机制相比，证券分析师在舞弊三角形中的作用并没有得到足够的关注。一方面，作为上市公司的外部监督者，市场期望分析师能够减少舞弊的"机会"因素。Jensen 和 Meckling（1976）的代理理论中指出证券分析师的关注行为减少了代理成本。Healy 和 Palepu（2001）认为分析师提供的关于上市公司的私有信息遏制了管理层滥用企业资源的行为。Chung 和 Jo（1996）认为分析师的关注减少了投资者和企业管理层之间的信息不对称性，改善了信息环境。另一方面，由于分析师逐渐成了资本市场的衡量标准，从而分析师的跟踪增加了公司管理层的舞弊"压力"因素。Watts 和 Zimmerman（1986）在实证会计理论中指出，当管理层存在盈余目标时，其对财务报表信息进行操纵的可能性就会增加，分析师发布的盈余预测则恰好是管理层要达到的盈余目标（Fuller 和 Jensen，2002）。因此总体来说，分析师对上市公司的关注既会减少后者管理层舞弊的"机会"因素，又会加重其"压力"因素，这与以往文献中存在"监督效应"和"压力效应"两种竞争性假说是一致的。

  我国资本市场现阶段处于快速发展及上升期，与计划经济时期相比，企业逐步从政府的依赖转为对市场的依赖，但同时由于影响水平较低的外部审计监督机制及媒体披露，市场存在较低水平的投资者保护（Allen 等，2005）。在这样的制度环境下，分析师对于公司舞弊的抑制到底是起了积极还是消极的作用在以往文献中并没有得到一致的结论。根据 Cressey（1953）的舞弊三角形理论，本书认为分析师在资本市场起到的作用可能会存在以下三种：①作为外部监督者，分析师具有专业的财务分析能力和优于普通投资者的信息获取渠道，因而减少了上市公司进行舞弊的"机会"；②由于中小投资者或其他利益相关者不具有分析上市公司财务报告的能力和获取私有信息的途径，他们会依赖分析师发布的报告和分析师对上市公司关注的程度作出相应的投资决策，因而分析师关注较高的上市公司管理层更有"动机（压力）"粉饰财务报告以满足资本市场预期；③由于内部控制存在缺陷的企业更容易使管理层的舞弊行为"合理化"，而分析师对公司的跟踪包括实地调研、与管理层的沟通，这些关注行为能够有效改善上市公司的内部控制环境，从而降低了这种"合理化"的程度，减少了管理层舞弊的可能性。

第三节　假设提出

本书的核心研究问题是作为资本市场的信息中介及上市公司的外部监督者，分析师对企业的关注是否能够影响管理层披露的财务报告可能存在的重大错报风险。基于前文的理论分析，本书从会计信息传递的链条入手，认为会计信息从"生产"到"发布"所经历的四个层面均受到了分析师关注的影响，如图4.2所示。

在信息的生产层面，无论资本市场存在多么有效的制约体制，社会公众和外部审计师对于公司经营情况的了解也总是比不上内部管理层（黄明，2002）。但是，分析师作为广大投资者的荐股人，不仅具有专业的财务报告分析能力，其关注行为还能够吸引资本市场的焦点。以往文献中最常用的衡量方式是应计盈余质量，但事实上盈余管理是"中性"的，以往学者发现管理层也会通过盈余管理行为减少与投资者之间的信息不对称（Guay等，1996），那么存在盈余管理行为并不一定意味着财务报告存在重大错报风险。并且，已有文献存在多种计算可操控盈余的模型（如Jones模型、DD模型等），这导致研究结果可能存在测量偏差而无法根据可应计利润的大

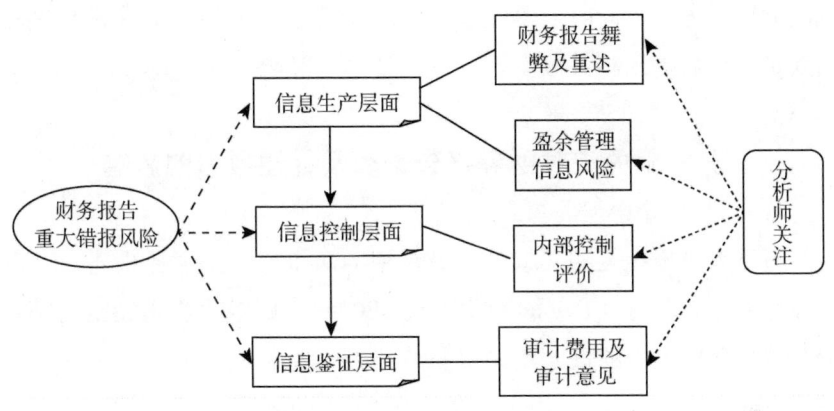

图 4.2　假设提出的逻辑框架

小来决定重大错报风险的高低。所以，本书在报表信息生产层面，一是认为舞弊违规公告和财务报告重述分别代表了重大错报风险存在的"舞弊"和"错报"两方面，是研究问题最直接的替代变量（Schroeder，2001；Defond 和 Zhang，2014）；二是采用了给定会计年度前后 5 期的可应计盈余波动情况，即盈余管理信息风险（曾雪云、陆正飞，2016），作为会计信息生产过程中可能导致重大错报的间接替代变量。

在信息生产流程的控制层面，分析师由于具有和管理层沟通的机会与多方获取信息的渠道，在内控实施和控制阶段对管理层起到了一定的监督作用，但这一层面的问题并没有得到研究者和监管层的足够重视。因此，本书在此层面选取内控评价报告是否存在缺陷作为上市公司是否具有重大错报风险的衡量变量。

在信息产品的鉴证层面，分析师关注对信息传递前期阶段的信息制作监督与产品流程控制，有效减少了注册会计师在进行公司审计时的成本，即表现为审计费用；同时，被分析师关注的上市公司在信息生产和控制阶段具有良好的公司治理环境，也导致企业被出具"不清洁"审计意见的概率明显降低。因此，根据以上理论分析及研究逻辑，本书根据信息传递的不同层面，构建了影响财务报告的重大错报风险的衡量方式；同时借鉴以往文献，构建了对分析师关注进行衡量的变量；最后提出相关假设。

一 分析师关注对财务报告舞弊及重述行为的影响

与重大错报相关的文献中，最常用的两个变量是财务报告重述和财务舞弊违规公告（Defond 和 Zhang，2014）。财务报告重述指对前期发布的财务报表中的重大错误进行修正或信息补充。财务重述在审计领域中被广泛地使用（Kinney 等，2004；Archambeault 等，2008；Chin 和 Chi，2009）。相比较而言，由于其样本数量的局限性，使用违规公告作为研究变量的文献则相对较少（Lennox 和 Pittman，2010），而通常被作为财务报告舞弊研究的替代变量。财务重述和违规公告从直接性（Directness）和重大性（Egregiousness）来说，都是衡量财务报告重大错报风险的有效变量（Defond 和 Zhang，2014）。同时，与连续变量相比，财务舞弊违规公告和财务报表重述的二元特性使它们在实证检验中具有相对较低的测量误差。基于前文对分析师关注影响信息生产层面的分析，本书认为分析师能够监督会计信息的生产过程，即管理层对财务报告的编制，且其关注行为能够引起资本市场和监管者的注意。同时，吴联生、王亚平（2003）认为，政府的最优事后会计监管目标并不是要杜绝会计规则执行者的会计欺诈行为，而是将会计欺诈行为控制在一定的范围之内。最优的会计监管并不能控制会计规则执行者的会计欺诈行为。他们通过建立博弈模型发现，控制财务报告造假行为的唯一有效措施在于提高会计监管的时效性。并且，因为有效的会计监管需要额外的成本，因此实施的基本条件存在优先次序。作为资本市场的有效外部监督者，已有研究发现分析师在舞弊公告披露的前期，对舞弊公司的关注度明显减少（Dechow 等，1996；Cotter 和 Young，2007）。这说明分析师在信息生产阶段就能够抑制舞弊的发生，且存在识别会计欺诈的能力并采取了提前应对措施，即停止对其发布盈余或评级预测。因此，本书认为分析师关注能够识别上市公司财务报告舞弊行为并会对管理层的会计操纵行为发挥监督作用，以此提出假设 H4.1：

H4.1 分析师关注与上市公司进行财务报表舞弊的概率、财务报告重述发生的概率负相关。

同时，分析师的关注在通常意义上可以理解为那些为券商工作的卖方分析师对某个行业的某个或多个上市公司进行分析。具体来说，Lees（1981）发现分析师主要通过与公司管理层的会面、上市公司提交给监管部门的报告（如年度财务报告）、上市公司的年度及中期财务报告、管理层披露的盈余预测、管理层发布的其他公开陈述五个方面获取关于上市公司的信息以进行盈余预测，并出具含有投资建议的报告。胡奕明（2005）通过调查问卷发现，我国证券分析师最常用的信息渠道依次是上市公司的财务报告、各类新闻媒体对上市公司经营的相关报道、从各大证券公司有关部门获得的信息、学术性图书刊物、对上市公司进行的电话访问、实地调研等。因此，分析师跟踪人数被视为上市公司所处信息环境的衡量变量，跟踪人数越多代表着市场对企业的关注程度越大，从而信息环境越完善（赵保卿和陈润东，2016）。同一家公司可能被多个分析师关注，其关注程度越大，上市公司管理层违规的可能性越低，财务报表存在重大错报的可能性越低。因此，本书将分析师关注定义为在某年度对某上市公司跟踪的分析师人数。根据以往文献（李春涛等，2014；谢震、熊金武，2014；李丹蒙等，2015），在我国资本市场，卖方证券分析师基本受雇于券商，而一家券商通常只指派一个分析师团队对某一家上市公司进行跟踪和发布预测或评级报告。因此，本书取某一年度对某上市公司跟踪的评级机构数作为分析师的跟踪人数，即分析师关注程度。同时，借鉴已有研究对分析师关注的替代变量（Chen 等，2016；许浩然等，2016；张俊瑞等，2016），另外设定二元变量"是否跟踪"、分析师在某年度发布的预测报告数作为分析师关注度的衡量方式。

如果将分析师的关注具体化，那么假设 H4.1 可以表述为如下分假设：

H4.1.1 分析师跟踪上市公司的人数与上市公司进行财务报表舞弊的概率负相关。

H4.1.2 分析师对上市公司发布盈余预测报告的数量与上市公司进行财务报表舞弊的概率负相关。

H4.1.3 上市公司被分析师跟踪的概率与财务报表舞弊的概率负相关。

同时,美国 SEC 证监会将财务报告重述认为是"不恰当会计行为的最直接信号(Indicator)"(Schroeder,2001)。当上市公司的前期财务报表中存在重大差错时,管理层会在自愿或外界压力下对财务报告进行纠正或调整,即财务报告重述。财务报告重述行为代表上市公司在出现重大错误的报告期披露了较低质量的财务报表,因此可以认为重述行为意味着重述针对的公司在会计期间存在着较高的重大错报风险(曹强等,2012)。

因此,本书提出假设 H4.2:

H4.2 分析师关注与上市公司财务报告重述发生的概率负相关。

如果将分析师的关注具体化,那么假设 H4.2 可以表述为如下分假设:

H4.2.1 分析师跟踪上市公司的人数与上市公司财务报告重述发生的概率负相关。

H4.2.2 分析师对上市公司发布盈余预测报告的数量与上市公司财务报告重述发生的概率负相关。

H4.2.3 上市公司被分析师跟踪的概率与财务报告重述发生的概率负相关。

二 分析师关注对盈余管理信息风险的影响

在信息的生产层面可能导致重大错报风险的也包括已有文献中常用的应计盈余质量。Jones 等(2008)通过检验 10 种相关文献中经常使用的应计盈余管理模型,发现尽管上市公司的总应计利润与舞弊发生的可能性正相关，但是没有发现 Jones 模型（Jones，1991）、修正 Jones 模型（Dechow 等，1995）等模型计算得到的可操控盈余与舞弊发生概率之间有显著关系。此外，他们发现 DD 模型（Dechow 和 Dichev，2002）与 McNichols（2002）的应计利润衡量差及 Beneish（1999）的 M 分值比总应计利润识别舞弊更加有效。Francis 等（2005）指出，比起操纵当期的应计利润，操控多期的利润对于管理层来说更有难度，因此在衡量上市公司的会计信息时，应关注其利润的波动性。对此，薄仙慧和吴联生（2011）给出了关于中国资本市场的经验性证据，他们发现审计师出具非标准审计意见的概率与上市公司的盈余管理之间并不存在显著关系，但是公司的信息风险与出具非标准审计意见的概率显著正相关。曾雪云和陆正飞（2016）也指出，与盈余管理有关的信息风险与业绩波动显著相关，与出具非标准审计意见的概率显著正相关，即盈余管理信息风险比可操控应计利润更能够代表上市公司的经营风险。因此本书认为，比起传统的应计盈余质量，应计盈余管理信息风险作为上市公司财务报告存在重大错报风险的替代变量更合理。同时，早期研究者指出，信息披露更透明的公司，会得到更多分析师的关注（Lang 和 Lundholm，1996）。分析师关注能够引起资本市场投资者及监管者的注意，使上市公司管理层在盈余管理时更加谨慎。另外，分析师在资本市场的职责是推荐投资前景较好的公司。因此，McNichols 和 O'Brien（1997）发现，分析师减少跟踪的那些公司后来被发现经营状况确实每况愈下。Moses（1990）也提出，分析师跟踪数量的减少通常出现在上市公司宣布破产的前一年。这说明分析师在会计信息披露给投资者前，在会计信息的生产层面就起到了重要作用，当管理层编制财务报告的过程可能会增加重大错报风险时，分析师会由于对自身声誉的担心而发布负面预测或降低跟踪行为（Cotter 和 Young，2007）。因此，本书认为分析师会将上市公司的盈余管理信息风险视为会计信息生产阶段可能存在重大错报风险的定量信号。以此，本书提出假设 H4.3：

H4.3 分析师关注与上市公司盈余管理信息风险负相关。

如果将分析师的关注具体化，那么假设 H4.3 可以表述为如下分假设：

H4.3.1　分析师跟踪上市公司的人数与上市公司盈余管理信息风险负相关。

H4.3.2　分析师对上市公司发布盈余预测报告的数量与上市公司盈余管理信息风险负相关。

H4.3.3　上市公司被分析师跟踪的概率与盈余管理信息风险负相关。

三　分析师关注对内部控制报告评价的影响

自 21 世纪初安然事件发生后，萨班斯法案要求上市公司必须披露内部控制评价报告，以此保证会计信息的质量，保护资本市场的投资者。在我国，为加强和规范企业的内部控制，提高企业经营管理水平和风险能力，促进企业可持续发展，维护市场经济秩序和社会公众利益，财政部同证监会、审计署、银监会、保监会制定了《企业内部控制基本规范》，自 2009 年 7 月 1 日起在上市公司范围内施行，鼓励上市公司及非国有企业对内部控制进行自我评价。同时在 2010 年颁布《企业内部控制评价指引》，并于 2011 年 1 月 1 日起逐步推行内部控制信息披露强制性的试点工作，鼓励非上市的大中型企业执行。自 2012 年起，证监会等监管部门要求沪深两市所有主板上市公司必须进行内部控制评价并在年报中进行披露。在以上规范及其他相关法律法规的要求及指引下，上市公司会对自身内部控制设计与运行的有效性进行自我评价。在报告期内，公司相关内部监督机制要对纳入评价范围的业务与事项是否已建立了内部控制且有效执行进行评价并出具内控评价报告，其中包括：是否达到了公司内部控制的目标；是否存在重大缺陷；自内部控制评价报告基准日至内部控制评价报告发出日是否发生对评价结论产生实质性影响的内部控制的重大变化；在整个设计层面是否提高了公司的经营管理水平并建立了较为完善的内控体系等。

以上规范性文件说明，作为企业传递给资本市场投资者、债权人及其他利益相关者的"产品"——财务报告，其"生产控制阶段"在监管层逐渐得到重视。企业的内部控制等同于信息产品"生产车间"的产品质量控制环节，可以从根本上降低重大错报风险，提高会计信息质量。内部控制的有效执行就相当于企业向资本市场提供的产品能够保证质量，它作为保证信息能够有效传递和约束管理层会计舞弊行为的一种公司内部治理机制，有效地减少了威胁企业经营状况可能存在的风险。分析师作为企业外部监督机制，和审计师不同的是，他们具有更多的渠道与管理层进行沟通，包括参加上市公司的股东大会、对管理层进行电话访问、实地调研等（Bowen 等，2002；Kimbrough，2005）。当上市公司的内部控制机制出现问题时，分析师可能会选择及时地与其沟通，如果沟通没有达到有效提高内部控制的目的，分析师在避免发布负面预测的情况下会采取停止对其跟踪的方式向市场传递信号。因此，本书认为在信息的控制阶段，分析师的关注有效提高了公司内部的治理环境，显著地降低了管理层舞弊的"合理化"因素，从而降低了财务报告中可能存在的重大错报风险，以此提出假设 H4.4：

H4.4 分析师关注与上市公司内部控制存在缺陷的概率负相关。

如果将分析师的关注具体化，那么假设 H4.4 可以表述为如下分假设：

H4.4.1 分析师跟踪上市公司的人数与上市公司内部控制存在缺陷的概率负相关。

H4.4.2 分析师对上市公司发布盈余预测报告的数量与上市公司内部控制存在缺陷的概率负相关。

H4.4.3 上市公司被分析师跟踪的概率与内部控制存在缺陷的概率负相关。

四 分析师关注对审计意见及审计费用的影响

已有研究发现，注册会计师按照审计风险来分配审计资源，高风险领域被赋予更多的审计资源（邱学文、吴群，2010）。例如，Lyon和Maher（1989）、Cotter和Young（2007）发现，在审计过程中，注册会计师考虑到了被审计单位的经营风险，相应地增加了审计的预期成本，表现为审计收费的增加。Hogan和Wilkins（2008）发现，与财务报告相关的审计风险越高，即会计信息重大错报风险越高，审计定价相对越高。路云峰（2010）采用可操控性应计盈余作为重大错报风险的替代变量，研究发现重大错报风险与审计费用之间具有显著正相关关系。基于以往研究可以认为，当被审计单位的会计信息中存在重大错报风险时，需要较多的审计成本投入，这导致审计费用较多。因此，可以用审计费用来替代重大错报风险。

会计信息在传递到资本市场之前被注册会计师审计的过程，可以被认为是上市公司信息产品传递链条中的质量鉴证阶段。根据前文的分析，分析师关注在信息传递的生产阶段和控制阶段均发挥了有效监督和环境改善的作用，因此在鉴证层面会显著降低注册会计师的审计成本，即审计费用。同样，以往文献中也给出了分析师关注对审计费用影响的经验性证据。Gotti等（2012）基于美国资本市场的数据发现，审计费用与分析师跟踪人数之间存在负向的关系。他们认为，作为外部监督机制，分析师通过降低代理成本而使外部审计师的成本降低。基于中国资本市场的数据，周冬华和赵玉洁（2015）、赵保卿和陈润东（2016）发现分析师关注与外部审计监督之间存在替代效应，分析师跟踪人数越多，注册会计师收取的审计费用越低。从信息环境理论上理解，分析师的关注能够有效减少其他市场参与者的信息获取成本，以此提供了更好的信息披露环境（Lang和Lundholm，1996）。因此可以认为，分析师对于企业治理环境的改善使信息商品在鉴证阶段具有较高的质量。从审计师的角度考虑，审计费用反映的是成本投入,当分析师关注改善了信息环境时,审计风险及审计成本也会相应降低,从而表现为审计费用的减少(Fang 等,2014)。综上所述,本书提出假设 H4.5:

H4.5 分析师关注与审计费用负相关。

如果将分析师关注具体化,假设 H4.5 可以表述为如下分假设:

H4.5.1 分析师跟踪上市公司的人数与审计费用负相关。

H4.5.2 分析师对上市公司发布盈余预测报告的数量与审计费用负相关。

H4.5.3 上市公司被分析师跟踪的概率与审计费用负相关。

另外,监管层要求,注册会计师应对财务报表是否在所有重大方面按照适用的财务报告编制基础编制发表合理保证的审计意见。其中,标准无保留审计意见表示,注册会计师合理保证财务报表中不存在重大错报;非标准的审计意见包括保留意见、否定意见和无法表示意见,表示发现或可能存在的错报对财务报表的公允真实性有重大影响。因此当上市公司被独立外部审计师出具非标准审计意见时,可以认为其财务报告可能存在重大错报风险(张宜霞、郭玉,2015)。基于此,本书认为分析师关注从两个方面影响了审计意见:一方面,分析师关注对信息前期"生产—控制"阶段的监督和信息环境的改善,使被审计单位的信息商品已经具有较高的"商品质量",即分析师跟踪多的上市公司的信息环境,要好于分析师跟踪人数较少或没有分析师跟踪的公司(许浩然等,2016)。因此,注册会计师会对信息环境较高的被审计单位提供"清洁的"审计意见(即标准无保留审计意见)。另一方面,当关注的上市公司存在持续经营风险时,分析师会由于不情愿给出负面的报告,选择停止对其进行继续关注(Peixinho 和 Taffler,2014),而这样的公司更可能被注册会计师出具非标准审计意见。因此,本书给出假设 H4.6:

H4.6 分析师关注与非标准审计意见的发生概率负相关。

将关注度具体化,假设 H4.6 可以表述为如下分假设:

H4.6.1 分析师跟踪上市公司的人数与非标准审计意见的发生概

率负相关。

H4.6.2 分析师对上市公司发布盈余预测报告的数量与非标准审计意见的发生概率负相关。

H4.6.3 上市公司被分析师跟踪的概率与非标准审计意见的发生概率负相关。

第四节 本章小结

作为企业传递给资本市场投资者、债权人及其他利益相关者的商品——财务报告，其整个信息传递链条的流程在以往研究中并没有得到足够的重视。本章首先根据企业内部信息向外部信息传递的过程，认为具有更多信息渠道和专业分析能力的证券分析师对信息"生产制作—过程控制—产品鉴定—提供市场"整个"产品链条"的各环节分别起到了监督及改善等作用，并提出了研究主线逻辑的框架（见图4.2）；其次是借鉴信息经济学、制度经济学、心理学相关学科知识，基于Jensen 和 Meckling（1976）的委托代理理论、完全信息静态博弈的分析、青木昌彦（2001）的比较制度经济学分析、Deci 和 Ryan（1985）的认知评价理论、Cressey（1953）的舞弊三角形理论，对分析师关注影响会计信息传递链条各层面的机理进行分析；最后为下文实证检验提出了若干假设。

第五章 证券分析师关注对财务报告舞弊及财务重述影响的实证检验

第一节 样本选取与研究设计

一 数据来源

证券分析师的相关数据在 2004 年之后相对完整,因此本书搜集了 2004—2014 年的分析师跟踪数据并选取中国沪深 A 股上市公司 2005—2015 年的财务报表数据为研究对象。初始样本含 2996 个上市公司,之后按照以下标准进行剔除:剔除 58 个金融保险类、租赁公司;剔除 531 个创业板上市公司;剔除 165 个已退市公司。剩余样本中包含 2242 个上市公司,删除财务数据中显著缺失的样本后,最终得到 2005—2015 年的 16888 个公司—年度观测值。由于财务报告重述可获取的数据有限,收集的财务报表重述数据的区间是 2007—2014 年,因此后文实证中重述的研究样本为 12545 个公司—年度观测值。

同时,本书收集了上海证券交易所、深圳证券交易所、中国证监会及财政部在 2005—2015 年对上市公司发布的违规处罚公告,共计 3253 个。其中包括:虚构利润;虚列资产;虚假记载(误导性陈述);推迟披露;重大遗漏;披露不实(其他);欺诈上市;出资违规;擅自改变资金用途;占用公司资产;内幕交易;违规买卖股票;操纵股价;违规担保;一般会计处理不当的 15 个主要违规类型。借鉴以往文献（朱锦余、高善生，2007；韦琳等，2011），本书选取其中的6种类型作为与财务报告舞弊有关的违规案例，具体包括虚构利润、虚列资产、虚假记载或误导性陈述、推迟披露、重大遗漏、披露不实，共包括696个公司—年度观测值。参照以往文献做法，本书按照中国证监会2001年版的《上市公司行业分类指引》的一级代码对行业进行划分，研究样本的行业—年度分布如表5.1所示。但在数据分析时，对于制造业，按照研究惯例细分至二级代码，因此样本观测值所处行业共涉及19个。本章中的上市公司财务报告舞弊违规数据及财务报表数据来自国泰安CSMAR数据库，财务报告重述数据来自迪博数据库，分析师关注的相关数据来自万得Wind金融数据库。数据筛选和处理应用STATA 13.0软件。

表5.1　　　　　　　　　　样本行业—年度分布

行业	2005	2006	2007	2008	2009	2010	2011	2012	2013	2014	2015	合计
A	16	18	19	22	23	23	26	31	31	33	33	275
B	42	46	41	44	54	58	57	61	63	64	63	593
C0	57	57	57	59	64	63	68	76	85	85	81	752
C1	25	30	30	36	39	40	43	52	57	62	60	474
C3	15	18	18	22	23	26	29	32	38	37	32	290
C4	109	119	114	131	139	147	149	182	198	195	195	1678
C5	46	48	46	53	66	69	71	90	95	93	98	775
C6	99	106	103	115	126	128	135	157	173	175	167	1484
C7	161	181	177	195	223	235	261	319	357	365	358	2832
C8	67	78	76	82	83	87	90	105	108	112	107	995
D	71	77	77	78	80	78	82	84	85	84	82	878
E	26	29	28	34	39	37	44	52	59	59	59	466
F	53	54	54	59	63	63	66	72	73	75	72	704
G	62	68	64	73	82	85	99	124	128	124	125	1034
H	105	108	106	110	113	113	117	124	131	128	127	1282
J	110	108	96	111	118	120	125	127	125	122	121	1283

续表

行业	2005	2006	2007	2008	2009	2010	2011	2012	2013	2014	2015	合计
K	42	40	44	48	56	56	56	63	63	60	60	588
L	21	20	17	20	22	21	25	26	29	30	30	261
M	22	23	22	23	24	23	21	21	23	22	20	244
合计	1149	1228	1189	1315	1437	1472	1564	1798	1921	1925	1890	16888

注：行业划分按照中国证监会《上市公司行业分类指引》(2001)的一级代码，但对于制造业，按照研究惯例细分至二级代码，样本所处行业共涉及19个。各代码含义如下：A：农、林、牧、渔业；B：采掘业；C0：食品、饮料；C1：纺织、服装、皮毛；C3：造纸、印刷；C4：石油、化学、塑胶、塑料；C5：电子；C6：金属、非金属；C7：机械、设备、仪表；C8：医药、生物制品；D：电力、煤气及水的生产和供应业；E：建筑业；F：交通运输、仓储业；G：信息技术业；H：批发和零售贸易；J：房地产业；K：社会服务业；L：传播与文化产业；M：综合类。

被处罚的财务报告舞弊上市公司所处行业分布如图5.1所示。制造业整体占总样本的53%。其中，制造业的次级行业——机械、设备、仪表业占总体的12%。居于第二位的是批发和零售贸易业，占舞弊总样本的9%。接下来是制造业中的石油、化学、塑胶、塑料业和食品、饮料业，均占总样本的8%。位列其后的是制造业中的生物医药制品，占总样本的7%。制造业下级的金属和非金属业、信息技术业以及房地产业均占总样本的6%。其余行业占比均不高于5%。

同时，本书根据研究的问题，将舞弊公司数、违规公告数和分析师跟踪人数的年度趋势列示在图5.2中。结果显示，尽管上市公司的舞弊行为整体随着时间呈下降趋势，但监管部门对于舞弊的识别工作存在时滞性。具体来说，舞弊公司数在2012年之后随着资本市场分析师活跃度的增加而急剧下降；违规公告数在此后几年也呈现缓慢下降的趋势，在2012年随着分析师关注度的显著增加，监管部门发布公告的数量也逐步增长，并在2013年之后和分析师的数量同时呈现负增长。以上说明，尽管我国资本市场的监督部门对舞弊行为的识别存在滞后性，但分析师关注的增加抑制了上市公司的舞弊违规行为，并同时提高了监管部门对市场的监督力度。整体而言，分析师跟踪人数的

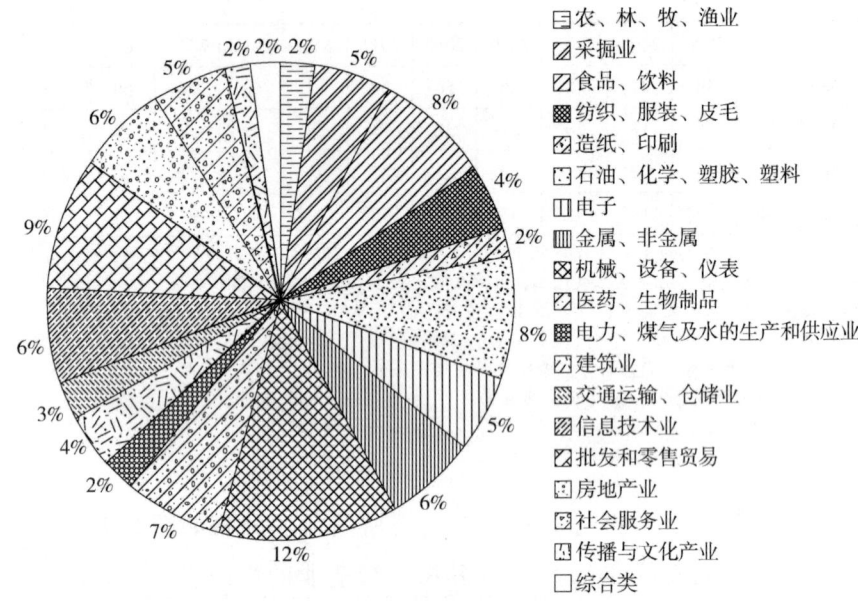

图 5.1 财务报告舞弊样本公司的行业分布

增加减少了资本市场上市公司的财务报告舞弊行为。

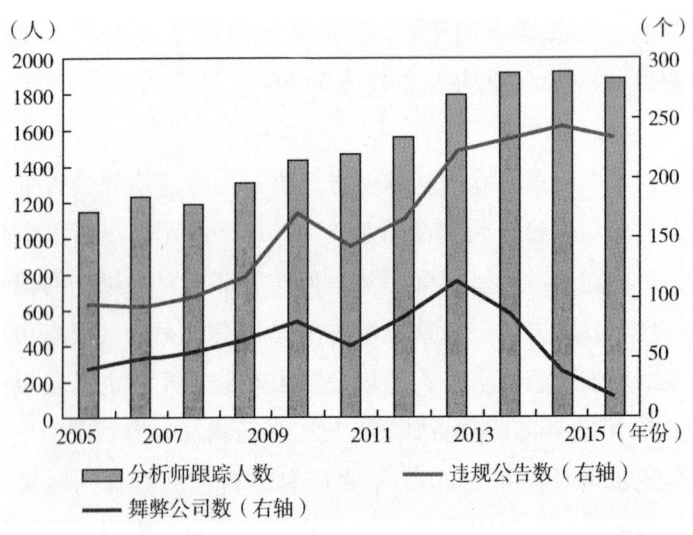

图 5.2 舞弊公司数、违规公告数、分析师跟踪人数的年度趋势

二 变量定义

(一) 被解释变量

借鉴以往文献,财务报告舞弊的违规公告和财务重述被认为是财务报告存在重大错报风险最直接的替代变量(Schroeder, 2001; Defond 和 Zhang, 2014; 王毅辉、魏志华, 2008; 路云峰和刘国常, 2008; 邱学文和吴群, 2010; 曹强等, 2012)。因此,本书从三个方面对上市公司披露的财务报表是否存在重大错报风险进行衡量:①将上市公司是否受到相关监管部门(沪深交易所及财政部)的违规处罚(Fraud)作为其财务报告是否存在重大错报风险的衡量指标,Fraud 为虚拟变量,其值为1代表上市公司在相应会计年度的年度财务报告因上文提到的6种违规类型被警告或处罚,否则为0。②设置虚拟变量 Disposal 为上市公司被违规处罚的公告发布的虚拟变量,当上市公司往期披露的财务信息当期被发布了违规公告时,其值为1,否则为0。③作为上市公司自愿或在外部监管压力下披露的"补救"财务信息,财务报告重述被认为是企业对存在错误或误导性的已披露财务信息进行事后修正的行为(王毅辉、魏志华, 2008)。当上市公司进行财务重述公告披露时,可以认为其修正的对应年度财务报表存在一定程度的重大错报风险,因此设置虚拟变量 Restatement 为1,否则为0。美国SEC证监会将财务报告重述认为是"不恰当会计行为的最直接信号(Indicator)"(Schroeder, 2001)。财务报告的重述行为代表着公司在以往期间披露的财务报表中存在重大的差错,因此财务报告重述在一定程度上就意味着公司在相应年度的财务报告存在重大错报风险(曹强等,2012)。

(二) 解释变量

与以往研究类似(Fang 等, 2014; 周冬华与赵玉洁, 2015; Chen 等, 2016),本书采用三种方式来度量分析师关注程度:①将分析师的跟踪人数作为分析师关注程度的衡量。通常情况下,同一家盈余预测机构针对某一公司跟踪的分析师从属于同一团队（李春涛等，2014；李丹蒙等，2015），因此在这里选取对上市公司给定年度内进行跟踪并做出盈余预测的机构数作为分析师的跟踪数。对于没有给出盈余预测信息的上市公司，则认为公司在给定年度没有分析师跟踪（Yu, 2008；Chen 等，2015）。同时，本书在设计该变量时考虑到了可能存在的内生性，举例来说，分析师跟踪决策与上市公司的盈余管理行为之间可能存在互相影响的因素（Bushman 等，2005）。因此，本书在该变量的计算中选择滞后一期的分析师跟踪人数，将原数值加 1 并取自然对数（Degeorge 等，2013），即 Ln（$Analyst_{t-1}$ + 1）。②将分析师在特定的日历年度内发表的对滞后一期财年的盈余预测报告数量作为分析师关注的度量方式，取报告数加 1 的自然对数并设置为连续变量 Ln（$Report_{t-1}$ + 1）。③设计虚拟变量 $Follow_{t-1}$，若上市公司滞后一期的分析师跟踪人数大于或等于 1，则 $Follow_{t-1}$ 为 1，否则为 0。

（三）控制变量

在模型中，本书同时控制了上市公司的应计、真实活动盈余管理行为。按照以往文献，本书采用 McNichols（2002）及 Ali 和 Zhang（2015）的模型对公司可操控应计利润进行计算；利用 Roychowdhury（2006）、Cohen 及 Zarowin（2010）的方法对真实盈余管理进行了计算。两种盈余管理的具体步骤如式（5.1）至式（5.7）所示。

首先，借鉴 McNichols（2002）及 Ali 和 Zhang（2015）计算应计盈余质量的联合模型，将 Jones（1991）模型与 Dechow 和 Dichev（2002）模型联合起来回归，如式（5.1）和式（5.2）所示，之后所得的回归残差为可操控的应计项目 DA。

$$\frac{TA_{i,t}}{Asset_{i,t-1}} = \alpha_1 \frac{1}{Asset_{i,t-1}} + \alpha_2 \frac{\Delta REV_{i,t}}{Asset_{i,t-1}} + \alpha_3 \frac{PPE_{i,t}}{Asset_{i,t-1}} + \varepsilon_{i,t} \quad (5.1)$$

$$\frac{TA_{i,t}}{Asset_{i,t-1}} = \alpha_1 \frac{CFO_{i,t-1}}{Asset_{i,t-2}} + \alpha_2 \frac{CFO_{i,t}}{Asset_{i,t-1}} + \alpha_3 \frac{CFO_{i,t+1}}{Asset_{i,t}} +$$
$$\alpha_4 \frac{\Delta REV_{i,t}}{Asset_{i,t-1}} + \alpha_5 \frac{PPE_{i,t}}{Asset_{i,t-1}} + \varepsilon_{i,t} \quad (5.2)$$

其中，*TA* 为应计利润，等于当期营业利润减去当期经营活动现金净流量，Δ*REV* 是与上一期相比当期营业收入增长额，*PPE* 为固定资产账面原值，*CFO* 为经营活动现金流。为了控制异方差的影响，所有变量均除以前一期末的总资产 *Asset*。与以往研究类似，回归时要求每个行业的公司一年度观测值至少有 15 个。得到的可操控应计项目由于各变量均除以总资产，因此衡量的 *DA* 实为可操控应计占总资产比。

其次，借鉴 Roychowdhury（2006）及 Cohen 等（2008）的方法，本书认为公司管理层会通过销售操控、生产操控及费用操控等正常经营活动增加业绩。其中，销售操控主要是通过加大销售折扣与放宽信用条件来增加销售收入的确认；生产操控是通过增加生产以减少已售商品成本，由于生产量的大幅增加导致单位产品成本的降低，利润增加；费用操控主要包括减少的酌量性费用如广告费用、研发支出及销售管理费用等，考虑到数据的搜集问题，本书在此主要以当期管理费用与销售费用来表示酌量性费用（李增福等，2011）。真实盈余管理的具体计算过程如下。

通过分年度、分行业对数据进行回归，求得正常水平下的经营净现金流量、酌量性费用及生产成本。针对销售操控，本书根据式（5.3）进行回归，求出非操控性经营现金活动净流量 *CFO*，再用实际值减去非操控性 *CFO*，得到可操控异常值 *R_CFO*。

$$\frac{CFO_{i,t}}{Asset_{i,t-1}} = \alpha_1 \frac{1}{Asset_{i,t-1}} + \alpha_2 \frac{Sales_{i,t}}{Asset_{i,t-1}} + \alpha_3 \frac{\Delta Sales_{i,t}}{Asset_{i,t-1}} + \varepsilon_{i,t} \quad (5.3)$$

其中，*CFO* 为经营净现金流量；*Asset* 为前一期期末总资产；*Sales* 为销售收入。

企业生产成本 *PROD* 为已售商品成本 *COGS* 与当期存货变动额 Δ*INV* 之和，因此通过式（5.4）与式（5.5）可以分别求出正常水平下的已售商品成本 *COGS* 与当期存货变动额 Δ*INV*，将其相加后得到式（5.6）以计算正常水平下的生产成本，并以实际生产成本减去该生产成本，即得到生产操控额 *R_PROD*。

$$\frac{COGS_{i,t}}{Asset_{i,t-1}} = \alpha_1 \frac{1}{Asset_{i,t-1}} + \alpha_2 \frac{Sales_{i,t}}{Asset_{i,t-1}} + \varepsilon_{i,t} \quad (5.4)$$

$$\frac{\Delta INV_{i,t}}{Asset_{i,t-1}} = \alpha_1 \frac{1}{Asset_{i,t-1}} + \alpha_2 \frac{\Delta Sales_{i,t}}{Asset_{i,t-1}} + \alpha_3 \frac{\Delta Sales_{i,t-1}}{Asset_{i,t-1}} + \varepsilon_{i,t} \quad (5.5)$$

$$\frac{PROD_{i,t}}{Asset_{i,t-1}} = \alpha_1 \frac{1}{Asset_{i,t-1}} + \alpha_2 \frac{Sales_{i,t}}{Asset_{i,t-1}} + \alpha_3 \frac{\Delta Sales_{i,t}}{Asset_{i,t-1}} + \alpha_4 \frac{\Delta Sales_{i,t-1}}{Asset_{i,t-1}} + \varepsilon_{i,t}$$
$$(5.6)$$

其中，COGS 为已售商品成本；INV 为存货量；PROD 为生产成本。

根据式（5.7）求出正常水平下的酌量性费用 DISX，并用实际酌量性费用减去相对应的拟合值，得到费用操控额 R_DISX。

$$\frac{DISX_{i,t}}{Asset_{i,t-1}} = \alpha_1 \frac{1}{Asset_{i,t-1}} + \alpha_2 \frac{Sales_{i,t-1}}{Asset_{i,t-1}} + \varepsilon_{i,t} \quad (5.7)$$

根据以往研究（Cohen 等，2008；Gunny，2010），企业经常同时采取三种真实盈余管理行为，因此为保证符号的一致性，本书将式（5.3）与式（5.7）结果的残差乘以 -1。这样通过 RM = R_PROD - R_CFO - R_DISX 得到能够衡量真实盈余管理的总指标 RM。与计算应计盈余管理相同，每个模型的回归保证各行业至少有 15 个公司—年度观测值。

同时借鉴以往文献（如邱学文与吴群，2010；李丹蒙等，2015），选取如下变量作为控制变量。为衡量公司规模，本书使用期初总资产的自然对数，在稳健检验中使用市值的自然对数，同时采用资产负债率、上市年龄等控制其他财务特征；为衡量公司的营运能力，本书使用账面市值比、销售增长率、会计弹性（参见 Barton 和 Simko，2002）、净资产利润率及托宾 Q 值作为衡量变量；为衡量公司层面的治理特征，本书使用"是否为国有/地方企业""外部审计师是否是四大会计师事务所"哑变量及机构持股比进行控制。同时，通过设计哑变量对年度和行业进行控制。为控制样本中极端值对回归结果的影响，本书对所有连续型变量均进行了上下 1% 的 Winsorize 处理。具体变量设计及定义如表 5.2 所示。

表 5.2　　　　　　　　　　　　变量定义

变量名称	变量符号	变量定义
是否存在财务报告舞弊	Fraud	因财务报表舞弊被处罚为 1，否则为 0
是否被出具违规公告	Disposal	被出具舞弊处罚公告为 1，否则为 0
是否对财务报表重述	Restatement	年度财务报告被重述为 1，否则为 0
分析师关注度	Ln（Analyst+1）	（t-1 期盈余预测机构数+1）的自然对数
	Ln（Reports+1）	（t-1 期盈余预测报告数量+1）的自然对数
	Follow	分析师跟踪为 1，否则为 0
可操控应计利润	DA	Jones（1991）模型与 Dechow 和 Dichev（2002）的联合模型
真实盈余操控额	RM	Roychowdhury（2006）模型
机构持股比	InsHold	机构持股合计/总股数
企业规模	SIZE	期初总资产的自然对数
企业成长性	BTM	账面价值/股东权益的市场价值
上市年龄	Age	研究年度与上市年度之差
企业偿债能力	LEV	总负债/总资产
盈利能力	Growth	销售增长率（%）
会计弹性	NOA	净营运资产/营业收入
净资产收益率	ROE	净利润/股东权益余额
企业价值	TobinQ	市值/重置成本
外部审计师	Big4	被四大会计师事务所审计为 1，否则为 0
企业性质	SOE	国企/地方企业为 1，否则为 0
地域控制变量	Location	哑变量
行业控制变量	Industry	哑变量
年度控制变量	Year	哑变量

三　模型设计

为验证假设 H4.1 及相关分假设，本书设计模型对其进行检验，如式（5.8）所示：

$$Fraud_{i,t} = \alpha_1 \times Analyst_{i,t-1} + \sum_{k=1}^{k} \alpha_{k+1} \times Controls_k + Locationeffect +$$
$$Industryeffect + Yeareffect + \varepsilon_{i,t} \qquad (5.8)$$

其中，*Fraud* 为虚拟变量，当上市公司 *i* 在 *t* 年度披露的年度财务报告中存在虚构利润、虚列资产、虚假记载、推迟披露、重大遗漏或披露不实的其中一种或多种舞弊行为时，其值为1，否则为0。同时，设置另一虚拟变量 *Disposal* 为上市公司因舞弊行为被处罚的替代变量，当上市公司 *i* 的年度财务报告因上述舞弊行为被证监会、深圳证券交易所、上海证券交易所等监管单位在 *t* 年度出具了违规公告时，其值为1，否则为0。

为验证假设 H4.2，本书构建模型如式（5.9）所示：

$$Restatement_{i,t} = \alpha_1 \times Analyst_{i,t-1} + \sum_{k=1}^{k} \alpha_{k+1} \times Controls_k +$$
$$Locationeffect + Industryeffect + Yeareffect + \varepsilon_{i,t} \qquad (5.9)$$

其中，虚拟变量 *Restatement* 为1，代表上市公司 *i* 对年度 *t* 的财务报告进行补充或修正；否则为0。式（5.9）与式（5.8）的主要解释变量相同：$Analyst_{i,t-1}$ 代表三个不同层面的分析师关注衡量方式，包括分析师跟踪人数（即发布盈余预测的机构数）的自然对数 [Ln ($Analyst_{t-1}$ +1)]、分析师发布盈余预测报告数量的自然对数 [Ln ($Reports_{t-1}$ +1)]、上市公司 *i* 是否被分析师跟踪的虚拟变量（$Follow_{t-1}$），基于因果方向的考虑，以上衡量的分析师关注均为滞后一期的变量（Degeorge 等，2013）；$Controls_k$ 为公司层面的特征变量；且模型同时控制了地域（*Location*）、行业（*Industry*）、年度（*Year*）等效应。ε 为回归模型残值。

上述两式的因变量皆为离散的二元变量，因此本书使用 Logistic 回归模型验证分析师关注对财务报告舞弊及重述的影响。如果将式（5.8）与式（5.9）的等式右边简写为 $X_i'\beta$，且函数 $F(X_i'\beta)$ 为 Logistic 分布，那么上述哑变量发生的概率则分别为 $p = \frac{exp(X_i'\beta)}{1+exp(X_i'\beta)}$。假设 p 为财务报告重述的概率，那么式（5.9）则实际

上为 $\ln\left(\dfrac{p}{1-p}\right) = X_i'\beta$。①

第二节　实证结果

一　描述性统计

表 5.3 中对所有变量的描述性统计特征进行了列示。4.1% 的研究样本公司为因财务报告舞弊的违规公司；违规公告发布平均占总样本的 6.7%，说明由于监管滞后性，公告包括研究期间之外的部分舞弊违规案例，与图 5.2 中趋势线说明的问题相符；总样本中财务报告重述的研究对象占 2.5%；分析师跟踪的平均人数为 4.382，其中最小值为 0，中值为 2，最大值为 24，标准差为 5.679，说明分析师关注程度在样本公司间差距较大。同样，发布报告数自然对数的均值为 1.533，说明样本公司平均被发布盈余报告的数量为 3.64 篇（$e^{1.533}-1\approx 3.64$）；$Follow_{t-1}$ 的统计特征显示有 72.1% 的样本公司被分析师跟踪。在盈余质量方面，样本公司应计盈余的均值及中值均为正，而真实盈余则相反，其中应计盈余的标准差小于真实盈余管理的标准差，说明研究对象普遍具有较高的可操控利润和较低水平的真实盈余管理行为。机构持股比的均值为 34.6%，最小值为 0，中值为 33.4%，最大值高达 86.9%。公司规模为期初总资产的自然对数，均值为 21.756，最小值为 18.977，最大值为 25.513，标准差为 1.259，说明样本公司的规模差距明显。在其他变量方面，例如盈利能力（Growth）均值为 0.199，而最小值为 -0.703，最大值为 4.65，标准差为 0.628，表明样本公司的销售增长率之间也存在显著差异；负债水平的均值为 0.507，最小值、中值和最大值分别为 0.07、0.508 和 1.3，标准差为 0.222，与其

---

① 在这里为了便于读者理解 Logistic 回归模型及结果，对其原理进行了简单解释，更多介绍可参阅陈强《高级计量经济学及 Stata 应用》，高等教育出版社 2014 年版，第 169—191 页。

他变量相比，属于差异较小的公司特征之一；会计弹性（NOA）均值为 0.12，中值和最大值分别为 0.123 和 0.695，说明大部分公司具有一定的应计盈余操纵空间。此外，平均 6.5% 的样本公司是由四大会计师事务所进行外部审计的；4.9% 的研究样本为国有、地方企业。

表 5.3　　　　　　　　　变量描述性统计示意

变量	观测数（N）	均值	最小值	25 分位数	中值	75 分位数	最大值	标准差
$Fraud$	16888	0.041	0	0	0	0	1	0.199
$Disposal$	16888	0.067	0	0	0	0	1	0.250
$Restatement$	12545	0.025	0	0	0	0	1	0.158
$Analyst_{t-1}$	16888	4.382	0	0	2.000	6.000	24.000	5.679
$Ln(Analyst_{t-1}+1)$	16888	1.186	0	0	1.099	1.946	3.219	0.993
$Ln(Reports_{t-1}+1)$	16888	1.533	0	0	1.386	2.708	4.477	1.393
$Follow_{t-1}$	16888	0.721	0	0	1	1	1	0.449
DA	16888	0.026	−0.257	−0.033	0.019	0.079	0.368	0.104
RM	16888	−0.041	−0.840	−0.149	−0.038	0.074	0.746	0.238
$InsHold$	16888	0.346	0	0.117	0.334	0.545	0.869	0.249
$SIZE$	16888	21.756	18.977	20.893	21.631	22.466	25.513	1.259
BTM	16888	0.560	0.080	0.354	0.542	0.758	1.129	0.259
Age	16888	15.751	4.000	12.000	17.000	20.000	24.000	5.356
LEV	16888	0.507	0.070	0.349	0.508	0.653	1.300	0.222
$Growth$	16888	0.199	−0.703	−0.043	0.103	0.269	4.650	0.628
NOA	16888	0.120	−0.741	−0.046	0.123	0.304	0.695	0.264
ROE	16888	0.056	−1.098	0.023	0.066	0.119	0.736	0.191
$TobinQ$	16888	2.125	0.216	0.787	1.437	2.562	13.417	2.211
$Big4$	16888	0.065	0	0	0	0	1	0.246
SOE	16888	0.049	0	0	0	0	1	0.216

表 5.4 报告了主要变量的相关系数，表中列示的是变量之间的 Pearson 系数。相关系数表显示，分析师关注度 [Ln（$Analyst_{t-1}$+1）]

表 5.4　主要变量相关性分析

	Fraud	Restatement	Ln($Analyst_{t-1}+1$)	DA	RM	InsHold	SIZE	BTM
Restatement	0.091***	1.000						
Ln($Analyst_{t-1}+1$)	−0.077***	−0.024**	1.000					
DA	−0.031***	−0.005	0.219***	1.000				
RM	0.045***	0.011	−0.240***	−0.211***	1.000			
InsHold	−0.084***	−0.006	0.349***	0.112***	−0.123***	1.000		
SIZE	−0.086***	−0.008	0.462***	0.058***	−0.052***	0.412***	1.000	
BTM	−0.025**	−0.006	0.042***	−0.073***	0.093***	−0.043***	0.510***	1.000
Age	0.005	0.003	−0.208***	−0.101***	0.064***	−0.091***	−0.000	0.111***
LEV	0.041***	0.035***	−0.119***	−0.099***	0.188***	−0.024**	0.214***	0.247***
Growth	−0.006	0.013	−0.006	−0.027***	−0.029***	0.005	−0.092***	−0.060***
NOA	−0.041***	−0.026***	0.111***	0.315***	−0.053***	0.081***	−0.085***	−0.164***
ROE	−0.064***	−0.004	0.225***	0.182***	−0.158***	0.148***	0.065***	−0.100***
TobinQ	0.015*	0.002	−0.056***	0.026***	−0.094***	0.009	−0.444***	−0.759***
Big4	−0.045***	−0.024**	0.231***	0.025**	−0.068***	0.169***	0.365***	0.141***
SOE	−0.008	−0.016*	0.016*	0.013	0.009	0.014	0.050***	0.057***
	Age	LEV	Growth	NOA	ROE	TobinQ	Big4	
LEV	0.262***	1.000						
Growth	0.017*	0.027***	1.000					

续表

	LEV	Growth	NOA	ROE	TobinQ	Big4	
NOA	-0.247***	-0.647***					
ROE	-0.036***	-0.094***	0.057***	1.000			
TobinQ	-0.066***	-0.246***	0.149***	0.154***	1.000		
Big4	0.015	0.026***	0.055***	0.132***	0.088***	1.000	
SOE	0.215***	0.032***	-0.015	-0.053***	0.051***	-0.090***	1.000
			-0.005	-0.021**	0.025**	-0.029***	0.015

注：表中列示了各变量之间的 Pearson 相关系数。***、**及*分别代表1%、5%和10%的显著水平。

与因变量财务报告舞弊（Fraud）和财务报告重述（Restatement）均为负相关关系，初步验证了前文假设。同时，应计盈余管理（DA）和真实盈余管理（RM）与因变量之间的相关系数符号相反，说明了两种盈余管理方法之间的替代关系。机构持股比（InsHold）与财务报告舞弊（Fraud）之间的系数为负，说明机构持股比例越高的公司，财务报表舞弊的可能性越低。[①] 在控制变量方面，公司规模（SIZE）、账面市值比（BTM）及净资产收益率（ROE）均与因变量显著负相关，说明公司规模越大、市值越低于账面值、公司成长能力越高，上市公司财务报告舞弊行为发生的可能性越低；资产负债率（LEV）、会计操控空间越大（NOA），发生财务报告舞弊和进行财务报表重述的可能性高。同时，当上市公司的外部审计师为国际四大会计师事务所（Big4）时，其财务报表发生舞弊及重述的可能性低；当上市公司为国有/地方企业（SOE）时，其发生财务报告重述的可能性越低。考虑到多重共线性的问题，本书计算了解释变量的平均方差膨胀因子 VIF，其值为 1.64；同时借鉴 Belsley 等（1980）的共线性回归模型进行检验，发现各变量之间的关系在其所建议的安全范围内。同时，变量之间的相关系数绝对值均在 0.65 以下。以上均说明控制变量之间受到多重共线性问题的影响很小，可以进行多元回归分析。

二 单变量分析

表 5.5 报告了舞弊样本与非舞弊样本主要研究变量的差异，其中前三列为均值及差异的 t 检验结果，后三列报告的是两组样本的中值及曼—惠特尼 U 检验（Mann-Whitney-U 检验，下文简称 M – W 检验）。结果显示，除上市年限及是否为国企/地方企业在两组样本之间没有显

[①] 也可能是由于机构投资者"跟随"分析师的作用，参见袁春生《监督抑或跟随：机构投资者治理角色研究——来自舞弊公司机构持股行为的经验证据》，《财经理论与实践》2012 年第 3 期。

著区别之外,大多数变量均呈现显著差异。其中,与非舞弊样本公司相比,舞弊样本公司在滞后于舞弊年度受到较少的分析师关注[即 Ln($Analyst_{t-1}+1$)、Ln($Reports_{t-1}+1$)、$Follow_{t-1}$],但在盈余管理方面,舞弊公司具有较低的应计盈余操纵和较高的真实盈余管理。此外,非舞弊样本的机构持股比(InsHold)、公司规模(SIZE)、账面市值比(BTM)、会计弹性(NOA)、净资产利润率(ROE)均在1%的统计水平上显著高于舞弊样本,同时资产负债率(LEV)和托宾Q值(TobinQ)分别在1%、10%的水平上显著低于舞弊样本公司,并且非舞弊公司更倾向于聘用国际四大会计师事务所(Big4)作为其外部审计师。

表 5.5　　　　　　　　变量均值 t 检验及中值秩检验

变量	均值 非舞弊	均值 舞弊	t 检验 差异	中值 非舞弊	中值 舞弊	M－W 检验 差异
Ln($Analyst_{t-1}+1$)	1.202	0.819	0.383***	1.099	0.693	0.406***
Ln($Reports_{t-1}+1$)	1.554	1.042	0.512***	1.386	0.693	0.693***
$Follow_{t-1}$	0.726	0.592	0.134***	1	1	0.000***
DA	0.026	0.010	0.016***	0.019	0.005	0.014***
RM	－0.043	0.011	－0.054***	－0.040	0.005	－0.045***
InsHold	0.350	0.245	0.105***	0.341	0.199	0.142***
SIZE	21.780	21.240	0.542***	21.650	21.120	0.530***
BTM	0.561	0.529	0.032***	0.543	0.509	0.034***
Age	15.740	15.890	－0.140	17.000	17.000	0.000
LEV	0.505	0.551	－0.046***	0.506	0.550	－0.044***
Growth	0.200	0.182	0.018	0.103	0.072	0.031***
NOA	0.123	0.068	0.054***	0.125	0.089	0.036***
ROE	0.058	－0.003	0.061***	0.067	0.034	0.033***
TobinQ	2.118	2.290	－0.172*	1.435	1.491	－0.056**
Big4	0.067	0.011	0.056***	0	0	0.000***

续表

变量	均值		t 检验	中值		M-W 检验
	非舞弊	舞弊	差异	非舞弊	舞弊	差异
SOE	0.049	0.040	0.009	0	0	0.000

注：表中列示了舞弊样本和非舞弊样本之间各变量均值差异的 t 检验与中值差异的 Wilcoxon 秩检验。＊＊＊、＊＊及＊分别代表为1%、5%和10%的显著水平。

三 多元回归结果

（一）分析师关注对财务报告舞弊的影响

表 5.6 报告了当因变量为二元变量财务报告舞弊（Fraud），主要解释变量"分析师关注"分别为分析师跟踪人数 [Ln（$Analyst_{t-1}$ + 1）]、分析师发布盈余预测报告数 [Ln（$Reports_{t-1}$ + 1）] 以及虚拟变量是否被分析师关注（$Follow_{t-1}$）时，进行 Logistic 多元回归的结果。结果显示，无论使用哪种替代变量来衡量分析师关注，均与因变量（是否存在财务报告舞弊行为）在1%的统计水平上显著负相关。这说明，当上市公司受分析师关注较高时，其进行财务报告舞弊行为的可能性较低。结果在控制上市公司特征变量、所在地、行业及年度等效应之后，当采用主要解释变量为分析师跟踪人数 [Ln（$Analyst_{t-1}$ + 1）] 时，研究模型在11.3%的程度上能够解释上市公司舞弊行为的发生概率。此外，上市公司的可操控应计利润与发生财务报告舞弊的可能性并不相关，这与以往研究相悖；而真实盈余管理行为却与舞弊发生的概率在10%的水平上显著正相关。在其他变量方面，机构持股比（InsHold）与因变量（Fraud）显著负相关，说明机构持股者对上市公司具有外部监督的作用（Chung 等，2002）；净资产利润率（ROE）与因变量均在1%的统计水平上显著负相关，说明盈利能力较强的公司，其舞弊可行性较低（1%显著相关）；同时，与以往研究一致（Lennox 和 Pittman，2010），当上市公司聘用国际四大会计师事务所（Big4）为其外部审计师时，管理层进行财务报告舞弊的可能性较低（5%显

著相关)。当分析师关注度($Analyst_{t-1}$)分别用预测报告数 [Ln(Reports$_{t-1}$+1)]和是否被分析师跟踪($Follow_{t-1}$)来替代时,以上回归结果与第一列报告的结果一致。

表5.6　　　　　　　　分析师关注与财务报告舞弊

变量	因变量 = Fraud					
	Ln($Analyst_{t-1}$+1)		Ln($Reports_{t-1}$+1)		$Follow_{t-1}$	
	系数	z值	系数	z值	系数	z值
$Analyst_{t-1}$	-0.263***	(-3.44)	-0.192***	(-3.38)	-0.324***	(-2.63)
DA	0.059	(0.10)	0.025	(0.04)	-0.054	(-0.09)
RM	0.401*	(1.74)	0.390*	(1.71)	0.441*	(1.93)
InsHold	-0.014***	(-4.87)	-0.015***	(-4.90)	-0.016***	(-5.41)
SIZE	-0.074	(-0.80)	-0.080	(-0.88)	-0.145	(-1.58)
BTM	-0.167	(-0.44)	-0.182	(-0.49)	0.001	(0.00)
Age	-0.019	(-1.13)	-0.019	(-1.15)	-0.014	(-0.83)
LEV	0.485	(1.06)	0.516	(1.13)	0.528	(1.14)
Growth	-0.048	(-0.72)	-0.050	(-0.75)	-0.058	(-0.87)
NOA	-0.263	(-0.69)	-0.243	(-0.64)	-0.252	(-0.66)
ROE	-0.684***	(-3.96)	-0.689***	(-4.02)	-0.705***	(-4.08)
TobinQ	-0.003	(-0.09)	-0.005	(-0.16)	-0.011	(-0.33)
Big4	-1.000**	(-2.19)	-1.009**	(-2.21)	-1.051**	(-2.30)
SOE	-0.353	(-0.97)	-0.368	(-1.01)	-0.354	(-0.98)
Constant	-0.743	(-0.40)	-0.699	(-0.38)	0.489	(0.27)
地域效应	控制		控制		控制	
年度效应	控制		控制		控制	
行业效应	控制		控制		控制	
N	16888		16888		16888	
Pseudo R^2	0.113		0.113		0.111	
Chi^2	447.5		450.4		442.9	

注:***、**及*分别代表1%、5%和10%的显著水平。括号内为已经过怀特异方差修正的z值且所有回归系数的标准差都在公司层面上进行了聚类处理。

表 5.7 报告了当因变量为代表违规公告发布的虚拟变量（Disposal）、自变量为三种分析师关注度的替代变量 [Ln（$Analyst_{t-1}$ + 1）、Ln（$Reports_{t-1}$ + 1）、$Follow_{t-1}$] 时，进行 Logistic 多元回归的结果。与上述部分实证结果类似，$Analyst_{t-1}$ 的三种表达方式均与因变量 Disposal 在 1% 的统计水平上显著负相关（z 统计量分别为 -6.72、-3.23 和 -5.78），说明当上市公司被分析师跟踪程度较大时，其被出具违规公告的概率就较低。同时，在结果中没有发现上市公司的盈余管理程度与因变量存在显著相关关系。机构持股比与因变量在 1% 的程度上显著负相关，说明当机构持股比例越高时，舞弊的上市公司在相应期间越可能被出具违规公告（1% 显著水平）；当上市公司规模越大、市值账面比越高、负债率越高、托宾 Q 值越大时，其被监管部门发布违规公告的可能性越大；另外，当上市年限越小（Age）、净资产利润率（ROE）越低、聘请四大会计师事务所（Big4）时，上市公司的财务报告舞弊行为越可能在相应期间发布违规公告。当分析师关注度（$Analyst_{t-1}$）分别用预测报告数 [Ln（$Reports_{t-1}$ + 1）] 和是否被分析师跟踪（$Follow_{t-1}$）来替代时，结论一致。

表 5.7 分析师关注与违规公告发布

变量	因变量 = Disposal					
	Ln（$Analyst_{t-1}$+1）		Ln（$Reports_{t-1}$+1）		$Follow_{t-1}$	
	系数	z 值	系数	z 值	系数	z 值
$Analyst_{t-1}$	-0.300***	(-6.72)	-0.110***	(-3.23)	-0.454***	(-5.78)
DA	-0.052	(-0.14)	-0.265	(-0.74)	-0.201	(-0.57)
RM	-0.018	(-0.12)	0.055	(0.37)	0.053	(0.36)
InsHold	-0.005***	(-3.29)	-0.005***	(-3.19)	-0.006***	(-3.81)
SIZE	0.171***	(3.71)	0.125***	(2.64)	0.122***	(2.78)
BTM	-1.311***	(-6.10)	-1.257***	(-5.91)	-1.221***	(-5.74)
Age	-0.035***	(-4.30)	-0.034***	(-4.09)	-0.033***	(-4.08)
LEV	1.174***	(4.64)	1.272***	(5.01)	1.197***	(4.71)
Growth	-0.066	(-1.21)	-0.077	(-1.36)	-0.073	(-1.33)

续表

变量	因变量 = Disposal					
	Ln（$Analyst_{t-1}$ + 1）		Ln（$Reports_{t-1}$ + 1）		$Follow_{t-1}$	
	系数	z 值	系数	z 值	系数	z 值
NOA	0.077	(0.36)	0.136	(0.63)	0.090	(0.42)
ROE	-0.404***	(-3.03)	-0.473***	(-3.57)	-0.441***	(-3.33)
TobinQ	0.059***	(3.06)	0.060***	(3.13)	0.054***	(2.79)
Big4	-0.625***	(-2.83)	-0.688***	(-3.10)	-0.696***	(-3.12)
SOE	-0.243	(-1.24)	-0.265	(-1.35)	-0.246	(-1.24)
Constant	-5.092***	(-5.32)	-4.377***	(-4.48)	-4.081***	(-4.48)
地域效应	控制		控制		控制	
年度效应	控制		控制		控制	
行业效应	控制		控制		控制	
N	16888		16888		16888	
Pseudo R^2	0.0525		0.0476		0.0507	
Chi^2	399.9		360.2		389.4	

注：***、**及*分别代表1%、5%和10%的显著水平。括号内为已经过怀特异方差修正的 z 值且所有回归系数的标准差都在公司层面上进行了聚类处理。

（二）分析师关注对财务报告重述的影响

表5.8报告了当因变量为财务报表重述（Restatement）时，对式（5.9）进行回归的结果。受数据可用性限制，此部分回归的样本区间为2007—2014年。结果显示，主要解释变量[Ln（$Analyst_{t-1}$ + 1）、Ln（$Reports_{t-1}$ + 1）、$Follow_{t-1}$]均与上市公司财务报告重述行为发生概率（Restatement）呈显著负相关关系（z 统计量分别为 -1.94、-2.22 和 -1.91），说明分析师关注度越高，上市公司财务报告重述的发生概率越低。当上市公司的负债水平（LEV）越高时，上市公司披露存在重大错误的财务报告可能性越高（5%的显著水平，z 统计量为2.18），这与以往文献（Richardson 等，2002；Firth 等，2011）的结论一致。同时，Big4 的系数与因变量在5%的统计水平上显著负相关，即四大会计师事务所能够提供较高的审计质量；当上市公司为国

有/地方企业（SOE）时，管理层对往期财务报告进行修正或补充的概率较低（显著水平为10%）。

表5.8　　　　　　　　　分析师关注与财务报告重述

变量	因变量 = Restatement					
	Ln($Analyst_{t-1}$+1)		Ln($Reports_{t-1}$+1)		$Follow_{t-1}$	
	系数	z值	系数	z值	系数	z值
$Analyst_{t-1}$	-0.148*	(-1.94)	-0.128**	(-2.22)	-0.260*	(-1.91)
DA	0.282	(0.45)	0.282	(0.45)	0.243	(0.39)
RM	0.019	(0.08)	0.005	(0.02)	0.045	(0.19)
InsHold	-0.004	(-1.52)	-0.004	(-1.50)	-0.005*	(-1.68)
SIZE	0.103	(1.21)	0.116	(1.39)	0.074	(0.96)
BTM	-0.266	(-0.64)	-0.274	(-0.67)	-0.207	(-0.51)
Age	-0.004	(-0.31)	-0.006	(-0.39)	-0.003	(-0.20)
LEV	0.936**	(2.18)	0.933**	(2.19)	0.976**	(2.29)
Growth	0.083	(1.03)	0.083	(1.03)	0.087	(1.09)
NOA	-0.005	(-0.01)	0.005	(0.01)	0.028	(0.07)
ROE	-0.066	(-0.23)	-0.067	(-0.24)	-0.068	(-0.25)
TobinQ	0.005	(0.12)	0.006	(0.15)	0.001	(0.02)
Big4	-0.748**	(-2.29)	-0.750**	(-2.29)	-0.769**	(-2.35)
SOE	-0.641*	(-1.93)	-0.648*	(-1.95)	-0.637*	(-1.92)
Constant	-6.377***	(-3.59)	-6.586***	(-3.79)	-5.766***	(-3.54)
地域效应	控制		控制		控制	
年度效应	控制		控制		控制	
行业效应	控制		控制		控制	
N	12545		12545		12545	
Pseudo R^2	0.0627		0.0631		0.0627	
Chi^2	227.4		228.0		232.1	

注：***、**及*分别代表1%、5%和10%的显著水平。括号内为已经过怀特异方差修正的z值且所有回归系数的标准差都在公司层面上进行了聚类处理。本书收集的财务报表重述数据的区间在2007—2014年，因此结果中公司—年度观测值为12545个。

四 进一步回归

为进一步地验证分析师关注程度与上市公司进行财务报告舞弊之间的关系，本书对每个舞弊样本选择了一个匹配样本。[①] 参考 Beasley（1996）、Skousen 等（2009）的研究，本书在 2005—2015 年未因任何违规原因被监管部门处罚的样本中，采用最邻近得分匹配（即倾向得分匹配法 PSM）的方法，找到了与财务报告舞弊研究对象 1∶1 的对照组，之后对观测值数量相同的对照组和实验组进行 Logistic 回归。具体来说，采用了公司规模、资产负债率、销售增长率、资产收益率、行业及年度作为匹配要素进行匹配，最终为 696 个研究对象找到了唯一的匹配样本，回归结果在表 5.9 中的前两列报告。结果显示，准 R^2（Pseudo R^2）为 15.5%，说明模型能够在 15% 的程度上解释上市公司财务报告舞弊发生的概率。分析师关注度 [Ln（$Analyst_{t-1}$ +1）] 和企业是否存在财务报告舞弊行为（Fraud）在 5% 的统计水平上显著负相关（z 统计量为 -2.14），结论与前文主模型结果一致，支持假设 H4.1，即分析师关注程度越高，企业进行财务报告舞弊行为的可能性越低。在控制变量方面，上市公司的应计盈余管理与因变量之间并不存在显著关系，而真实盈余管理与因变量之间显著正相关，说明当真实盈余管理水平较高时，其财务报告存在舞弊的可能性大。机构持股比（InsHold）与因变量显著负相关，说明机构投资者能够有效降低上市公司财务报告舞弊的可能性，支持相关文献的结论（Chung 等，2002；Sharma，2004）。当账面市值比（BTM）越低，即市值账面比越高时，公司越有可能出现财务报告舞弊行为。此外，公司年限（Age）与因变量在 10% 的程度上显著负相关，说明上市时间较久的公司，其进行财务

[①] 考虑简洁性，在这里本书只使用了发布盈余预测的机构数作为分析师关注度的替代变量，但需要说明的是，使用 Ln（$Reports_{t-1}$ +1）、$Follow_{t-1}$ 作为解释变量时，结论一致。

报告的可能性较低。

类似地，本书为监管部门发布违规公告的公司按照 PSM 进行 1∶1 的匹配，为 1128 个因舞弊被处罚或警告的研究样本找到同样数量的对照组，按照前文式（5.8）进行 Logistic 回归，结果在表 5.9 的中间两列报告。结果与前两列以 $Fraud$ 为因变量的回归结果一致：当分析师关注越高时，企业被监管部门发布违规公告的可能性越低。在控制变量方面，与上文稍有不同的是，当上市公司的外部审计师为国际四大会计师事务所（$Big4$）时，其受到监管部门违规公告披露的可能性越低（z 统计量为 -3.84）。表 5.9 的最后两列报告了当因变量为企业是否出具了财务报告重述（$Restatement$）时，为重述样本按照同样的要素进行 PSM 匹配后的 Logistic 回归结果，其中分析师关注与因变量在 5% 的统计水平上负相关，与表 5.8 中的主模型回归结果一致。

表 5.9　　　　　　　　　PSM 匹配样本回归

变量	因变量 = $Fraud$ 系数	z 值	因变量 = $Disposal$ 系数	z 值	因变量 = $Restatement$ 系数	z 值
$Ln(Analyst_{t-1}+1)$	-0.390**	(-2.14)	-0.339***	(-5.58)	-0.239**	(-2.18)
DA	1.860	(1.57)	0.266	(0.57)	0.363	(0.45)
RM	0.882*	(1.92)	0.044	(0.23)	-0.432	(-1.29)
$InsHold$	-0.010*	(-1.71)	-0.004*	(-1.78)	-0.005	(-1.32)
$SIZE$	0.585***	(2.86)	0.328***	(5.44)	0.250**	(2.21)
BTM	-2.071**	(-2.08)	-1.430***	(-4.83)	-0.203	(-0.33)
Age	-0.046*	(-1.87)	-0.036***	(-3.67)	-0.009	(-0.50)
LEV	0.759	(0.97)	-0.036	(-0.12)	-0.830	(-1.51)
$Growth$	0.044	(0.29)	0.024	(0.37)	0.070	(0.67)
NOA	0.494	(0.64)	0.022	(0.08)	-0.267	(-0.55)
ROE	-0.540	(-0.90)	-0.264	(-1.55)	-0.066	(-0.19)
$TobinQ$	0.040	(0.47)	0.034	(1.30)	0.063	(1.04)

续表

变量	因变量 = Fraud		因变量 = Disposal		因变量 = Restatement	
	系数	z 值	系数	z 值	系数	z 值
Big4	-0.996	(-1.57)	-0.931***	(-3.84)	-0.724	(-1.50)
SOE	-0.859	(-1.49)	0.152	(0.56)	-0.736*	(-1.76)
Constant	-8.496**	(-2.19)	-5.105***	(-4.12)	-5.180**	(-2.25)
地域效应	控制		控制		控制	
年度效应	控制		控制		控制	
行业效应	控制		控制		控制	
N	1392		2256		831	
Pseudo R^2	0.155		0.0557		0.0586	
Chi^2	96.72		151.9		61.89	

注：本书采用倾向得分匹配法（PSM），以上市公司的规模、负债情况、经营能力、盈利能力、行业及年度为舞弊样本，根据最近邻样本1∶1找到匹配的非舞弊样本公司进行Logistic回归。***、**及*分别代表1%、5%和10%的显著水平。括号内为已经过怀特异方差修正的z值且所有回归系数的标准差都在公司层面上进行了聚类处理。

第三节 稳健性检验

以往针对分析师关注的研究，主要使用以下几种方法控制分析师在选择上市公司时可能产生的内生性问题。①取分析师跟踪的滞后变量作为研究变量（Degeorge等，2013；袁知柱等，2016），以控制分析师和被解释变量之间存在反转因果关系的可能性。②另一种较为常用的方法是通过以分析师跟踪人数为因变量，公司其他特征变量作为自变量进行回归，取残值为超额关注度作为主模型回归中的主要解释变量（Yu，2008；李晓玲等，2012；周冬华、赵玉洁，2015；Sun和Liu，2016）。③寻找工具变量作为分析师跟踪的外生变量，以此控制内生性，可用的工具变量比如上市公司是否为"沪深300指数成分股"（如Sun，2009；Hu和Yang，2014；李丹蒙等，2015）。④本书借鉴以往文献（Hu和Han，2015；Chen等，2016）的方法并选择

Heckman（1979）二阶段回归控制分析师在跟踪上市公司时可能存在的自选择问题，通过 PSM 方法找到财务报告舞弊公司的匹配样本，并对之前模型的稳健性进行验证。

一 Heckman（1979）二阶段模型

根据 Maddala（1983），原回归模型（5.8）可以表达为式（5.10）：

$$y_i = X_i'\beta + \gamma Follow_i + \mu_i \qquad (5.10)$$

其中，y 为上市公司是否发生财务报告舞弊（即 Fraud）；$X_i'\beta$ 代表了公司层面的治理特征；Follow 代表有分析师对上市公司进行跟踪；μ 为残值。那么需要注意的是，在此模型中 Follow 被默认为是外生变量。而在真实资本市场，分析师对于上市公司关注的选择可能不是随机的，而是受公司自身特征等因素影响的，这种情况下原有的回归模型结果就可能因为分析师的自选择行为而产生偏误（Chen 等，2016）。

金融领域的大量研究采用 Heckman（1979）的二阶段模型对企业及并购时聘用的投行之间存在的选择偏差而产生的内生性进行了控制（如 Fang，2005；Golubov 等，2013），但是用此方法解决分析师跟踪选择和上市公司之间可能存在的内生性问题并不多见。借鉴以往研究（Golubov 等，2013；Hu 和 Han，2015），本书采用 Heckman（1979）二阶段模型对可能存在的自选择问题进行控制。具体来说，在第一阶段将是否跟踪公司的决策（Follow）作为因变量，将可能影响分析师跟踪决策的公司层面的特征变量作为自变量进行 Probit 回归。根据 Li 和 Prabhala（2007），在第一步回归中应放入可能会影响分析师跟踪决策的变量但同时不会影响主模型因变量（Fraud）的影响因素变量。借鉴以往关于分析师关注的研究（Yu，2008；李丹蒙等，2015）以及结合我国特有的资本市场情境，本书选择"是否为沪深 300 股"作为影响分析师是否跟踪上市公司的外生变量。沪深 300 股份是由上海和深圳证券交易所以 2004 年 12 月 31 日为基准日，选取具有市场代表性的 300 只 A 股。两所于 2005 年 4 月 8 日联合发布的沪深 300 指数基本涵盖了中国资本市场 60% 的市值，是衡量相关金融衍生品的重要标准。作为该指数成分股的上市公司会受到更多投资者的关注，而分析师的关注也会因此相应增加。同时，是否为沪深 300 股并不会影响企业财务报告舞弊发生的概率，因此本书设置哑变量 $HS300$ 代表"是否为沪深 300 股"，作为影响分析师跟踪决策的外生变量，其值为 1 代表该公司属于沪深 300 股之一，否则为 0。第一阶段回归如式（5.11）所示：

$$Follow_i = Z_i'\delta + \varepsilon_i \qquad (5.11)$$

其中，Z_i' 为可能影响分析师是否跟踪上市公司决策的公司特征变量，包括公司是否为沪深 300 指数成分股、盈余管理水平、机构持股比、公司规模、资产负债水平、盈利能力、会计弹性、净资产利润率等。由于 $Follow$ 是一个二元变量，那么：

$$Follow_i = 1, \; iff \; Z_i'\delta + \varepsilon_i > 0;$$
$$Follow_i = 0, \; iff \; Z_i'\delta + \varepsilon_i \leq 0 \qquad (5.12)$$

当 μ 和 ε 相关时，那么式（5.10）的结果就存在偏误。将式（5.10）表达为式（5.13）：

$$y_i = X_i'\beta + \omega\frac{\varphi(Z_i'\delta)}{\Phi(Z_i'\delta)}Follow_i -$$
$$\omega\frac{-\varphi(Z_i'\delta)}{1-\Phi(Z_i'\delta)}(1-Follow_i) + v_i \qquad (5.13)$$

其中，φ 函数和 Φ 函数分别是标准正态概率密度函数和累计分布函数。这里，式（5.13）可被认为是无偏的。系数 ω 决定了分析师是否跟踪（$Follow$）对公司财务报告舞弊（$Fraud$）发生概率的影响。在分析师是否跟踪上市公司的两种情况中，如考虑其他因素对于因变量 y（即 $Fraud$）的影响，式（5.13）则可以表达为式（5.14）和式（5.15）：

$$y_{1i} = X_i'\beta_1 + \mu_{1i} \qquad (5.14)$$
$$y_{2i} = X_i'\beta_2 + \mu_{2i} \qquad (5.15)$$

式（5.14）表示当分析师选择跟踪时的情况，式（5.15）表示没有分析师跟踪时的情况，我们可以得到结果如式（5.16）所示：

$$y_i = y_{1i}, \; iff\; Follow_i = 1; \; y_i = y_{2i}, \; iff\; Follow_i = 0 \quad (5.16)$$

如果允许选择偏差和回归等式（即 ε_i 和 μ_{1i}、μ_{2i}）存在相关性，那么可以为内生性建立模型。这表示，影响分析师是否跟踪上市公司决策的不可见因素干扰了主模型的因变量，因此得到如式（5.17）所示的非对角的协方差矩阵[①]：

$$cov(\mu_{1i}, \mu_{2i}, \varepsilon_i) = \begin{pmatrix} \sigma_{11} & \sigma_{12} & \sigma_{1\varepsilon} \\ \sigma_{21} & \sigma_{22} & \sigma_{2\varepsilon} \\ \sigma_{1\varepsilon} & \sigma_{2\varepsilon} & 1 \end{pmatrix} \quad (5.17)$$

由式（5.11）不能同时得到式（5.14）和式（5.15）的结果，因此 y_i 就变成了一个条件性变量，且无法得到均值为 0 的残差。但如果在上述两个等式中分别加入解释变量 $\dfrac{\varphi(Z_i'\delta)}{\Phi(Z_i'\delta)}$ 和 $\dfrac{-\varphi(Z_i'\delta)}{1-\Phi(Z_i'\delta)}$，那么则能够得到无偏的估计结果。这两个解释变量即 Heckman（1979）第二步模型所需的逆米尔斯比率（Inverse Mills Ratio，下文简写为 IMR）。

以上两个阶段的回归结果在表 5.10 中列示。列（1）报告的是一阶段的回归结果，其中是否为沪深 300 指数成分股（*HS300*）与分析师跟踪上市公司的可能性（*Follow*）显著正相关（z 统计量为 12.01），说明当上市公司是沪深 300 指数成分股时，分析师对其关注的可能性更大。在其他方面，当上市公司的应计（真实）盈余水平越高（低）[②]、公司规模（*SIZE*）越大、发展能力（*BTM*）越高、负债水平（*LEV*）越低、盈利能力（*ROE*、*Growth*）越强，有会计弹性（*NOA*）时，分

[①] 参见 W. H. Greene, "Sample Selection Bias as a Specification Error: A Comment", *Econometrica: Journal of the Econometric Society*, Vol. 49, No. 3, 1981, pp. 795 – 798。

[②] 关于此问题的具体讨论参见 Weijia Hu, and Philipp Schaberl, "Analyst Coverage and Earnings Management: A Role of Regional Development Disparity", Paper Presented at 2017 American Accounting Association International Accounting Section Mid-Year Conference, Tampa, Florida, Jan 21 – 23, 2017.

析师对上市公司关注的可能性越大。同时,准 R^2(Pseudo R^2)值说明,当前模型能够在27.94%的程度上解释分析师是否跟踪公司的决策。如上述讨论所示,根据一阶段的回归结果,计算 IMR 值,然后作为新变量带入二阶段回归模型。总样本回归结果在列(2)中报告。回归结果显示,内生性控制系数(即 IMR 系数)在1%的水平上与因变量呈负相关关系。因此可以认为,分析师的跟踪决策(Follow)与上市公司的特征变量(如 HS300 等)显著相关,并以此影响了财务报告舞弊被发现的可能性(Fraud)。尽管此部分证实了原模型自选择问题的存在,但结论与主模型回归结果一致,因此前文假设依然成立。

此外,根据公司所有权性质及外部审计师的特征,本书将二阶段模型按照是否为国有/地方企业(SOE)、是否聘请四大会计师事务所(Big4)分为四个子样本再次进行回归,结果在表5.10的列(3)至列(6)中报告。结果显示,IMR 的系数在国有/地方企业的样本[列(3)]和被四大会计师事务所审计的样本[列(5)]回归结果中并不显著,说明前文(表5.6)中关于这类上市公司的结果是无偏的。另外,IMR 与因变量在非国有/地方企业和非四大会计师事务所审计的子样本中均与因变量显著负相关。因此可以认为,上市公司的财务特征等显著影响了分析师的跟踪行为,而分析师的跟踪会显著降低非国有/地方企业以及非四大会计师事务所审计的上市公司财务报告舞弊的可能性。

表5.10　　　　　　　Heckman 二阶段模型回归结果

一阶段		二阶段				
因变量 = Follow		因变量 = Fraud				
(1)		(2) 全样本	(3) SOE = 1	(4) SOE = 0	(5) Big4 = 1	(6) Big4 = 0
HS300	0.699*** (12.01)	—	—	—	—	—
DA	1.640*** (13.35)	-0.122 (-0.60)	1.941* (1.72)	-0.216 (-1.05)	-5.871** (-2.16)	-0.097 (-0.48)

续表

	一阶段	二阶段				
	因变量 = Follow	因变量 = Fraud				
	(1)	(2)全样本	(3)SOE=1	(4)SOE=0	(5)Big4=1	(6)Big4=0
RM	−0.486*** (−9.49)	0.219*** (2.62)	−0.224 (−0.63)	0.245*** (2.74)	−0.334 (−0.69)	0.239*** (2.73)
InsHold	−0.000 (−0.77)	−0.007*** (−7.53)	−0.001 (−0.24)	−0.005*** (−5.59)	−0.006 (−1.12)	−0.005*** (−5.51)
SIZE	0.354*** (24.27)	−0.097*** (−3.68)	−0.385*** (−3.46)	−0.121*** (−5.28)	−0.475*** (−2.65)	−0.128*** (−5.58)
BTM	−0.171** (−2.36)	−0.068 (−0.50)	0.471 (0.93)	−0.155 (−1.36)	1.258 (0.95)	−0.141 (−1.25)
Age	−0.032*** (−14.63)	−0.009** (−2.08)	−0.008 (−0.23)	−0.007** (−2.00)	−0.128*** (−3.66)	−0.006* (−1.65)
LEV	−0.806*** (−11.28)	0.405*** (3.10)	0.982** (2.01)	0.354*** (2.96)	2.320*** (2.58)	0.361*** (3.08)
Growth	0.137*** (7.87)	−0.025 (−0.81)	−0.107 (−1.00)	−0.019 (−0.63)	−1.224*** (−2.58)	−0.020 (−0.69)
NOA	−0.357*** (−5.92)	−0.062 (−0.53)	−0.320 (−0.59)	−0.042 (−0.43)	2.718*** (3.59)	−0.075 (−0.76)
ROE	0.691*** (12.05)	−0.400*** (−4.99)	−0.269 (−0.75)	−0.348*** (−4.37)	−0.137 (−0.25)	−0.335*** (−4.27)
TobinQ	−0.006 (−0.73)	−0.006 (−0.50)	−0.021 (−0.35)	−0.021* (−1.85)	−0.013 (−0.04)	−0.019* (−1.70)
Inverse Mills Ratio	—	−0.076*** (−2.83)	0.008 (0.07)	−0.099*** (−4.11)	−0.286 (−1.63)	−0.091*** (−3.82)
Constant	−6.079*** (−20.45)	0.487 (0.93)	5.871** (2.40)	1.124** (2.36)	8.019** (2.03)	1.230*** (2.60)
N	16888	16888	760	16061	1029	15792
Pseudo R^2	0.279	0.088	0.118	0.049	0.332	0.042
Chi^2	5524.45	496.8	39.83	263.0	42.20	239.5

注：***、**及*分别代表1%、5%和10%的显著水平。括号内为已经过怀特异方差修正的z值且所有回归系数的标准差都在公司层面上进行了聚类处理。

二 超额关注度

借鉴以往研究（李丹蒙等，2015；Sun 和 Lin，2016），分析师的跟踪决策与上市公司层面特征相关，传统的替代变量可能存在内生性而使回归结果存在偏差。本书采用 Yu（2008）的模型，以分析师的跟踪数值作为因变量（$Raw\_Analyst$）、以上市公司主要财务特征作为自变量进行最小二乘回归，求得残值代入主模型回归，如式（5.18）和式（5.19）所示：

$$Raw\_Analyst_{i,t} = \beta_0 + \sum_{k=0}^{k} \beta_{k+1} \times Controls_k + Industryeffect + Yeareffect + Re\_Analyst_{i,t} \quad (5.18)$$

$$Y_{i,t} = \alpha_0 + \alpha_1 \times Re\_Analyst_{i,t-1} + \sum_{k=1}^{k} \alpha_{k+1} \times Controls_k + Locationeffect + Industryeffect + Yeareffect + \varepsilon_{i,t} \quad (5.19)$$

其中，$Raw\_Analyst$ 指关注公司 i 的分析师跟踪人数原值；式（5.19）中的因变量 Y 指代前文主模型中的三个二元被解释变量，即 $Fraud$、$Disposal$ 和 $Restatement$；$Controls$ 指代公司 i 在 t 期的财务特征，包括市值的自然对数、销售增长率、资产负债率等，并同时控制了行业和年度效应；$Re\_Analyst$ 为 OLS 回归残值，即分析师对公司 i 在 t 期的超额关注度。本部分主要报告的是式（5.19）的结果，在表 5.11 中列示。结果显示，主要解释变量 $Re\_Analyst$ 与上市公司的财务报告舞弊发生的概率和受到监管部门的违规公告概率均在 1% 的水平上显著负相关（z 统计量为 -3.21、-2.87），与上市公司的财务报告是否重述在 5% 的水平上显著负相关。以上结果说明，当分析师关注程度越高时，上市公司进行财务报告舞弊的概率越低，监管部门对其发布违规公告的概率越低，上市公司对财务报告进行修正或补充的概率越低。

表 5.11　分析师超额关注与财务报告舞弊和重述的回归结果

变量	因变量=Fraud 系数	z值	因变量=Disposal 系数	z值	因变量=Restatement 系数	z值
$Re\_Analyst_{t-1}$	-0.065***	(-3.21)	-0.029***	(-2.87)	-0.031**	(-2.16)
DA	0.100	(0.17)	0.058	(0.16)	0.296	(0.47)
RM	0.384	(1.64)	-0.101	(-0.68)	0.010	(0.04)
InsHold	-0.013***	(-4.45)	-0.010***	(-5.59)	-0.004	(-1.38)
SIZE	-0.204**	(-2.11)	-0.117**	(-2.33)	0.037	(0.50)
BTM	-0.391	(-1.06)	-0.992***	(-3.70)	-0.403	(-0.96)
Age	-0.007	(-0.43)	-0.003	(-0.36)	0.002	(0.17)
LEV	0.718	(1.56)	1.377***	(5.50)	1.066**	(2.52)
Growth	-0.066	(-1.00)	-0.062	(-1.28)	0.074	(0.93)
NOA	-0.289	(-0.75)	-0.103	(-0.48)	-0.010	(-0.03)
ROE	-1.009***	(-5.08)	-0.470***	(-3.30)	-0.220	(-0.77)
TobinQ	-0.001	(-0.02)	0.022	(1.08)	0.005	(0.12)
Big4	-0.957**	(-2.10)	-0.414*	(-1.88)	-0.727**	(-2.23)
SOE	-0.370	(-1.01)	-0.260	(-1.32)	-0.651*	(-1.96)
Constant	1.580	(0.81)	-0.230	(-0.23)	-5.177***	(-3.29)
地域效应	控制		控制		控制	
年度效应	控制		控制		控制	
行业效应	控制		控制		控制	
N	16888		16888		12545	
Pseudo R^2	0.114		0.071		0.063	
Chi^2	445.0		561.0		226.7	

注：***、**及*分别代表1%、5%和10%的显著水平。括号内为已经过怀特异方差修正的z值且所有回归系数的标准差都在公司层面上进行了聚类处理。

第四节　本章小结

作为资本市场的信息中介，证券分析师在管理层与投资者的信息传递过程中扮演了非常重要的角色（Healy 和 Palepu，2001）。我国资本市场现阶段处于快速发展及上升期，相比计划经济时期，企业逐步从政府的依赖转为对市场的依赖，但同时伴随着较低水平的投资者保护（Allen等，2005）、影响水平较低的外部审计监督机制及媒体披露。在这样的制度环境下，分析师对上市公司财务报告舞弊是否起到了积极的抑制作用是当前重点关注的问题。

与重大错报相关的文献中，最常用的两个替代变量是财务报告重述和财务舞弊违规公告（Defond和Zhang，2014）。财务报告重述指对前期发布的财务报表中的重大错误进行修正或信息补充，并且在审计领域中被广泛地使用（Kinney等，2004；Archambeault等，2008；Chin和Chi，2009）。财务报告的重述和舞弊违规公告从直接性和重大性来说，都是衡量财务报告重大错报风险的有效变量。通过实证检验，证实了前文的假设H4.1和假设H4.2，即分析师关注和上市公司财务报告舞弊行为/财务报告重述行为发生的概率显著负相关。在一系列的稳健性检验之后，本章结论依然成立。

第六章　证券分析师关注对盈余管理信息风险影响的实证检验

第一节　样本选取与研究设计

一　数据来源

本书搜集了2004—2014年的分析师跟踪数据并选取中国沪深A股上市公司2005—2015年的财务报表数据作为研究对象。初始样本包含2996个上市公司。之后按照如下具体步骤进行剔除：剔除58个金融保险类、租赁公司；剔除531个创业板上市公司；剔除165个已退市公司。剩余样本中包含2242个上市公司及22137个公司—年度观测值。删除财务数据中显著缺失的样本及分析师跟踪数据缺失的样本值后，最终得到2005—2015年的16888个公司—年度观测值。按照中国证监会2001年版的《上市公司行业分类指引》的一级代码对行业的划分，研究样本的行业—年度分布如表6.1所示。但在数据分析时，对于制造业，按照研究惯例细分至二级代码，因此样本观测值所处行业共涉及19个。上述相关的上市公司财务报告数据和违规数据来自国泰安CSMAR数据库；分析师相关数据来自万得Wind金融数据库。本书应用STATA 13.0软件对数据进行处理。

表6.1　　　　　　　　　　样本行业及年度分布

行业	2005	2006	2007	2008	2009	2010	2011	2012	2013	2014	2015	合计
A	16	18	19	22	23	23	26	31	31	33	33	275
B	42	46	41	44	54	58	57	61	63	64	63	593
C0	57	57	57	59	64	63	68	76	85	85	81	752
C1	25	30	30	36	39	40	43	52	57	62	60	474
C3	15	18	18	22	23	26	29	32	38	37	32	290
C4	109	119	114	131	139	147	149	182	198	195	195	1678
C5	46	48	46	53	66	69	71	90	95	93	98	775
C6	99	106	103	115	126	128	135	157	173	175	167	1484
C7	161	181	177	195	223	235	261	319	357	365	358	2832
C8	67	78	76	82	83	87	90	105	108	112	107	995
D	71	77	77	78	80	78	82	84	85	84	82	878
E	26	29	28	34	39	37	44	52	59	59	59	466
F	53	54	54	59	63	63	66	72	73	75	72	704
G	62	68	64	73	82	85	99	124	128	124	125	1034
H	105	108	106	110	113	113	117	124	131	128	127	1282
J	110	108	96	111	118	120	125	127	125	122	121	1283
K	42	40	44	48	56	56	56	63	63	60	60	588
L	21	20	17	20	22	21	25	26	29	30	30	261
M	22	23	22	23	24	23	21	21	23	22	20	244
合计	1149	1228	1189	1315	1437	1472	1564	1798	1921	1925	1890	16888

注：行业划分按照中国证监会《上市公司行业分类指引》（2001）的一级代码，但对于制造业，按照研究惯例细分至二级代码，样本所处行业共涉及19个。各代码含义如下：A：农、林、牧、渔业；B：采掘业；C0：食品、饮料；C1：纺织、服装、皮毛；C3：造纸、印刷；C4：石油、化学、塑胶、塑料；C5：电子；C6：金属、非金属；C7：机械、设备、仪表；C8：医药、生物制品；D：电力、煤气及水的生产和供应业；E：建筑业；F：交通运输、仓储业；G：信息技术业；H：批发和零售贸易；J：房地产业；K：社会服务业；L：传播与文化产业；M：综合类。

二 变量定义

（一）被解释变量

Francis 等（2005）发现以往的盈余管理模型并不能区分上市公司

管理层的应计盈余操纵行为，即低水平的盈余质量是来自公司自身经营模型或经营环境所带来的基本面信息风险，还是由于可操控应计利润产生的（如管理层的会计政策、执行决策及管理上的错误）。Guay 等（1996）认为上市公司的管理层对应计利润进行操纵，绝大部分是为了减少资本市场与投资者之间的信息不对称，而非只是机会主义行为。但 Francis 等（2005）认为如果是为了减少信息不对称，即降低不可分散风险（Undiversified Risk），那么无法解释已有文献中大量关于可操控盈余增加上市公司机会主义市场收益的证据。因此借鉴以往文献，本章通过将盈余管理信息风险和基本面信息风险区分开，用盈余管理信息风险替代重大错报风险，再针对分析师关注是否对其产生影响进行实证检验。借鉴曾雪云、陆正飞（2016），本书认为业绩波动中包含了盈余管理信息风险和基本面信息风险。首先，建立公司层面的固定效应回归模型如式（6.1）所示：

$$IncomeSD_{i,t} = \beta_1 \times DA_{i,t} + \sum_{k=1}^{k} \beta_{k+1} \times Controls_k + \varepsilon_{i,t} \quad (6.1)$$

其中，$IncomeSD_{i,t}$ 是公司 i 近五年 $[t-2, t+2]$ 净利润波动的标准差；$DA_{i,t}$ 为公司 i 在 t 期的应计盈余管理，用 Ali 和 Zhang（2015）的联合模型计算；$Controls$ 为公司 i 的其他财务及公司治理特征变量，包括公司规模（$SIZE$）、账面市值比（BTM）、上市年限（Age）、会计弹性（NOA）、销售增长率（$Growth$）、净资产利润率（ROE）、资产负债率（LEV）、托宾 Q 值（$TobinQ$）、是否聘用国际四大会计师事务所（$Big4$）、是否为国有/地方企业（SOE）等。

接下来，设置变量 $DiscAQ$ 表示盈余管理信息风险，其值为模型（6.1）回归结果的估计系数 β_1 与 DA 的乘积；设置变量 $InnateAQ$ 代表公司基本面的信息风险，其值为 $IncomeSD$ 与 $DiscAQ$ 之差。$DiscAQ$ 和 $InnateAQ$ 为本章后文实证的主要因变量。

（二）解释变量

与以往研究类似（Fang 等，2014；周冬华与赵玉洁，2015；Chen 等，2016），本书采用三种方式来度量分析师关注程度：①将分析师的跟踪人数作为分析师关注的衡量，在通常情况下，同一家券商针对某一公司进行盈余预测的分析师从属于同一团队（李春涛等，2014；李丹蒙等，2015），因此在这里选取对上市公司给定年度内进行跟踪并作出盈余预测的机构数作为分析师的跟踪数。对于没有给出盈余预测信息的上市公司，则认为给定年度没有分析师跟踪（Yu，2008；Chen等，2015）。同时，本书在设计该变量时考虑到了可能存在的内生性，举例来说，分析师跟踪决策与上市公司的盈余管理行为之间可能存在互相影响的因素（Bushman等，2005）。因此，本书在该变量的计算中选择了滞后一期的分析师跟踪人数，将原数值加1并取自然对数（Degeorge等，2013），即 Ln（$Analyst_{t-1}$+1）。②将分析师在特定的日历年度内发表的针对相应滞后一期财年的盈余预测报告数量作为分析师关注的度量方式，取报告数加1的自然对数并设置为连续变量 Ln（$Report_{t-1}$+1）。③设计虚拟变量 $Follow_{t-1}$，若上市公司滞后一期的分析师跟踪人数大于或等于1，则 $Follow_{t-1}$ 为1，否则为0。

（三）控制变量

本书借鉴以往有关分析师关注和重大错报风险的相关文献选取控制变量。借鉴邱学文与吴群（2010）、李丹蒙等（2015），本书使用期初总资产的自然对数衡量公司规模，并使用资产负债率、上市年龄等控制其他财务特征；为衡量公司的营运能力，本书使用账面市值比、销售增长率、会计弹性（Barton 和 Simko，2002）、净资产利润率及托宾Q值作为衡量变量；为衡量公司层面的治理特征，本书使用机构持股比、"是否为国有/地方企业"、"外部审计师是否是四大会计师事务所"等变量来控制。同时，通过设计哑变量对年度和行业进行控制。为控制样本中极端值对回归结果的影响，本书对所有连续型变量均进行了上下1%的 Winsorize 处理。具体变量设计及定义如表6.2所示。

表 6.2　　　　　　　　　　变量定义

变量名称	变量符号	变量定义
业绩波动	IncomeSD	t 期近 5 年净利润标准差
盈余管理信息风险	DiscAQ	参考曾雪云、陆正飞（2016）
基本面信息风险	InnateAQ	IncomeSD 与 DiscAQ 之差
分析师关注度	Ln（Analyst+1）	（滞后一期的盈余预测机构数+1）的自然对数
	Ln（Reports+1）	（滞后一期的盈余预测报告数量+1）的自然对数
	Follow	分析师跟踪为 1，否则为 0
机构持股比	InsHold	机构持股合计/总股数
企业规模	SIZE	期初总资产的自然对数
企业成长性	BTM	账面价值/股东权益的市场价值
上市年龄	Age	研究年度与上市年度之差
企业偿债能力	LEV	总负债/总资产
盈利能力	Growth	销售增长率（%）
会计弹性	NOA	净营运资产/营业收入
净资产收益率	ROE	净利润/股东权益余额
企业价值	TobinQ	市值/重置成本
外部审计师	Big4	被四大会计师事务所审计为 1，否则为 0
企业性质	SOE	国企/地方企业为 1，否则为 0
地域控制变量	Location	哑变量
行业控制变量	Industry	哑变量
年度控制变量	Year	哑变量

三　模型设计

为验证假设 H4.3 中分析师关注与上市公司盈余管理信息风险的关系，本书构建模型（6.2）与模型（6.3）对其进行检验：

$$DiscAQ_{i,t} = \alpha_1 \times Analyst_{i,t-1} + \sum_{k=1}^{k} \alpha_{k+1} \times Controls_k + Locationeffect + Industryeffect + Yeareffect + \varepsilon_{i,t} \quad (6.2)$$

$$InnateAQ_{i,t} = \alpha_1 \times Analyst_{i,t-1} + \sum_{k=1}^{k} \alpha_{k+1} \times Controls_k + Locationeffect +$$
$$Industryeffect + Yeareffect + \varepsilon_{i,t} \quad (6.3)$$

其中，$DiscAQ_{i,t}$ 为上市公司 i 在 t 期前后近五年的盈余管理信息风险，$InnateAQ_{i,t}$ 为上市公司 i 在 t 期近五年的基本面信息风险；两个模型的解释变量相同，其中 $Analyst_{i,t-1}$ 代表三个不同层面的分析师关注衡量方式，包括分析师跟踪人数（即发布盈余预测的机构数）加 1 的自然对数 [Ln（$Analyst_{t-1}$ + 1）]、分析师发布盈余预测报告数量加 1 的自然对数 [Ln（$Reports_{t-1}$ + 1）]、上市公司 i 是否被分析师跟踪的虚拟变量（$Follow_{t-1}$），由于因果方向的考虑，以上均为滞后一期变量（Degeorge 等，2013）；$Controls_k$ 为公司层面的特征变量；且模型同时控制了地域（Location）、行业（Industry）、年度（Year）等效应。ε 为回归模型残值。此外，由于不同地区（省份）的公司—年度的观测值样本量具有很大差异，回归结果可能会由于北京、上海等发达城市样本数较大而产生异方差。因此借鉴 Degeorge 等（2013），本书在进行多项回归时采取加权最小二乘法（Weighted Least Squares，下文简称 WLS）。在 WLS 的方法下，每个公司—年度观测值均被赋予一个与公司所在地区样本规模互为倒数的权重。同时，将标准差聚集在公司层面并进行怀特检验，进一步减少了异方差的影响。

第二节 实证结果

一 描述性统计

表 6.3 中对所有变量的描述性统计特征进行了列示。业绩波动（IncomeSD）的均值为 0.442，最小值为 0，中值为 0.283，最大值为 12.154，说明样本公司近五年业绩波动的差距较大。盈余管理信息风险（DiscAQ）的最小值为 -0.032，最大值为 0.022，说明研究样本公司的管理层对于盈余管理操纵存在双向调整。公司基本面信息风险的

衡量变量（InnateAQ）的均值为 0.445，最小值为 -0.022，中值为 0.287，最大值为 12.158，说明样本公司间基本面信息风险差异较大，相对来说要小于盈余管理信息风险。分析师跟踪的平均人数为 4.382，其中最小值为 0，中值为 2，最大值为 24，标准差为 5.679，说明分析师关注程度在样本公司间差距较大。同样，发布报告数变量均值为 1.533，说明样本公司平均被发布盈余预测报告的数量为 3.64 篇（$e^{1.533} - 1 \approx 3.64$）；$Follow_{t-1}$ 的统计特征显示有 72.1% 的样本公司被分析师跟踪。机构持股比的均值为 34.6%，最小值为 0，中值为 33.4%，最大值高达 86.9%。公司规模为期初总资产的自然对数，均值为 21.756，最小值为 18.977，最大值为 25.513，标准差为 1.259，说明样本公司的规模差距明显。在其他变量方面，例如盈利能力（Growth）均值为 0.199，而最小值为 -0.703，最大值为 4.65，标准差为 0.628，表明样本公司的销售增长率之间也存在显著差异；负债水平的均值为 0.507，最小值、中值和最大值分别为 0.07、0.508 和 1.3，标准差为 0.222，与其他变量相比，属于差异较小的公司特征之一；会计弹性（NOA）均值为 0.12，中值和最大值分别为 0.123 和 0.695，说明大部分公司具有一定的应计盈余操纵空间。此外，平均 6.5% 的样本公司是由四大会计师事务所进行外部审计的；4.9% 的研究样本为国有、地方企业。

表 6.3　　　　　　　　变量描述性统计示意

变量	观测数 (N)	均值	最小值	25 分位数	中值	75 分位数	最大值	标准差
IncomeSD	16888	0.442	0	0.163	0.283	0.485	12.154	0.667
DiscAQ	16888	-0.002	-0.032	-0.007	-0.002	0.003	0.022	0.009
InnateAQ	16888	0.445	-0.022	0.166	0.287	0.487	12.158	0.666
$Analyst_{t-1}$	16888	4.382	0	0	2.000	6.000	24.000	5.679
Ln ($Analyst_{t-1}$ +1)	16888	1.186	0	0	1.099	1.946	3.219	0.993
Ln ($Reports_{t-1}$ +1)	16888	1.533	0	0	1.386	2.708	4.477	1.393

续表

变量	观测数(N)	均值	最小值	25分位数	中值	75分位数	最大值	标准差
$Follow_{t-1}$	16888	0.721	0	0	1	1	1	0.449
DA	16888	0.026	-0.257	-0.033	0.019	0.079	0.368	0.104
RM	16888	-0.041	-0.840	-0.149	-0.038	0.074	0.746	0.238
$InsHold$	16888	0.346	0	0.117	0.334	0.545	0.869	0.249
$SIZE$	16888	21.756	18.977	20.893	21.631	22.466	25.513	1.259
BTM	16888	0.560	0.080	0.354	0.542	0.758	1.129	0.259
Age	16888	15.751	4.000	12.000	17.000	20.000	24.000	5.356
LEV	16888	0.507	0.070	0.349	0.508	0.653	1.300	0.222
$Growth$	16888	0.199	-0.703	-0.043	0.103	0.269	4.650	0.628
NOA	16888	0.120	-0.741	-0.046	0.123	0.304	0.695	0.264
ROE	16888	0.056	-1.098	0.023	0.066	0.119	0.736	0.191
$TobinQ$	16888	2.125	0.216	0.787	1.437	2.562	13.417	2.211
$Big4$	16888	0.065	0	0	0	0	1	0.246
SOE	16888	0.049	0	0	0	0	1	0.216

表6.4报告了主要变量的相关系数，表中列示的是变量之间的Pearson系数。相关系数表显示，分析师关注度 [$Ln(Analyst_{t-1}+1)$] 与因变量盈余管理信息风险（$DiscAQ$）和基本面信息风险（$InnateAQ$）均为负相关关系，初步验证了前文假设。机构持股比（$InsHold$）与财务报告舞弊（$Fraud$）之间的系数为负，说明机构持股比例较高的公司，因财务报表舞弊处罚的可能性较低，因而存在更低的财务报告重大错报风险。在其他变量方面，公司规模（$SIZE$）、账面市值比（BTM）及净资产收益率（ROE）均与因变量显著负相关，说明公司规模越大、市值越低于账面值、公司成长能力越高，上市公司财务报告舞弊行为发生的可能性越低；资产负债率（LEV）、会计操控空间越大（NOA），发生财务报告舞弊和进行财务报表重述的可能性越高。同时，当上市公司的外部审计师为国际四大会计师事务所（$Big4$）时，其财务报表发生舞弊及重述的可能性低；当上市公司为国有/地方企业（SOE）时，其发生

表 6.4　主要变量相关性分析

	DiscAQ	InnateAQ	Ln($Analyst_{t-1}+1$)	InsHold	SIZE	BTM	Age
InnateAQ	0.088***	1.000					
Ln($Analyst_{t-1}+1$)	-0.219***	-0.166***	1.000				
InsHold	-0.112***	-0.108***	0.349***	1.000			
SIZE	-0.058***	-0.188***	0.462***	0.412***	1.000		
BTM	0.073***	-0.123***	0.042***	-0.043***	0.510***	1.000	
Age	0.101***	0.128***	-0.208***	-0.091***	-0.000	0.111***	1.000
LEV	0.099***	0.182***	-0.119***	-0.024**	0.214***	0.247***	0.262***
Growth	0.027***	0.152***	-0.006	0.005	-0.092***	-0.060***	0.017*
NOA	-0.315***	-0.137***	0.111***	0.081***	-0.085***	-0.164***	-0.247***
ROE	-0.182***	-0.0531***	0.225***	0.148***	0.065***	-0.100***	-0.036***
TobinQ	-0.026***	0.196***	-0.056***	0.009	-0.444***	-0.759***	-0.066***
Big4	-0.025**	-0.0543***	0.231***	0.169***	0.365***	0.141***	0.015
SOE	-0.013	0.0141	0.016*	0.014	0.050***	0.057***	0.215***

	LEV	Growth	NOA	ROE	TobinQ	Big4	
Growth	0.027***	1.000					
NOA	-0.647***	0.057***	1.000				
ROE	-0.094***	0.149***	0.154***	1.000			
TobinQ	-0.246***	0.055***	0.132***	0.088***	1.000		

续表

	LEV	Growth	NOA	ROE	TobinQ	Big4
Big4	0.026***	−0.015	−0.053***	0.051***	−0.090***	1.000
SOE	0.032***	−0.005	−0.021**	0.025**	−0.029***	0.015

注：表中列示了各变量之间的 Pearson 相关系数。***、**及*分别代表1%、5%和10%的显著水平。

财务报告重述的可能性低。考虑到多重共线性的问题，本书使用了Belsley等（1980）的共线性回归检验模型，发现各变量之间的关系在其所建议的安全范围内。同时，计算所得的解释变量的平均VIF值为1.67，且变量之间的相关系数绝对值均在0.76以下。以上均说明控制变量之间受到多重共线性问题的影响很小，因此可以进行多元回归分析。

二 多元回归结果

（一）分析师关注对盈余管理信息风险的影响

表6.5报告了分析师关注对盈余管理信息风险的影响。因变量为盈余管理信息风险（$DiscAQ$），解释变量分析师关注度分别为分析师跟踪人数[$Ln(Analyst_{t-1}+1)$]、分析师发布盈余预测报告数[$Ln(Reports_{t-1}+1)$]，以及虚拟变量是否被分析师关注（$Follow_{t-1}$），在控制公司层面特征变量后，进行了WLS多元回归。结果显示，分析师关注与上市公司财务报告中的两种信息风险均在1%的统计水平上显著负相关。这说明，当上市公司受分析师关注较高时，被跟踪的上市公司会计信息风险较低。结果在控制上市公司特征变量、所在地、行业及年度等效应之后，主要解释变量为分析师跟踪人数[$Ln(Analyst_{t-1}+1)$]的研究模型能够在19.8%的程度上解释上市公司的盈余管理信息风险。同时，结果发现，当上市公司为国有或地方所有企业（SOE）时，其会计信息风险较低；但是否聘用国际四大会计师事务所（$Big4$）为外部审计师对会计风险并没有影响。机构持股比（$InsHold$）与因变量（$DiscAQ$）也呈显著负相关关系，说明机构持股者对上市公司具有外部监督的作用（Chung等，2002）。净资产利润率（ROE）与因变量均在1%的统计水平上显著负相关，说明盈利能力较强的公司，其盈余管理信息风险较低（1%显著相关）。当分析师关注度（$Analyst_{t-1}$）分别用预测报告数[$Ln(Reports_{t-1}+1)$]和是否被分析师跟踪（$Follow_{t-1}$）来替代时，以上回归结论一致。

表 6.5　　　　　　　　分析师关注与盈余管理信息风险

变量	因变量 = $DiscAQ$					
	Ln($Analyst_{t-1}$+1)		Ln($Reports_{t-1}$+1)		$Follow_{t-1}$	
	系数	z值	系数	z值	系数	z值
$Analyst_{t-1}$	-0.002***	(-14.68)	-0.001***	(-13.51)	-0.002***	(-9.93)
$InsHold$	-0.000***	(-3.96)	-0.000***	(-4.14)	-0.000***	(-5.70)
$SIZE$	0.000*	(1.95)	0.000	(1.57)	-0.000**	(-2.50)
BTM	0.004***	(6.25)	0.004***	(6.30)	0.005***	(8.37)
Age	0.000	(0.33)	0.000	(0.43)	0.000	(1.52)
LEV	-0.009***	(-14.40)	-0.009***	(-14.10)	-0.009***	(-13.55)
$Growth$	0.001***	(4.08)	0.001***	(4.01)	0.001***	(3.84)
NOA	-0.014***	(-26.21)	-0.014***	(-26.19)	-0.014***	(-25.88)
ROE	-0.004***	(-8.79)	-0.004***	(-9.03)	-0.005***	(-9.53)
$TobinQ$	0.000***	(3.92)	0.000***	(3.70)	0.000***	(3.22)
$Big4$	0.000	(0.62)	0.000	(0.32)	0.000	(0.14)
SOE	-0.001***	(-3.74)	-0.002***	(-3.97)	-0.002***	(-4.07)
$Constant$	-0.004	(-1.58)	-0.004	(-1.45)	0.007***	(2.74)
地域效应	控制		控制		控制	
年度效应	控制		控制		控制	
行业效应	控制		控制		控制	
N	16888		16888		16888	
Adj R^2	0.198		0.198		0.187	
$F-statistic$	34.22		33.68		31.65	

注：***、**及*分别代表1%、5%和10%的显著水平。括号内为已经过怀特异方差修正的t值且所有回归系数的标准差都在公司层面上进行了聚类处理。

（二）分析师关注对基本面信息风险的影响

表 6.6 报告了当因变量为衡量基本面信息风险的连续变量（$InnateAQ$），自变量为三种分析师关注度的替代变量 [Ln($Analyst_{t-1}$+1)、Ln($Reports_{t-1}$+1)、$Follow_{t-1}$] 时，进行 WLS 多元回归的结果。与上部分实证结果类似，$Analyst_{t-1}$ 的三种表达方式均与因变量 $InnateAQ$ 在1%的统计水平上显著负相关（t统计量分别为-3.51、

-2.97和-2.81），说明当上市公司被分析师跟踪程度较大时，其基本面信息风险较低。同时，机构持股比与因变量在1%的程度上显著负相关，说明当机构持股比例越高时，上市公司在相应期间具有越低的基本面信息风险（1%显著水平）。此外，当上市公司规模越大、净资产利润率（ROE）越高时，上市公司基本面信息风险越低；当上市年限（Age）越长、负债率（LEV）越高、业绩增长（Growth）越快、托宾Q值（TobinQ）越高时，上市公司的基本信息风险越高。另外，当聘请四大会计师事务所（Big4）或为国有/地方所有企业（SOE）时，上市公司的基本面信息风险低。当分析师关注度（$Analyst_{t-1}$）分别用预测报告数[Ln（$Reports_{t-1}$+1）]和是否被分析师跟踪（$Follow_{t-1}$）来替代时，以上回归结果与之前报告的结果一致。

表6.6　　　　　　　分析师关注与基本面信息风险

变量	因变量 因变量=InnateAQ					
	Ln（$Analyst_{t-1}$+1）		Ln（$Reports_{t-1}$+1）		$Follow_{t-1}$	
	系数	t值	系数	t值	系数	t值
$Analyst_{t-1}$	-0.034***	(-3.51)	-0.023***	(-2.97)	-0.060***	(-2.81)
InsHold	-0.001***	(-4.29)	-0.001***	(-4.39)	-0.002***	(-4.69)
SIZE	-0.057***	(-4.51)	-0.059***	(-4.64)	-0.065***	(-6.23)
BTM	0.042	(0.53)	0.045	(0.57)	0.066	(0.84)
Age	0.006***	(3.68)	0.006***	(3.78)	0.006***	(3.76)
LEV	0.620***	(8.02)	0.627***	(8.15)	0.627***	(8.13)
Growth	0.130***	(6.07)	0.129***	(6.06)	0.129***	(6.01)
NOA	-0.056	(-0.94)	-0.055	(-0.93)	-0.053	(-0.89)
ROE	-0.172**	(-2.37)	-0.175**	(-2.41)	-0.178**	(-2.47)
TobinQ	0.078***	(6.38)	0.078***	(6.34)	0.077***	(6.29)
Big4	-0.047**	(2.24)	-0.045**	(2.16)	-0.042**	(2.04)
SOE	-0.159**	(2.08)	-0.157**	(2.05)	-0.158**	(2.06)
Constant	1.187***	(5.18)	1.221***	(5.20)	1.355***	(6.94)
地域效应	控制		控制		控制	

续表

变量	因变量 因变量 = InnateAQ						
	Ln（$Analyst_{t-1}+1$）		Ln（$Reports_{t-1}+1$）		$Follow_{t-1}$	
	系数	t值	系数	t值	系数	t值
年度效应	控制		控制		控制	
行业效应	控制		控制		控制	
N	16781		16781		16781	
Adj R^2	0.191		0.190		0.191	
F - statistic	16.74		15.88		15.37	

注：***、**及*分别代表1%、5%和10%的显著水平。括号内为已经过怀特异方差修正的t值且所有回归系数的标准差都在公司层面上进行了聚类处理。

第三节 稳健性检验

一 超额关注度

以往研究认为分析师倾向于关注公司规模较大的企业（Bhushan，1989），并且会避免那些被认为没有投资前景的公司（McNichols和O'Brien，1997）。借鉴以往研究（李丹蒙等，2015；Sun和Lin，2016），分析师的跟踪决策与上市公司层面特征相关，传统的替代变量可能存在内生性而使回归结果存在偏差。本书采用Yu（2008）的模型，以分析师的跟踪数值作为因变量（Raw_Analyst），其他公司层面特征作为自变量进行最小二乘回归，求得残值代入主模型回归，如模型（6.4）和模型（6.5）所示。

$$Raw\_Analyst_{i,t} = \beta_0 + \sum_{k=0}^{k}\beta_{k+1} \times Controls_k + Industryeffect + Yeareffect + Re\_Analyst_{i,t} \qquad (6.4)$$

$$Y_{i,t} = \alpha_1 \times Re\_Analyst_{i,t-1} + \sum_{k=1}^{k}\alpha_{k+1} \times Controls_k + Locationeffect + Industryeffect + Yeareffect + \varepsilon_{i,t} \qquad (6.5)$$

其中，模型（6.4）的被解释变量 $Raw\_Analyst_{i,t}$ 为在 t 年度关注公司 i 的分析师跟踪人数原值；模型（6.5）中的因变量 Y 指代前文主模型中的两个会计信息风险，即盈余管理信息风险（DiscAQ）和基本面信息风险（InnateAQ）；Controls 指代公司 i 在 t 期的各项特征，包括上市公司的机构持股比、公司规模、账面市值比、公司上市年限、资产负债率、销售增长率、会计弹性、资产净利润率、托宾Q值、是否聘用国际四大会计师事务所作为外部审计师、是否为国有/地方所有企业，并同时控制了行业和年度效应；$Re\_Analyst$ 为式（6.4）的 OLS 回归残值，即分析师对公司 i 在 t 期的超额关注度。表6.7 列示了当用超额分析师关注度来作为主要解释变量时的回归结果。结果显示，分析师超额关注（$Re\_Analyst$）与上市公司的盈余管理信息风险（DiscAQ）和基本面信息风险（InnateAQ）均呈显著的负相关关系，其中分别在1%和10%的水平上显著（t 统计量为 -7.54 和 -1.70）。这说明，分析师关注程度越高，上市公司的盈余管理信息风险越低、基本面信息越低。

表6.7　　分析师超额关注与会计信息风险的回归结果

变量	因变量 = Raw_Analyst 系数	t 值	因变量 = DiscAQ 系数	t 值	因变量 = InnateAQ 系数	t 值
Re_Analyst	—	—	-0.000***	(-7.54)	-0.005*	(-1.70)
InsHold	0.049***	(15.79)	-0.000***	(-4.17)	-0.002***	(-3.08)
SIZE	3.210***	(32.67)	-0.001***	(-3.39)	-0.076***	(-5.37)
BTM	-8.917***	(-22.36)	0.006***	(6.23)	0.075	(0.85)
Age	-0.167***	(-11.90)	0.000**	(2.22)	0.007***	(2.98)
LEV	-2.445***	(-6.28)	-0.008***	(-8.54)	0.632***	(5.49)
Growth	0.641***	(11.76)	0.001***	(3.40)	0.130***	(5.72)
NOA	0.429	(1.24)	-0.014***	(-16.32)	-0.073	(-0.99)
ROE	3.274***	(14.76)	-0.005***	(-9.52)	-0.193***	(-2.91)
TobinQ	0.224***	(7.49)	0.000**	(2.38)	0.077***	(3.50)
Big4	0.606	(1.50)	0.000	(0.42)	0.047	(1.31)
SOE	0.792**	(2.09)	-0.002**	(-2.45)	0.152	(0.75)

续表

变量	因变量 = Raw_Analyst		因变量 = DiscAQ		因变量 = InnateAQ	
	系数	t 值	系数	t 值	系数	t 值
Constant	-52.845***	(-27.04)	0.013***	(3.09)	1.523***	(4.49)
地域效应	—		控制		控制	
年度效应	控制		控制		控制	
行业效应	控制		控制		控制	
N	16888		16888		16888	
Adj R^2	0.488		0.195		0.191	
F - statistic	72.90		14.11		11.03	

注：***、**及*分别代表1%、5%和10%的显著水平。括号内为已经过怀特异方差修正的 t 值且所有回归系数的标准差都在公司层面上进行了聚类处理。

二 自然实验与安慰剂测试

为了进一步控制分析师关注的选择性偏差问题，本书借鉴以往文献（Irani 和 Oesch，2016；Chen 等，2015；李春涛等，2016），将券商关闭或合并（Merger - or - Closure）设为减少分析师跟踪人数的外生冲击事件，借用自然实验法对结果进行验证，通过双倍差分法（Difference - in - Difference，简称 DID）进一步地考察分析师对盈余管理信息风险的影响。由于券商的关闭或合并的事件导致部分分析师被解聘，当这种外生事件发生时，关注上市公司的分析师人数便会减少，但并不会影响研究的因变量。

第一步，本书首先根据 Wind 金融资讯数据库中机构对公司预测的数据，对 2004—2015 年的券商合并或关闭事件进行了手工搜集，并通过网络搜索对相关事件的发生进行确认，发现这一期间有 7 家券商从事件发生年度后的机构列表中消失，导致 290 家 A 股上市公司分析师关注人数的减少。[①] 其次，对于券商合并事件，本书将样本限制在

---

① 券商合并：上海证券、里昂证券、申银万国、宏源证券、民族证券、远东证券；券商关闭：巨田证券。

那些事件前受到合并事件其中一家券商的关注，并在事件后仍受到合并券商关注的样本。最后，本书的研究样本仍限制在 A 股非金融上市公司，且保证事件发生的前一期和后一期样本公司的财务数据可用。

第二步，将受到外生事件影响的样本公司用虚拟变量 Treat 代替，即 Treat 为 1 时代表上市公司的分析师关注由于券商合并或关闭事件而减少，否则为 0。本书使用 PSM 法为 Treat 样本公司寻找 1∶1 匹配样本，匹配因素为公司规模、销售增长率、资产收益率、负债率以及行业和年份。如图 6.1 和图 6.2 所示，通过 PSM 法的 1% 的卡钳匹配（Caliper Matching），找到 249 对实验—控制匹配样本公司。

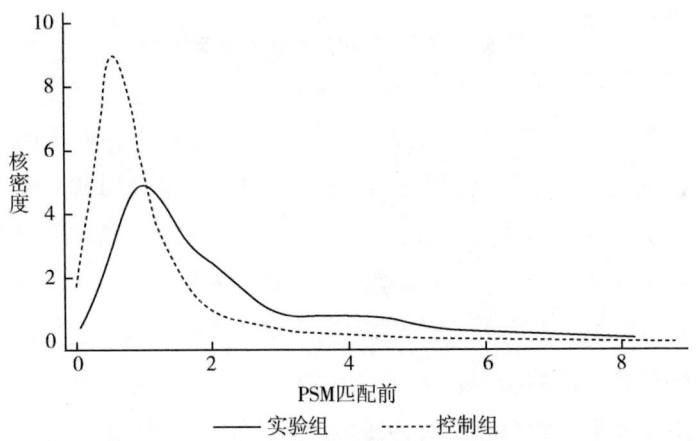

图 6.1　PSM 匹配前密度函数示意

第三步，设置虚拟变量 Post 控制事件前后的时间差别。Post 为 1 时为券商合并或关闭后（$t+1$ 期），Post 为 0 时为事件发生前（$t-1$ 期）。对除去 $t=0$ 期的观测值进行回归，模型如式（6.6）所示：

$$DiscAQ_{i,t} = \alpha_1 \times Treat_{i,t} + \alpha_2 \times Post_{i,t} + \alpha_2 \times Treat_{i,t} \times Post_{i,t} + \sum_{k=1}^{k} \alpha_{k+3} \times Controls_k + Industryeffect + \varepsilon_{i,t} \quad (6.6)$$

表 6.8 中列示了回归结果。其中，在第（1）列，Treat 与 Post 的

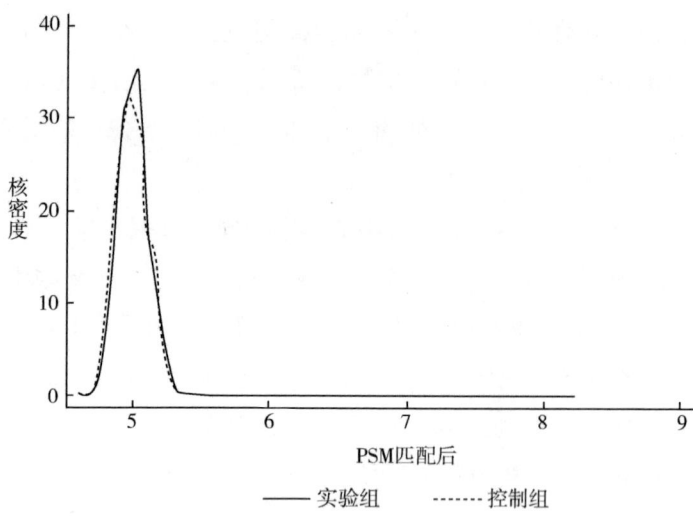

图 6.2　PSM 匹配后密度函数示意

交乘项系数为正且在 1% 的程度上统计显著,说明当券商关闭或合并等外生冲击减少了上市公司的分析师关注时,上市公司的盈余管理信息风险升高,这说明了前文分析师关注与盈余管理信息风险负相关的结论。在表 6.8 的第(2)列至第(4)列,本书设计了安慰剂测试,分析 Treat 样本公司在券商合并或退出当年、提前一年、延后一年,其盈余管理信息风险的情况。其中,在第(2)列的结果中,可以发现当外生事件冲击导致分析师关注减少时,Post 的系数显著为正(t 统计量为 2.41),说明分析师关注的减少导致盈余管理信息风险的明显提高。在第(3)列的结果中,外部事件导致分析师减少的前一年,上市公司的盈余管理信息风险并没有显著变化,符合本书的安慰剂测试预期。但在第(4)列延后一年的结果中,即分析师关注减少后的 $t+1$ 期,上市公司的盈余管理信息风险显著地降低了,本书认为这是由分析师前期的关注提高了上市公司会计信息的整体披露质量导致的。总体来说,本节的稳健性检验支持了前文假设。

表 6.8　券商合并或关闭对盈余管理信息风险影响的 DID 检验与安慰剂测试

变量	DID 回归 (1) 系数	t值	外生事件当年 (2) 系数	t值	提前一年 (3) $t-1$ 期 系数	t值	延后一年 (4) $t+1$ 期 系数	t值
Treat	−0.004	(−1.41)	—	—	—	—	−0.008*	(−1.87)
Post	0.002	(1.51)	0.003**	(2.41)	0.005	(1.41)	—	—
Treat × Post	0.120***	(3.26)	—	—	—	—	—	—
InsHold	0.000***	(3.80)	0.000***	(3.68)	0.000***	(3.45)	0.000***	(2.66)
SIZE	−0.004***	(−2.61)	−0.004***	(−2.79)	−0.003*	(−1.92)	−0.005***	(−2.65)
BTM	−0.022***	(−2.69)	−0.021**	(−2.53)	−0.038***	(−3.04)	−0.014	(−1.46)
Age	0.000	(0.26)	0.000	(0.39)	0.000	(0.41)	−0.000	(−0.12)
LEV	0.027***	(3.49)	0.027***	(3.40)	0.043***	(4.36)	0.012	(1.30)
Growth	0.003	(1.02)	0.002	(0.84)	0.000	(0.03)	0.003	(0.85)
NOA	0.028***	(4.17)	0.028***	(4.06)	0.031***	(3.83)	0.025***	(2.85)
ROE	0.027***	(3.57)	0.026***	(3.51)	0.019***	(2.65)	0.038***	(2.73)
TobinQ	0.001	(0.36)	0.001	(0.39)	0.001	(0.28)	−0.000	(−0.03)
Big4	0.006	(1.09)	0.006	(1.17)	0.007	(1.30)	0.005	(0.80)
SOE	−0.005	(−1.07)	−0.006	(−1.20)	−0.000	(−0.08)	−0.011*	(−1.87)
Constant	0.090***	(3.01)	0.094***	(3.12)	0.082***	(2.27)	0.123***	(3.18)
行业效应	控制		控制		控制		控制	
N	761		349		381		405	

续表

变量	DID 回归 (1) 系数	DID 回归 (1) t值	外生事件当年 (2) t期 系数	外生事件当年 (2) t期 t值	提前一年 (3) t−1期 系数	提前一年 (3) t−1期 t值	延后一年 (4) t+1期 系数	延后一年 (4) t+1期 t值
$Adj\ R^2$	0.198		0.196		0.232		0.201	
$F\text{-}statistic$	8.441		9.688		8.837		8.285	

注：***、**及*分别代表1%、5%和10%的显著水平。括号内为已经过怀特异方差修正的t值且所有回归系数的标准差都在公司层面上进行了聚类处理。

第四节　本章小结

管理层对于会计信息的错报或舞弊通常是以盈余管理的手段进行的。但是，"盈余管理"本身是一个中性词，以往学者（Guay 等，1996；Francis 等，2005）已经发现上市公司管理层对于应计利润的操控在很多时候是为了减少与投资者之间的信息不对称，而非大多数研究中一概而论的"机会主义行为"。这就导致已有文献在研究分析师是否能够抑制上市公司的盈余管理行为方面无法得到一致的结论。本书认为主要原因有两点：一是不同制度环境下，分析师对于盈余管理行为是监督还是抑制不能按照西方市场数据的研究结论"照葫芦画瓢"，在我国法律制度不够完善、中介机构诉讼风险较低的情况下，对分析师是否起到外部监督作用的研究需要从更系统、更全面的角度进行分析。二是盈余管理行为并不一定意味着会计信息质量较低，也可能是管理层为及时披露更多信息而选择的会计行为。因此本书认为，由于盈余管理发生在信息链条的"生产"阶段，分析师通过对公司经营环境等多方面的了解和与管理层的沟通，能够识别平滑的盈余管理与存在风险的盈余管理的区别。当盈余操纵的波动幅度较大，即会计信息风险较高时，分析师的声誉可能遭受损失，因此分析师会选择减少跟踪和盈余预测报告等方式来传递公司可能存在盈余操纵或舞弊等信息。这说明，分析师对上市公司的关注行为在会计信息生产层面起到了重要的监督作用并对资本市场产生了警示作用。

第七章 证券分析师关注对内部控制评价影响的实证检验

第一节 样本选取与研究设计

一 数据来源

我国沪深两市分别于 2006 年和 2007 年发布了《证券交易所上市公司内部控制指引》，提出"董事会应对内部建设情况进行自我评价，并委托注册会计师进行审核，内控自评报告和鉴证报告随同年报一并披露"，因此内部控制评价的相关信息在 2007 年后才可获取。本章搜集了 2825 家上市公司在 2007 年后发布内部控制评价报告的信息，在剔除金融保险业公司、创业板公司、已退市公司后，剩余内控评价报告样本包含 14368 个公司—年度观测值。表 7.1 列示了 2007—2015 年披露内部控制评价报告的研究样本分布。自国家五部委分别在 2009 年和 2010 年颁布了《企业内部控制基本规范》和《企业内部控制配套指引》后，披露内部控制评价报告的企业在 2011—2012 年增长了近 15%，制造业占总样本的 55.6%，其次为房地产行业，占总样本的 7.4%。本书同时搜集了 2007—2015 年相关上市公司的财务报告数据及 2006—2014 年分析师跟踪相关数据。内部控制评价报告信息及上市公司财务报表数据来自国泰安 CSMAR 数据库，分析师关注的相关数据来自万得 Wind 金融数据库。数据筛选和处理应用 STATA 13.0 软件。

表 7.1　　样本行业及年度分布

行业	2007	2008	2009	2010	2011	2012	2013	2014	2015	合计
A	19	22	23	23	26	31	28	33	33	238
B	41	44	54	58	57	61	56	64	63	498
C0	57	59	64	63	68	76	81	85	81	634
C1	30	36	39	40	43	52	49	62	60	411
C3	18	22	23	26	29	32	38	37	32	257
C4	114	131	139	147	149	182	185	195	195	1437
C5	46	53	66	69	71	90	83	93	98	669
C6	103	115	126	128	135	157	159	175	167	1265
C7	177	195	223	235	261	319	342	365	358	2475
C8	76	82	83	87	90	105	100	112	107	842
D	77	78	80	78	82	84	80	84	82	725
E	28	34	39	37	44	52	53	59	59	405
F	54	59	63	63	66	72	70	75	72	594
G	64	73	82	85	99	124	119	124	125	895
H	106	110	113	113	117	124	114	128	127	1052
J	96	111	118	120	125	127	117	122	121	1057
K	44	48	56	56	56	63	59	60	60	502
L	17	20	22	21	25	26	26	30	30	217
M	22	23	24	23	21	21	19	22	20	195
合计	1189	1315	1437	1472	1564	1798	1778	1925	1890	14368

注：行业划分按照中国证监会《上市公司行业分类指引》（2001）的一级代码，但对于制造业，按照研究惯例细分至二级代码，样本所处行业共涉及19个。各代码含义如下：A：农、林、牧、渔业；B：采掘业；C0：食品、饮料；C1：纺织、服装、皮毛；C3：造纸、印刷；C4：石油、化学、塑胶、塑料；C5：电子；C6：金属、非金属；C7：机械、设备、仪表；C8：医药、生物制品；D：电力、煤气及水的生产和供应业；E：建筑业；F：交通运输、仓储业；G：信息技术业；H：批发和零售贸易；J：房地产业；K：社会服务业；L：传播与文化产业；M：综合类。

二　变量定义

（一）被解释变量

本部分针对的是企业内部控制评价的信息，即董事会或类似权力机构对内部控制有效性的全面评价，从而形成评价结论并出具评价报告的过程。因此，本章从三个角度对内部控制评价进行度量：①是否披露内部控制评价报告（Disclosing）；②内部控制是否有效（Valid）；③内部控制是否存在缺陷（Deficiency）。

（二）解释变量

与以往研究类似（Fang 等，2014；Chen 等，2016；周冬华与赵玉洁，2015），本书根据以下方法衡量分析师关注：①通常情况下，同一家盈余预测机构跟踪某一公司的分析师从属于同一团队（李春涛等，2014；李丹蒙等，2015），因此在这里选取对上市公司给定年度内进行跟踪并作出盈余预测的机构数作为分析师的跟踪数。对于没有给出盈余预测信息的上市公司，则认为给定年度没有分析师跟踪（Yu，2008；Chen 等，2015）。同时考虑到因果关系的方向性，本书选择滞后期的分析师跟踪人数，将原数值加 1 并取自然对数（Degeorge 等，2013），即 Ln（$Analyst_{t-1}$ +1）。②将分析师在特定的日历年度内发表的针对相应滞后期的盈余预测报告数量作为分析师关注的度量方式，取报告数值加 1 的自然对数，即连续变量 Ln（$Report_{t-1}$ +1）。③设计虚拟变量 $Follow_{t-1}$，若上市公司滞后期会计年度有分析师跟踪，则 $Follow_{t-1}$ 为 1，否则为 0。

（三）控制变量

本书在控制变量中加入了上市公司的两种盈余管理行为，采用 McNichols（2002）及 Ali 和 Zhang（2015）的模型对公司应计盈余质量进行计算；并且，利用 Roychowdhury（2006）、Cohen 和 Zarowin（2010）的方法对真实盈余管理水平进行了计算。①

同时，本书借鉴国内外相关文献，选取如下变量作为控制变量。为衡量公司规模及财务特征，本书使用期初总资产的自然对数、资产负债率、上市年龄作为替代变量；为衡量公司的营运能力，本书使用账面市值比、销售增长率、会计弹性（参见 Barton 和 Simko，2002）、净资产利润率及托宾 Q 值作为衡量变量；为衡量公司层面的治理特

---

① 具体计算步骤参见第五章。

征,本书使用"是否为国有/地方企业""外部审计师是否是四大会计师事务所"哑变量、机构持股比进行控制。同时,通过设计哑变量对公司的年度和行业效应进行控制。具体变量设计及定义见表7.2。为控制样本中极端值对回归结果的影响,本书对所有连续型变量均进行了上下1%的Winsorize处理。

表7.2 变量定义

变量名称	变量符号	变量定义
内部控制报告[①]	Disclosing	管理层披露内控报告为1,否则为0
	Valid	内控评价有效为1,否则为0
	Deficiency	内控存在缺陷为1,否则为0
分析师关注度	Ln(Analyst+1)	($t-1$期盈余预测机构数+1)自然对数
	Ln(Reports+1)	($t-1$期盈余预测报告数量+1)自然对数
	Follow	$t-1$期被分析师跟踪为1,否则为0
可操控应计利润	DA	Jones(1991)模型与Dechow和Dichev(2002)的联合模型
真实盈余操控额	RM	Roychowdhury(2006)模型
机构持股比	InsHold	机构持股合计/总股数
企业规模	SIZE	期初总资产的自然对数
企业成长性	BTM	账面价值/股东权益的市场价值
上市年龄	Age	研究年度与上市年度之差
企业偿债能力	LEV	总负债/总资产
盈利能力	Growth	销售增长率(%)
会计弹性	NOA	净营运资产/营业收入
净资产收益率	ROE	净利润/股东权益余额
企业价值	TobinQ	市值/重置成本
外部审计师	Big4	被四大会计师事务所审计为1,否则为0
企业性质	SOE	国企/地方企业为1,否则为0
地域控制变量	Location	哑变量

① 本章研究的层面为信息产品的"质量控制"阶段,因此内部控制报告评价数据是指由上市公司内部监督机制进行评价并披露的报告。

续表

变量名称	变量符号	变量定义
行业控制变量	Industry	哑变量
年度控制变量	Year	哑变量

三 模型设计

为验证假设 H4.4，本书设计如下模型对其进行检验：

$$IC_{i,t} = \alpha_1 \times Analyst_{i,t-1} + \sum_{k=1}^{k} \alpha_{k+1} \times Controls_k + Location effect + Industry effect + Year effect + \varepsilon_{i,t} \quad (7.1)$$

本书采用二元哑变量 *IC* 作为内部控制评价报告的衡量方式，对模型进行 Logistic 多元回归。其中，当企业披露内部控制评价报告时，*Disclosing* 为1，否则为0；当企业内部控制评价报告中结论为内控有效时，*Valid* 为1，否则为0；当企业内部控制评价中说明内控存在缺陷时，*Deficiency* 为1，否则为0。解释变量包括 *Analyst* 为滞后一期的分析师跟踪数量加1后的自然对数；*Controls* 代表控制变量的集合；为考虑我国资本市场地区发展差异较大的因素，本书同时控制了地域（*Location*）、行业（*Industry*）及年度（*Year*）因素；*ε* 为残值。同时，对所有回归系数的标准差都在公司层面上进行了聚类（Cluster）处理且经过怀特异方差的检验。

第二节 实证结果

一 描述性统计

表7.3 中对所有变量的描述性统计特征进行了列示。72.9% 的样本对内部控制评价进行了披露，且内控评价有效的公司占比约为73%，而17.2% 的研究对象存在缺陷；滞后期的分析师跟踪人数均值为4.615，

中值为 2，最大值为 24，说明样本公司之间被分析师关注的程度差异较大；可操控应计利润平均占期初总资产的 2.7%，真实盈余管理均值为负，且与中值相近，为 -4.2%，说明样本公司整体具有对应计盈余进行操纵的现象；机构持股平均比为 38.3%，最小值和最大值分别为 0 和 86.9%，个体间存在很大差异；公司规模的最小值为 18.977，最大值为 25.513，标准差为 1.278，说明样本公司规模并不均衡；账面市值比的均值为 0.533，最小值和最大值分别为 0.08 和 1.129，说明公司的成长程度差距较大；样本公司的上市年度均值为 15.335，最小值为 4，标准差为 5.53，虽然分布不均衡，但基本符合研究目的的要求；财务杠杆的均值为 0.501，最小值和最大值分别为 0.07 和 1.3，说明资产负债率水平公司间也存在不小的差距；销售增长率（Growth）与净资产收益率（ROE）的最小值分别为 -0.703 和 -1.098，最大值分别为 4.65 和 0.736，均值和中值相近且为正数，说明大多数公司是盈利的，尽管盈利状况处于一般水平；会计弹性（NOA）均值为 0.133，尽管最小值为负，但中值和最大值分别为 0.137 和 0.695，说明大部分样本公司具有应计盈余的操纵空间；托宾 Q 值（TobinQ）的最小值为 0.216，但均值和中值分别为 2.282 和 1.588，且最大值为 13.417，说明样本公司整体来说具有投资前景但样本间差距较大；样本公司中只有 6.5% 是由四大会计师事务所负责外部审计；且中央（或地方）企业占比为 4.7%。

表 7.3　　　　　　　　　　变量描述性统计示意

变量	观测数 (N)	均值	最小值	25 分位数	中值	75 分位数	最大值	标准差
Disclosing	14368	0.729	0	0	1	1	1	0.445
Valid	14368	0.726	0	0	1	1	1	0.446
Deficiency	14368	0.172	0	0	0	0	1	0.377
$Analyst_{t-1}$	14368	4.615	0	0	2	7	24	5.809
DA	14368	0.027	-0.257	-0.032	0.020	0.081	0.368	0.107
RM	14368	-0.042	-0.840	-0.153	-0.040	0.076	0.746	0.243

续表

变量	观测数(N)	均值	最小值	25分位数	中值	75分位数	最大值	标准差
InsHold	14368	0.383	0	0.179	0.386	0.570	0.869	0.237
SIZE	14368	21.847	18.977	20.967	21.718	22.592	25.513	1.278
BTM	14368	0.533	0.080	0.334	0.508	0.721	1.129	0.252
Age	14368	15.335	4.000	11.000	16.000	20.000	24.000	5.530
LEV	14368	0.501	0.070	0.340	0.500	0.652	1.300	0.220
Growth	14368	0.201	−0.703	−0.046	0.100	0.265	4.650	0.636
NOA	14368	0.133	−0.741	−0.035	0.137	0.317	0.695	0.262
ROE	14368	0.060	−1.098	0.024	0.068	0.120	0.736	0.181
TobinQ	14368	2.282	0.216	0.875	1.588	2.762	13.417	2.300
Big4	14368	0.065	0	0	0	0	1	0.247
SOE	14368	0.047	0	0	0	0	1	0.212

表7.4列示了被解释变量与解释变量之间的Pearson系数，结果说明内部控制的有效性（$Valid$）与$\text{Ln}(Analyst_{t-1}+1)$正相关，而内部控制存在缺陷（$Deficiency$）与$\text{Ln}(Analyst_{t-1}+1)$负相关，初步验证了前文假设；同时，因变量$Disclosing$、$Valid$与应计盈余管理（$DA$）正相关，与真实盈余管理无关，而因变量$Deficiency$与$DA$无关，却与真实盈余管理正相关，这初步说明真实盈余管理程度越高的企业，其内部控制可能存在缺陷的可能性越大；其余变量中，尽管机构持股比（$InsHold$）、公司规模（$SIZE$）、账面市值比（BTM）以及销售增长率（$Growth$）均与因变量显著相关，但具体相关关系是否成立还需在控制其他因素后，进行多元回归以进一步验证；是否为国有/地方企业（SOE）与内控披露（$Disclosing$）等正相关，与蔡吉甫（2005）的描述性统计结果一致；会计弹性（NOA）与因变量$Disclosing$和$Valid$系数为正，说明当盈余可操控的空间较大时，上市公司会披露内控评价的可能性更大；上市公司的外部审计师为四大会计师事务所的可能性（$Big4$）与其内控评价存在缺陷的可能性正相关。除此之外，表中还报告了应计盈余的操控与真实盈余管理之间的负相关关系，这与以往文献中关于两种盈余管理相互替

表 7.4 变量相关性分析

	Disclosing	Valid	Deficiency	Ln (Analyst$_{t-1}$+1)	DA	RM	InsHold	SIZE
Disclosing	1.000							
Valid	0.992***	1.000						
Deficiency	0.278***	0.264***	1.000					
Ln (Analyst$_{t-1}$+1)	0.014	0.017*	−0.046***	1.000				
DA	0.053***	0.054***	−0.016	0.217***	1.000			
RM	−0.006	−0.009	0.034***	−0.245***	−0.214***	1.000		
InsHold	0.164***	0.164***	0.124***	0.314***	0.095***	−0.115***	1.000	
SIZE	0.147***	0.146***	0.182***	0.444***	0.048***	−0.044***	0.393***	1.000
BTM	0.093***	0.093***	0.086***	0.089***	−0.065***	0.090***	0.103***	0.599***
Age	−0.241***	−0.240***	0.039***	−0.196***	−0.097***	0.066***	−0.014	0.037***
LEV	−0.115***	−0.117***	0.055***	−0.105***	−0.092***	0.198***	0.022**	0.264***
Growth	−0.063***	−0.062***	−0.055***	−0.013	−0.032***	−0.025**	−0.009	−0.102***
NOA	0.160***	0.160***	−0.028***	0.102***	0.310***	−0.064***	0.027***	−0.119***
ROE	−0.014	−0.011	−0.050***	0.232***	0.188***	−0.170***	0.129***	0.055***
TobinQ	−0.033***	−0.034***	−0.054***	−0.085***	0.020*	−0.095***	−0.083***	−0.499***
Big4	0.009	0.008	0.045***	0.224***	0.015	−0.067***	0.185***	0.373***
SOE	0.091***	0.092***	0.022**	0.013	0.008	0.012	0.027**	0.056***

续表

	BTM	Age	LEV	Growth	NOA	ROE	TobinQ	Big4
Age	0.080***	1.000						
LEV	0.293***	0.272***	1.000					
Growth	-0.057***	0.025**	0.039***	1.000				
NOA	-0.169***	-0.245***	-0.639***	0.048***	1.000			
ROE	-0.080***	-0.020	-0.101***	0.156***	0.166***	1.000		
TobinQ	-0.763***	-0.039***	-0.260***	0.052***	0.123***	0.076***	1.000	
Big4	0.167***	0.016	0.047***	-0.017*	-0.069***	0.050***	-0.101***	1.000
SOE	0.064***	0.220***	0.041***	-0.004	-0.025	0.028***	-0.031***	0.013

注：表中列示了各变量之间的 Pearson 相关系数。***、**及*分别代表1%、5%和10%的显著水平。

代作用的结论一致（Gunny，2005；Cohen 和 Zarowin，2010）。同时，公司经营能力如公司规模（SIZE）、净资产利润率（ROE）及会计弹性（NOA）等均与分析师跟踪人数正相关，初步证明了选取滞后一期分析师跟踪数量来控制因果方向的必要性。计算解释变量的平均 VIF 值，为 1.68，并借鉴 Belsley 等（1980）的共线性回归模型，可以发现各变量之间的关系在其所建议的安全范围内，因此模型不存在严重的多重共线性。

二 多元回归结果

表 7.5 至表 7.7 分别报告了当因变量为 Disclosing（是否披露内控评价报告）、Valid（内控评价是否有效）、Deficiency（内控评价是否存在缺陷）时的 Logistic 多元回归结果。其中在表 7.5 中，当 Disclosing（是否披露内控评价报告）为因变量时，替代分析师关注的三个变量 [即 Ln（$Analyst_{t-1}$+1）、Ln（$Reports_{t-1}$+1）、$Follow_{t-1}$] 的系数显著为正（z 统计量分别为 6.04、4.76、3.64），说明分析师的跟踪人数越多、发布的盈余预测报告数量越大、跟踪上市公司的概率越高，企业越倾向于披露内部控制评价报告。

表 7.5　　　　　　　　　分析师关注与内部控制报告披露

变量	因变量 = Disclosing					
	Ln（$Analyst_{t-1}$+1）		Ln（$Reports_{t-1}$+1）		$Follow_{t-1}$	
	系数	z 值	系数	z 值	系数	z 值
$Analyst_{t-1}$	0.248***	(6.04)	0.191***	(4.76)	0.379***	(3.64)
DA	0.196	(0.70)	0.200	(0.52)	0.259	(0.69)
RM	0.002	(0.01)	0.006	(0.04)	-0.040	(-0.28)
InsHold	-0.006***	(-4.27)	-0.006***	(-3.01)	-0.005**	(-2.45)
SIZE	-0.021	(-0.50)	-0.033	(-0.56)	0.060	(1.12)
BTM	0.659***	(3.08)	0.710**	(2.55)	0.491*	(1.76)

续表

变量	因变量 = Disclosing					
	$Ln(Analyst_{t-1}+1)$		$Ln(Reports_{t-1}+1)$		$Follow_{t-1}$	
	系数	z值	系数	z值	系数	z值
Age	-0.063***	(-10.05)	-0.063***	(-5.98)	-0.067***	(-6.46)
LEV	-0.345*	(-1.78)	-0.355	(-1.16)	-0.401	(-1.31)
Growth	-0.099**	(-2.22)	-0.101**	(-2.25)	-0.086*	(-1.91)
NOA	0.574***	(3.34)	0.560**	(2.11)	0.559**	(2.10)
ROE	-0.140	(-0.94)	-0.136	(-0.88)	-0.097	(-0.62)
TobinQ	0.038*	(1.86)	0.040	(1.40)	0.051*	(1.78)
Big4	0.044	(0.39)	0.051	(0.30)	0.072	(0.44)
SOE	2.478***	(17.97)	2.483***	(16.99)	2.481***	(16.96)
Constant	-2.170***	(-2.58)	-1.761	(-1.39)	-3.784***	(-3.21)
地域效应	控制		控制		控制	
年度效应	控制		控制		控制	
行业效应	控制		控制		控制	
N	14368		14368		14368	
Pseudo R^2	0.456		0.457		0.456	
Chi^2	2824		2380		2331	

注：***、**及*分别代表1%、5%和10%的显著水平。括号内为已经过怀特异方差修正的z值且所有回归系数的标准差都在公司层面上进行了聚类处理。

表7.6 分析师关注与内部控制有效性

变量	因变量 = Valid					
	$Ln(Analyst_{t-1}+1)$		$Ln(Reports_{t-1}+1)$		$Follow_{t-1}$	
	系数	z值	系数	z值	系数	z值
$Analyst_{t-1}$	0.242***	(6.00)	0.189***	(4.80)	0.367***	(3.61)
DA	0.200	(0.72)	0.201	(0.54)	0.263	(0.71)
RM	-0.013	(-0.11)	-0.007	(-0.05)	-0.054	(-0.37)
InsHold	-0.005***	(-3.90)	-0.005***	(-2.77)	-0.004**	(-2.20)
SIZE	-0.020	(-0.49)	-0.034	(-0.58)	0.058	(1.10)
BTM	0.633***	(3.00)	0.682**	(2.50)	0.468*	(1.71)
Age	-0.061***	(-9.83)	-0.061***	(-5.88)	-0.065***	(-6.38)

续表

变量	因变量 = Valid					
	Ln（Analyst$_{t-1}$+1）		Ln（Reports$_{t-1}$+1）		Follow$_{t-1}$	
	系数	z 值	系数	z 值	系数	z 值
LEV	-0.444**	(-2.31)	-0.451	(-1.50)	-0.499*	(-1.66)
Growth	-0.100**	(-2.25)	-0.102**	(-2.29)	-0.087*	(-1.95)
NOA	0.505***	(2.98)	0.491*	(1.90)	0.491*	(1.89)
ROE	-0.098	(-0.65)	-0.094	(-0.61)	-0.055	(-0.35)
TobinQ	0.032	(1.57)	0.033	(1.21)	0.044	(1.59)
Big4	0.013	(0.11)	0.019	(0.11)	0.040	(0.25)
SOE	2.470***	(17.99)	2.474***	(17.01)	2.473***	(16.97)
Constant	-2.266***	(-2.74)	-1.834	(-1.49)	-3.830***	(-3.34)
地域效应	控制		控制		控制	
年度效应	控制		控制		控制	
行业效应	控制		控制		控制	
N	14368		14368		14368	
Pseudo R^2	0.440		0.441		0.440	
Chi^2	2974		2366		2310	

注：***、**及*分别代表1%、5%和10%的显著水平。括号内为已经过怀特异方差修正的 z 值且所有回归系数的标准差都在公司层面上进行了聚类处理。

表7.7　　分析师关注与内部控制缺陷

变量	因变量 = Deficiency					
	Ln（Analyst$_{t-1}$+1）		Ln（Reports$_{t-1}$+1）		Follow$_{t-1}$	
	系数	z 值	系数	z 值	系数	z 值
Analyst$_{t-1}$	-0.065*	(-1.94)	-0.056*	(-1.89)	-0.237***	(-3.34)
DA	-0.249	(-0.94)	-0.240	(-0.78)	-0.237	(-0.78)
RM	0.075	(0.64)	0.068	(0.52)	0.070	(0.54)
InsHold	0.001	(0.92)	0.001	(0.73)	0.001	(0.76)
SIZE	0.251***	(6.46)	0.258***	(5.30)	0.257***	(5.66)
BTM	-0.691***	(-3.49)	-0.694***	(-2.93)	-0.656***	(-2.79)
Age	0.060***	(11.41)	0.059***	(8.59)	0.058***	(8.47)
LEV	0.319	(1.63)	0.309	(1.26)	0.297	(1.21)

续表

变量	因变量 = Deficiency					
	Ln($Analyst_{t-1}+1$)		Ln($Reports_{t-1}+1$)		$Follow_{t-1}$	
	系数	z值	系数	z值	系数	z值
Growth	-0.082*	(-1.79)	-0.082*	(-1.80)	-0.081*	(-1.79)
NOA	-0.093	(-0.56)	-0.091	(-0.45)	-0.092	(-0.45)
ROE	-0.402***	(-2.66)	-0.400***	(-2.60)	-0.397***	(-2.59)
TobinQ	-0.038**	(-2.14)	-0.038	(-1.81)	-0.039	(-1.87)
Big4	0.148	(1.36)	0.146	(1.08)	0.133	(0.98)
SOE	0.062	(0.48)	0.061	(0.38)	0.071	(0.45)
Constant	-11.562***	(-12.56)	-11.737***	(-10.39)	-11.534***	(-10.72)
地域效应	控制		控制		控制	
年度效应	控制		控制		控制	
行业效应	控制		控制		控制	
N	14368		14368		14368	
Pseudo R^2	0.236		0.236		0.237	
Chi^2	1540		1251		1274	

注：***、**及*分别代表1%、5%和10%的显著水平。括号内为已经过怀特异方差修正的z值且所有回归系数的标准差都在公司层面上进行了聚类处理。

在表7.6中，因变量为 Valid（内控评价是否有效），作为分析师关注的解释变量系数显著为正，说明分析师的关注越高，上市公司的内控设计越有效。在控制变量方面，机构持股比（InsHold）与被解释变量在1%的统计水平上显著负相关，说明机构持股比例越高，上市公司披露内控评价报告的可能性越低，内控有效的可能性也越低；公司的发展能力，如账面市值比（BTM）和销售增长比（Growth）则分别与被解释变量显著正、负相关，说明发展较快的公司反而披露内控评价的可能性较低；上市时间长度（Age）、资产负债程度（LEV）与被解释变量显著负相关，说明企业上市的时间越长、负债程度越高，披露内控评价及内控有效的可能性越低；会计弹性（NOA）与公司未来发展前景（TobinQ）的系数为正向，说明企业盈余管理的空间越小、投资前景越好，越有可能披露自身的内控报告且内控有效；此外，当企业为国有/地方企业（SOE）时，其披露内控评价报告、内控评价有效的可能性增加。

表7.7报告了以Deficiency（内控评价是否存在缺陷）为因变量时的回归结果，Ln（$Analyst_{t-1}$ +1）、Ln（$Reports_{t-1}$ +1）的系数均在10%的统计水平上显著为负（z统计量为 -1.94），说明分析师关注度越高，企业内控评价存在缺陷的可能性越低。

第三节　稳健性检验

为进一步验证结果的稳健性，此部分在全样本回归分析的基础上，利用PSM对研究假设进行再一次检验。本书使用1∶1最邻近匹配法为标的公司（内控评价结论为存在缺陷的公司）寻找对照组。匹配规则遵循的逻辑是，标的公司为实验组（即Treat=1），从未加入过标的的控制样本公司标记为"Treat=0"，之后用Logit回归计算每一家控制样本公司被选入标的的概率，其中被解释变量为Treat，解释变量包括公司市值的自然对数、资产负债率、销售增长率、资产收益率等，同时控制行业和年度效应，最终得到2342对（4684个）1∶1匹配公司—年度观测值，并以Deficiency为因变量进行Logistic多元回归，结果在表7.8前两列报告。结果显示，Ln（$Analyst_{t-1}$ +1）在1%的统计水平上与Deficiency显著负相关（z统计量为 -3.55），说明分析师跟踪的人数越多，上市公司的内控存在缺陷的可能性越小。在控制变量方面，结果与主模型结论一致。

萨班斯法案颁发后，西方发达资本市场开始强制上市公司披露内部控制自我评价报告。我国应势颁布了《企业内部控制基本规范》等指引，自2011年开始，从自愿披露转为对境内外同时上市的公司采取强制披露内部控制评价报告的要求。本节同时选取强制规定施行前、后两个阶段的上市公司数据作为样本，即2007—2011年、2012—2015年的样本及相应滞后一期的分析师跟踪信息作为研究样本，以因变量为内控存在缺陷（Deficiency）进行回归，结果在表7.8的后四列报告。

结果显示，在未强制阶段（Pre-2012 样本），分析师跟踪人数[$Ln(Analyst_{t-1}+1)$]与企业内部控制的自我评价是否存在缺陷并不存在显著关系；而在强制披露阶段（2012—2015），分析师跟踪人数与自我评价内控存在缺陷显著负相关（z 统计量为 -2.07）。这说明在强制要求披露内控评价报告之前，尽管被分析师关注，上市公司仍没有披露内控评价缺陷的动机，或分析师关注并没有起到完善内部治理机制的作用；但在强制要求出台之后，上市公司被分析师关注的程度越高，其自我评价为存在缺陷的可能性越低，或企业内部控制在分析师关注下越完善。

表 7.8　　分析师关注与内部控制缺陷的进一步回归

变量	PSM 匹配		Pre-2012		2012—2015	
	\multicolumn{6}{c}{因变量 = Deficiency}
$Ln(Analyst_{t-1}+1)$	-0.165***	(-3.55)	0.128	(0.57)	-0.088**	(-2.07)
DA	-0.072	(-0.19)	1.286	(0.84)	-0.505	(-1.57)
RM	0.040	(0.24)	-0.411	(-0.84)	0.087	(0.62)
InsHold	0.011***	(6.05)	-0.004	(-0.55)	0.002	(0.99)
SIZE	0.296***	(6.62)	0.343*	(1.75)	0.216***	(4.30)
BTM	-1.403***	(-6.24)	-2.621**	(-2.51)	-0.709***	(-2.85)
Age	0.047***	(6.02)	0.009	(0.25)	0.068***	(10.15)
LEV	-0.672**	(-2.49)	-0.081	(-0.08)	0.621**	(2.37)
Growth	0.019	(0.29)	0.105	(0.50)	-0.060	(-1.20)
NOA	0.141	(0.62)	-0.650	(-0.68)	-0.095	(-0.43)
ROE	-0.395**	(-2.24)	-1.564**	(-2.39)	-0.333*	(-1.95)
TobinQ	-0.027	(-1.08)	-0.141	(-1.63)	-0.037*	(-1.66)
Big4	-0.206	(-1.42)	0.447	(0.87)	0.126	(0.94)
SOE	-0.130	(-0.75)	-0.522	(-1.14)	-0.080	(-0.51)
Constant	-6.214***	(-6.51)	-9.125**	(-2.14)	-7.226***	(-7.17)
地域效应	控制		控制		控制	
年度效应	控制		控制		控制	

续表

变量	因变量 = Deficiency		
	PSM 匹配	Pre – 2012	2012—2015
行业效应	控制	控制	控制
N	4684	2258	8212
$Pseudo\ R^2$	0.0525	0.113	0.0875
Chi^2	260.3	132.5	664.0

注：***、**及*分别代表1%、5%和10%的显著水平。括号内为已经过怀特异方差修正的 z 值且所有回归系数的标准差都在公司层面上进行了聚类处理。

第四节 本章小结

企业的内部控制监控了财务报告信息的生产过程，它处于会计信息传递链条的第二个阶段，能有效对管理层操纵盈余进行约束，是公司重要的内部治理及监督机制。当内控存在缺陷时，企业向市场报表使用者传递信息的真实性就会受到质疑，因而影响投资者及其他利益相关人的投资决策（Doyle 等，2007；田高良等，2010；王海滨，2014）。同时，相比较未披露内部控制评价报告的企业，披露自身内控报告的上市公司具有更低的个别风险和系统风险（Ashbaugh – Skaife 等，2008）。分析师在跟踪上市公司时，通常会通过实地调研、参加股东的大会、与管理层电话沟通等方式了解上市公司的经营状况（胡奕明、林文雄，2005），因此在信息产品生产的"控制"阶段起到了积极的监督作用，而此问题在以往文献中并没有得到关注，本书以此提出假设，并且通过实证研究发现，企业对内部控制评价披露的动机是受到分析师关注行为影响的。分析师关注越高，上市公司内部控制有效的概率越大，存在缺陷的可能性越低。具体来说，在自愿披露阶段，分析师跟踪人数越多，企业进行内部控制评价并披露评价报告的动机越强；但对内部控制缺陷披露的可能性越低。在进一步分析中发现，在 2011 年强制上市公司对内部控制评价进行披露之后，分析师关注仍与企业对披露内控存在缺陷概率负相关。结果证实了前文假设 H4.4。

第八章 证券分析师关注对审计费用及审计意见影响的实证检验

第一节 样本选取与研究设计

一 数据来源

本章选取了 2005—2015 年的 2996 所沪深 A 股上市公司的年度财务报告数据作为研究对象。对应分析师跟踪数据为滞后变量,且由于数据的可获取性,选取的相应时间段为 2004—2014 年。对样本筛选的具体步骤如下:①剔除金融、保险业公司 58 家,金融相关行业的财务业绩等计算具有行业特殊性,与其他行业区别较大,因此将其从样本中剔除。②剔除首年上市公司、已退市公司、创业板公司 696 家,创业板及已退市公司在融资动机及业绩奖励计划等方面与主板及中小板公司存在较大差异,而首年上市公司缺少前一期数据,因此将此类样本公司剔除。③剔除重要财务数据缺失样本。④删除分析师相关跟踪数据缺失个观测值。剩余研究样本包含 16888 个公司—年度观测值。上市公司财务报表数据来自国泰安 CSMAR 数据库,分析师相关数据来自万得 Wind 金融数据库。数据筛选和处理应用 STATA 13.0 软件。本书按照中国证监会《上市公司行业分类指引》(2001) 的一级代码对行业进行划分,研究样本的行业—年度分布如表 8.1 所示。但在数据分析时,对于制造业,按照研究惯例细分至二级代码,因此样本观测值所处行业共涉及 19 个。

表 8.1　　　　　　　　样本行业及年度分布

行业	2007	2008	2009	2010	2011	2012	2013	2014	2015	合计
A	19	22	23	23	26	31	28	33	33	238
B	41	44	54	58	57	61	56	64	63	498
C0	57	59	64	63	68	76	81	85	81	634
C1	30	36	39	40	43	52	49	62	60	411
C3	18	22	23	26	29	32	38	37	32	257
C4	114	131	139	147	149	182	185	195	195	1437
C5	46	53	66	69	71	90	83	93	98	669
C6	103	115	126	128	135	157	159	175	167	1265
C7	177	195	223	235	261	319	342	365	358	2475
C8	76	82	83	87	90	105	100	112	107	842
D	77	78	80	78	82	84	80	84	82	725
E	28	34	39	37	44	52	53	59	59	405
F	54	59	63	63	66	72	70	75	72	594
G	64	73	82	85	99	124	119	124	125	895
H	106	110	113	113	117	124	114	128	127	1052
J	96	111	118	120	125	127	117	122	121	1057
K	44	48	56	56	56	63	59	60	60	502
L	17	20	22	21	25	26	26	30	30	217
M	22	23	24	23	21	21	19	22	20	195
合计	1189	1315	1437	1472	1564	1798	1778	1925	1890	14368

注：行业划分按照中国证监会《上市公司行业分类指引》(2001)的一级代码，但对于制造业，按照研究惯例细分至二级代码，样本所处行业共涉及19个。各代码含义如下：A：农、林、牧、渔业；B：采掘业；C0：食品、饮料；C1：纺织、服装、皮毛；C3：造纸、印刷；C4：石油、化学、塑胶、塑料；C5：电子；C6：金属、非金属；C7：机械、设备、仪表；C8：医药、生物制品；D：电力、煤气及水的生产和供应业；E：建筑业；F：交通运输、仓储业；G：信息技术业；H：批发和零售贸易；J：房地产业；K：社会服务业；L：传播与文化产业；M：综合类。

二　变量定义

(一) 被解释变量

如前文所述，上市公司财务报告可能存在的重大错报风险越高，外部审计师出具非标准意见的可能性越高。高水平的财务报告重大错报风险会导致审计师承担较高的审计风险,在这种情况下,外部审计师会需要付出更高的审计成本及努力,即相应的审计费用也更高。因此,本章采用非标准审计意见及审计费用来衡量上市公司财务报告信息可能存在的重大错报风险。其中,审计费用取自然对数,表示为连续变量 Ln*Auditfee*。另外,设计虚拟变量 *Qual_opinion*,其值为 1 时,代表外部审计师对上市公司相应年度财务报告出具的意见为非标准的审计意见,包括保留、否定和无法表示的审计意见;*Qual_opinion* 为 0 时代表审计师出具的是无保留意见或无保留加上强调事项段的审计意见。

(二) 解释变量

借鉴以往研究(Fang 等,2014;周冬华与赵玉洁,2015;Chen 等,2016),本书采用三种方式来度量分析师关注程度:①将分析师的跟踪人数作为分析师预测行为的一种衡量方式。通常情况下,同一家盈余预测机构跟踪某一公司的分析师从属于同一团队(李春涛等,2014;李丹蒙等,2015),因此在这里选取对上市公司给定年度内进行跟踪并作出盈余预测的机构数作为分析师的跟踪数。对于没有给出盈余预测信息的上市公司,则认为该给定年度没有分析师跟踪(Yu,2008;Chen 等,2015)。同时,本书在设计该变量时考虑到了可能存在的内生性,举例来说,分析师跟踪决策与上市公司的盈余管理行为之间可能存在互相影响的因素(Bushman 等,2005)。因此,本书在该变量的计算中选择了前一个会计年度的分析师跟踪人数,将原数值加 1 并取自然对数(Degeorge 等,2013),即 Ln($Analyst_{t-1}+1$)。②将分析师对特定日历年度内发表的针对相应滞后一期的盈余预测报告数量作为分析师关注的度量方式,取报告数加 1 的自然对数并设置为连续变量 Ln($Report_{t-1}+1$)。③设计虚拟变量 $Follow_{t-1}$,若上市公司滞后一期的分析师跟踪人数大于或等于 1,则 $Follow_{t-1}$ 为 1,否则为 0。

(三) 控制变量

分析师的预测行为能够显著影响上市公司的信息披露质量,因此在模型中本书同时控制了上市公司的盈余管理程度。按照以往文献，本书采用 McNichols（2002）及 Ali 和 Zhang 的模型对公司可操控利润进行计算；并且利用 Roychowdhury（2006）、Cohen 及 Zarowin（2010）的方法对真实盈余管理进行了计算。①

同时借鉴以往文献（Carson 等，2013；Yu，2008），选取如下变量作为控制变量。为衡量公司规模及财务等特征，本书使用期初总资产的自然对数、资产负债率、上市年龄；为衡量公司的营运能力，本书使用账面市值比、销售增长率、会计弹性（参见 Barton 和 Simko，2002）、净资产利润率及托宾 Q 值作为衡量变量；为衡量公司层面的治理特征，本书使用机构持股比、"是否为国有/地方企业"、"外部审计师是否是四大会计师事务所"等变量来控制。同时，通过设计哑变量对年度和行业进行控制。为控制样本中极端值对回归结果的影响，本书对所有连续型变量均进行了上下 1% 的 Winsorize 处理。具体变量设计及定义如表 8.2 所示。

表 8.2　　　　　　　　　　变量定义

变量名称	变量符号	变量定义
非标准审计意见	$Qual\_opinion$	非标准意见为 1，否则为 0
审计费用	$LnAuditfee$	审计费用的自然对数
分析师关注度	$Ln(Analyst+1)$	（$t-1$ 期盈余预测机构数 +1）的自然对数
	$Ln(Reports+1)$	（$t-1$ 期盈余预测报告数量 +1）的自然对数
	$Follow$	分析师跟踪为 1，否则为 0
可操控应计利润	DA	Jones（1991）模型与 Dechow 和 Dichev（2002）的联合模型
真实盈余操控额	RM	Roychowdhury（2006）模型
机构持股比	$InsHold$	机构持股合计/总股数

---

① 具体计算步骤参见第五章。

续表

变量名称	变量符号	变量定义
企业规模	SIZE	期初总资产的自然对数
企业成长性	BTM	账面价值/股东权益的市场价值
上市年龄	Age	研究年度与上市年度之差
企业偿债能力	LEV	总负债/总资产
盈利能力	Growth	销售增长率（%）
会计弹性	NOA	净营运资产/营业收入
净资产收益率	ROE	净利润/股东权益余额
企业价值	TobinQ	市值/重置成本
外部审计师	Big4	被四大会计师事务所审计为1，否则为0
企业性质	SOE	国企/地方企业为1，否则为0
地域控制变量	Location	哑变量
行业控制变量	Industry	哑变量
年度控制变量	Year	哑变量

三 模型设计

为验证假设 H4.5 及假设 H4.6，本书设计模型（8.1）与模型（8.2）并对其进行检验：

$$\mathrm{Ln}Auditfee_{i,t} = \alpha_1 \times Analyst_{i,t-1} + \sum_{k=1}^{k} \alpha_{k+1} \times Controls_k +$$
$$Locationeffect + Industryeffect + Yeareffect + \varepsilon_{i,t} \quad (8.1)$$

$$Qual\_opinion_{i,t} = \alpha_1 \times Analyst_{i,t-1} + \sum_{k=1}^{k} \alpha_{k+1} \times Controls_k +$$
$$Locationeffect + Industryeffect + Yeareffect + \varepsilon_{i,t} \quad (8.2)$$

在模型（8.1）中，Ln$Auditfee$ 是上市公司财务报告审计费用的自然对数；同时借鉴 Degeorge 等（2013），本书认为中国资本市场的地域发展差别较大，省际样本量的显著差距可能会引起异方差，影响结果的稳健性，从而采用 WLS 进行回归。模型（8.2）中 $Qual\_opinion$ 为虚拟变量，当审计师对上市公司出具非标准审计意见（即保留、否定和无法表示的审计意见）时，其值为1；当审计师出具的是无保留意见或无保留加上强调事项段的审计意见时，其值为0。因此，本书采用Logistic回归方法对模型（8.2）进行回归。两个模型的解释变量包括滞后一期的分析师关注变量，其中$Analyst_{i,t-1}$代表三个不同层面的分析师关注衡量方式，包括分析师跟踪人数（即发布盈余预测的机构数）加1的自然对数[Ln（$Analyst_{t-1}$+1）]、分析师发布盈余预测报告数量加1的自然对数[Ln（$Reports_{t-1}$+1）]、上市公司i是否被分析师跟踪的虚拟变量（$Follow_{t-1}$），由于因果方向的考虑，以上均为滞后一期的变量（Degeorge等，2013）；Controls代表控制变量的集合；模型同时控制了地域（Location）、行业（Industry）及年度（Year）效应因素，且对所有回归系数的标准差都在公司层面上进行了Cluster处理且经过怀特异方差的检验；ε为残值。

第二节 实证结果

一 描述性统计

表8.3中对所有变量的描述性统计特征进行了列示。平均有1.9%的样本公司被出具了非标准审计意见。审计费用的自然对数均值为13.507，最小值为12.206，中值和最大值分别为13.385和16.288，标准差为0.736，说明审计费用在样本之间差距较大。分析师跟踪人数的均值为4.382，最小值为0，最大值为24，说明样本公司在受分析师关注的程度上也存在显著差异。类似地，发布报告数变量的均值为1.533，说明样本公司平均被发布盈余报告的数量为3.64篇（$e^{1.533}-1\approx3.64$）。同时，$Follow_{t-1}$的统计特征显示有72.1%的样本公司被分析师跟踪。在盈余质量方面，样本公司应计盈余的均值及中值均为正，而真实盈余则相反，其中应计盈余的标准差小于真实盈余管理的标准差，说明研究对象普遍具有较高的可操控利润和较低水平的真实盈余管理行为。机构持股比的均值为34.6%，最小值为0，中值为33.4%，

最大值高达 86.9%。公司规模为期初总资产的自然对数，均值为 21.756，最小值为 18.977，最大值为 25.513，标准差为 1.259，说明样本公司的规模差距明显。在其他变量方面，例如盈利能力（Growth）均值为 0.199，而最小值为 -0.703，最大值为 4.65，标准差为 0.628，表明样本公司的销售增长率之间也存在显著差异；负债水平的均值为 0.507，最小值、中值和最大值分别为 0.07、0.508 和 1.3，标准差为 0.222，与其他变量相比，属于差异较小的公司特征之一；会计弹性（NOA）均值为 0.12，中值和最大值分别为 0.123 和 0.695，说明大部分公司具有一定的应计盈余操纵空间。此外，平均 6.5% 的样本公司是由四大会计师事务所进行外部审计的；4.9% 的研究样本为国有、地方企业。

表 8.3　　　　　　　　　变量描述性统计示意

变量	观测数 (N)	均值	最小值	25 分位数	中值	75 分位数	最大值	标准差
$Qual\_opinion$	16888	0.019	0	0	0	0	1	0.138
$LnAuditfee$	15755	13.507	12.206	13.017	13.385	13.825	16.288	0.736
$Analyst_{t-1}$	16888	4.382	0	0	2.000	6.000	24.000	5.679
$Ln(Reports_{t-1}+1)$	16888	1.533	0	0	1.386	2.708	4.477	1.393
$Follow_{t-1}$	16888	0.721	0	0	1	1	1	0.449
DA	16888	0.026	-0.257	-0.033	0.019	0.079	0.368	0.104
RM	16888	-0.041	-0.840	-0.149	-0.038	0.074	0.746	0.238
$InsHold$	16888	0.346	0	0.117	0.334	0.545	0.869	0.249
$SIZE$	16888	21.756	18.977	20.893	21.631	22.466	25.513	1.259
BTM	16888	0.560	0.080	0.354	0.542	0.758	1.129	0.259
Age	16888	15.751	4.000	12.000	17.000	20.000	24.000	5.356
LEV	16888	0.507	0.070	0.349	0.508	0.653	1.300	0.222
$Growth$	16888	0.199	-0.703	-0.043	0.103	0.269	4.650	0.628
NOA	16888	0.120	-0.741	-0.046	0.123	0.304	0.695	0.264
ROE	16888	0.056	-1.098	0.023	0.066	0.119	0.736	0.191

续表

变量	观测数(N)	均值	最小值	25分位数	中值	75分位数	最大值	标准差
TobinQ	16888	2.125	0.216	0.787	1.437	2.562	13.417	2.211
Big4	16888	0.065	0	0	0	0	1	0.246
SOE	16888	0.049	0	0	0	0	1	0.216

表8.4报告了主要变量的相关系数,表中列示的是变量之间的Pearson系数。其中,因变量非标准审计意见出具的概率(Qual_opinion)和分析师关注度[Ln($Analyst_{t-1}$+1)]负相关,初步验证了前文假设;尽管审计费用变量(LnAuditfee)与主要解释变量正相关,但是需要在多元回归中进一步验证。同时,应计盈余管理(DA)和真实盈余管理(RM)与因变量之间的相关系数符号相反,说明了两种盈余管理方法之间的替代关系。机构持股比(InsHold)与非标准审计意见(Qual_opinion)之间的系数为负,说明机构持股比例较高的公司,更可能被出具无保留审计意见。在其他变量方面,尽管公司规模(SIZE)、账面市值比(BTM)、托宾Q值(TobinQ)、净资产收益率(ROE)以及公司上市年龄(Age)均与两个因变量的关系相反,但具体相关关系是否成立还需在控制其他因素后,进行多元回归以进一步验证。会计弹性(NOA)与因变量负相关,符合前文及以往文献的结论,即当可操控盈余空间较大时,上市公司更有可能被出具非标准的审计意见和面临更高的审计收费。需要注意的是,是否为国有/地方企业(SOE)与因变量之间并不存在显著的相关关系,但被四大会计师事务所(Big4)所审计的样本公司更有可能被出具无保留审计意见,同时面临更高的审计收费。考虑到多重共线性的问题,本书计算了平均方差膨胀因子VIF,其值小于3。同时,进一步进行Belsley等(1980)的共线性回归检验,发现各变量之间的关系在其所建议的安全范围内。同时,变量之间的相关系数绝对值均在0.76以下。以上均说明控制变量之间受到多重共线性问题的影响很小,因此可以进行多元回归分析。

表 8.4　主要变量相关性分析

	Qual_opinion	LnAuditfee	Ln(Analyst_{t-1}+1)	DA	RM	InsHold	SIZE	BTM
LnAuditfee	-0.056***	1.000						
Ln(Analyst_{t-1}+1)	-0.107***	0.328***	1.000					
DA	-0.052***	0.090***	0.219***	1.000				
RM	0.033***	-0.047***	-0.240***	-0.211***	1.000			
InsHold	-0.125***	0.356***	0.349***	0.112***	-0.123***	1.000		
SIZE	-0.111***	0.748***	0.462***	0.058***	-0.052***	0.412***	1.000	
BTM	-0.066***	0.266***	0.042***	-0.073***	0.093***	-0.043***	0.510***	1.000
Age	0.066***	-0.020*	-0.208***	-0.101***	0.064***	-0.091***	-0.000	0.111***
LEV	0.206***	0.146***	-0.119***	-0.099***	0.188***	-0.024**	0.214***	0.247***
Growth	-0.059***	-0.001	-0.006	-0.027***	-0.029***	0.005	-0.092***	-0.060***
NOA	-0.178***	-0.063***	0.111***	0.315***	-0.053***	0.081***	-0.085***	-0.164***
ROE	-0.075***	0.062***	0.225***	0.182***	-0.158***	0.148***	0.065***	-0.100***
TobinQ	0.054***	-0.202***	-0.056***	0.026***	-0.094***	0.009	-0.444***	-0.759***
Big4	-0.021**	0.502***	0.231***	0.025**	-0.068***	0.169***	0.365***	0.141***
SOE	-0.008	-0.016	0.016*	0.013	0.009	0.014	0.050***	0.057***

	Age	LEV	Growth	NOA	ROE	TobinQ	Big4
LEV	0.262***	1.000					
Growth	0.017*	0.027***	1.000				

续表

	Age	LEV	Growth	NOA	ROE	TobinQ	Big4
NOA	-0.247***	-0.647***	0.057***	1.000			
ROE	-0.036***	-0.094***	0.149***	0.154***	1.000		
TobinQ	-0.066***	-0.246***	0.055***	0.132***	0.088***	1.000	
Big4	0.015	0.026***	-0.015	-0.053***	0.051***	-0.090***	1.000
SOE	0.215***	0.032***	-0.005	-0.021***	0.025***	-0.029***	0.015

注：表中列示了各变量之间的 Pearson 相关系数。***、**及*分别代表 1%、5%和 10%的显著水平。

二 多元回归结果

（一）分析师关注对审计费用的影响

表8.5报告了分析师关注与上市公司审计费用的WLS回归结果。三个模型的整体拟合度相近，且F统计值均通过了1%的显著性水平，调整R^2均大于70%，说明模型有效地解释了影响上市公司审计费用的因素。前两列分别报告了用滞后期盈余预测机构数［$Ln(Analyst_{t-1}+1)$］、滞后期年度针对相应年发布的盈余预测报告数［$Ln(Reports_{t-1}+1)$］、滞后期是否被分析师跟踪（$Follow_{t-1}$）作为衡量分析师关注程度的三种方式的回归结果。结果显示，三个滞后变量与审计费用的回归系数分别在10%、5%、1%的统计水平上显著为负（t统计量分别为-1.91、-2.12、-5.17），说明当分析师关注程度越高时，上市公司面临的外部审计收费越低。[①] 在控制变量方面，应计盈余管理与真实盈余管理均与审计费用显著正相关，说明上市公司操纵盈余的程度越大，外部审计师面临的审计风险越大，因此审计费用越高。机构持股比例（$InsHold$）与审计费用呈负相关关系，说明公司治理水平越高，需要投入的审计成本越低，注册会计师收取的审计费用越低。公司资产规模（$SIZE$）、公司上市年龄（Age）与审计费用呈显著正相关关系，说明上市公司规模越大，上市年限越长，审计费用越高。其他变量，如账面市值比（BTM）、销售增长率（$Growth$）分别与审计费用显著负、正相关。以上结果与以往研究一致（Fang等，2014；周冬华与赵玉洁，2015）。上述实证结论说明，分析师的关注度增加了信息透明度，改善了信息环境，减少了审计师在审计时面临上市公司财务报告可能存在的重大错报风险，表现为审计费用的降低，支持前文假设H4.5及其分假设。

[①] 审计费用变量存在缺失值1133个，因此回归结果的观测值数量为15755个。

表 8.5　　　　　　　　　　分析师关注与审计费用

变量	因变量 = LnAuditfee					
	Ln($Analyst_{t-1}$+1)		Ln($Reports_{t-1}$+1)		$Follow_{t-1}$	
	系数	t值	系数	t值	系数	t值
$Analyst_{t-1}$	-0.014*	(-1.91)	-0.012**	(-2.12)	-0.059***	(-5.17)
DA	0.385***	(6.19)	0.385***	(6.20)	0.390***	(6.31)
RM	0.048*	(1.91)	0.047*	(1.87)	0.047*	(1.89)
InsHold	-0.001***	(-3.42)	-0.001***	(-3.44)	-0.001***	(-3.41)
SIZE	0.405***	(34.54)	0.405***	(34.44)	0.406***	(35.64)
BTM	-0.184***	(-4.03)	-0.186***	(-4.06)	-0.176***	(-3.88)
Age	0.007***	(4.28)	0.007***	(4.25)	0.006***	(4.01)
LEV	0.044	(0.90)	0.045	(0.91)	0.037	(0.76)
Growth	0.092***	(11.89)	0.092***	(11.88)	0.092***	(11.84)
NOA	-0.159***	(-3.83)	-0.158***	(-3.82)	-0.159***	(-3.84)
ROE	-0.043**	(-2.00)	-0.043**	(-2.02)	-0.040*	(-1.86)
TobinQ	0.022***	(5.71)	0.022***	(5.71)	0.022***	(5.59)
Big4	0.777***	(17.57)	0.777***	(17.58)	0.773***	(17.55)
SOE	-0.127***	(-3.44)	-0.127***	(-3.45)	-0.124***	(-3.38)
Constant	4.518***	(19.58)	4.500***	(19.39)	4.511***	(19.94)
地域效应	控制		控制		控制	
年度效应	控制		控制		控制	
行业效应	控制		控制		控制	
N	15755		15755		15755	
Adj R^2	0.714		0.714		0.714	
F-statistic	144.8		144.7		145.0	

注：***、**及*分别代表1%、5%和10%的显著水平。括号内为已经过怀特异方差修正的t值且所有回归系数的标准差都在公司层面上进行了聚类处理。

（二）分析师关注对审计意见的影响

表 8.6 报告了当因变量为虚拟变量非标准审计意见（Qual_opinion）时，进行 Logistic 多元回归的结果。首先，列（1）至列（3）为当因变量为 Qual_opinion，自变量分别为分析师跟踪人数［Ln

($Analyst_{t-1}+1$)］、分析师发布盈余预测报告数［Ln（$Reports_{t-1}+1$）］及是否被分析师关注（$Follow_{t-1}$）时的全样本回归结果。其中，主要解释变量 Ln（$Analyst_{t-1}+1$）和 Ln（$Reports_{t-1}+1$）均与因变量显著负相关（z 统计量分别为 -2.84 和 -2.71），这说明当分析师对上市公司的关注程度越大时，外部审计师出具非标准审计意见的概率越小。

同时，本书使用 1∶1 最邻近得分匹配的方法，找到了被出具非标准意见研究对象的对照组，对观测值数量相同的对照组和实验组进行 Logistic 回归。具体来说，本书采用总市值的自然对数、资产负债率、销售增长率、资产收益率、行业及年度作为匹配因子进行匹配，最终为 299 个被出具非标准审计意见的研究对象找到了唯一的匹配样本，回归结果在列（4）至列（6）中报告。分析师跟踪人数［Ln（$Analyst_{t-1}+1$）］和分析师发布盈余预测报告数［Ln（$Reports_{t-1}+1$）］分别与企业是否被出具非标准审计意见（Qual_opinion）在 10% 和 5% 的统计水平上显著负相关（z 统计量分别为 -1.85 和 -2.07），结论与全样本回归一致，并支持了假设 H4.6 及其分假设，分析师关注度越高，企业越可能被出具无保留的审计意见。

在控制变量方面，结果表明上市公司的盈余管理行为（包括应计盈余管理和真实盈余管理）与因变量之间并不存在显著的关系。机构持股比（InsHold）与非标准审计意见出具的可能性为显著的负相关关系。账面市值比（BTM）的回归系数显著为负，说明基本面较好的公司（DeBont 和 Thaler，1987），其被出具非标准审计意见的可能性较低。类似地，与以往研究一致（Menon 和 Schwartz，1987；Lee 等，2005），股东报酬率（ROE）和全样本回归结果中的 Growth 也与因变量分别在 1% 和 5% 的统计水平上显著负相关，说明当上市公司前景发展越好时，其被出具非标准审计意见的可能性越低。另外，外部审计师是否为四大会计师事务所（Big4）以及上市公司的性质是否为国有/地方企业，与其被出具非标准审计意见的概率并不存在显著关系。

表 8.6 分析师关注与审计意见

变量	因变量 = Qual_opinion					
	全样本			PSM 匹配样本		
	(1)	(2)	(3)	(4)	(5)	(6)
$\text{Ln}(Analyst_{t-1}+1)$	-0.397*** (-2.84)	—	—	-0.369* (-1.85)	—	—
$\text{Ln}(Reports_{t-1}+1)$	—	-0.293*** (-2.71)	—	—	-0.320** (-2.07)	—
$Follow_{t-1}$	—	—	-0.194 (-1.02)	—	—	-0.146 (-0.55)
DA	-0.104 (-0.10)	-0.200 (-0.20)	-0.150 (-0.14)	0.850 (0.72)	0.880 (0.75)	0.758 (0.64)
RM	0.128 (0.35)	0.114 (0.31)	0.161 (0.45)	-0.158 (-0.33)	-0.185 (-0.39)	-0.126 (-0.27)
InsHold	-0.031*** (-5.63)	-0.031*** (-5.77)	-0.034*** (-6.10)	-0.034*** (-4.45)	-0.033*** (-4.34)	-0.034*** (-4.43)
SIZE	0.065 (0.45)	0.040 (0.27)	-0.043 (-0.34)	0.908*** (4.53)	0.893*** (4.60)	0.798*** (4.12)
BTM	-2.536*** (-4.96)	-2.571*** (-4.97)	-2.279*** (-4.66)	-4.338*** (-5.25)	-4.386*** (-5.30)	-4.156*** (-5.12)
Age	0.011 (0.44)	0.011 (0.42)	0.025 (1.09)	0.033 (1.10)	0.029 (0.95)	0.043 (1.46)
LEV	3.169*** (5.32)	3.223*** (5.42)	3.250*** (5.34)	-1.023* (-1.77)	-0.985* (-1.72)	-0.905 (-1.58)
Growth	-0.678** (-2.47)	-0.674** (-2.45)	-0.702*** (-2.66)	0.078 (0.67)	0.069 (0.59)	0.071 (0.61)
NOA	-0.515 (-0.94)	-0.477 (-0.87)	-0.468 (-0.83)	0.096 (0.18)	0.176 (0.33)	0.093 (0.18)
ROE	-0.643*** (-3.88)	-0.651*** (-4.00)	-0.628*** (-3.83)	-0.367** (-2.05)	-0.377** (-2.11)	-0.373** (-2.07)
TobinQ	-0.047 (-1.34)	-0.053 (-1.55)	-0.055 (-1.53)	-0.008 (-0.15)	-0.009 (-0.17)	-0.016 (-0.32)

续表

变量	因变量 = Qual_opinion					
	全样本			PSM 匹配样本		
	(1)	(2)	(3)	(4)	(5)	(6)
Big4	0.540 (1.25)	0.510 (1.20)	0.373 (0.92)	0.429 (0.54)	0.481 (0.62)	0.418 (0.52)
SOE	−0.344 (−0.79)	−0.372 (−0.87)	−0.368 (−0.90)	0.072 (0.12)	0.070 (0.12)	−0.018 (−0.03)
Constant	−3.592 (−1.19)	−3.133 (−1.03)	−0.544 (−0.21)	−15.421*** (−4.11)	−15.082*** (−4.13)	−13.620*** (−3.74)
地域效应	控制	控制	控制	—	—	—
年度效应	控制	控制	控制	控制	控制	控制
行业效应	控制	控制	控制	控制	控制	控制
N	16888	16888	16888	597	598	598
Pseudo R^2	0.334	0.334	0.316	0.161	0.116	0.110
Chi^2	889.9	915.7	656.6	117.2	74.64	69.29

注：***、**及*分别代表为1%、5%和10%的显著水平。括号内为已经过怀特异方差修正的z值且所有回归系数的标准差都在公司层面上进行了聚类处理。

第三节 稳健性检验

《中国注册会计师审计准则 1503 号——在审计报告中增加强调事项段和其他事项段》指出，注册会计师应以强调事项段的形式在出具的审计报告中提供补充规定的信息，以警示报表使用者。[①] 可以认为，尽管无保留审计意见和带强调事项段的审计意见均可以被认为已不具有重大错报风险，但强调事项段中所含的信息仍被市场认为是负面信息，从而相对于无保留审计意见来说存在一定的风险。一方面，强调

---

① 中国注册会计师协会：《中国注册会计师审计准则第 1503 号——在审计报告中增加强调事项段和其他事项段》（修订，征求意见稿），http://www.cicpa.org.cn/news/201601/W020160108652501665972.pdf，2016 年 9 月 27 日。

事项段主要指企业的战略经营方面存在重大不确定事项可能带来的影响,即以往文献中常用的持续经营风险或战略运营风险(韩丽荣等,2015a)。注册会计师使用"经营风险"(Business Risk)来代表当企业存在无法有效继续经营时的风险(Schultz 等,2010)。经营风险影响了企业管理层关于财务报告中的认定,因此准则要求在审计的计划阶段,注册会计师要对企业的经验风险进行评估。[1] Bell 等在 1997 年提出从战略系统透镜以对企业的风险进行衡量,他们建议注册会计师在审视会计数字之前先整体地对被审计单位风险进行评估。此后,战略系统风险审计逐渐将企业的经营风险加入重大错报风险的评估(Peecher 等,2007)。国际会计师联合会(IFAC)颁布的国际审计准则(ISA)第 315 号中的 31 条指出,了解被审计单位的经营风险能够提高识别重大错报风险的可能性。[2] 另外,该准则的第 38 条指出,经营风险的增加会同时增加财务报告舞弊的风险。较差的财务状况会导致经营风险的增加,同时也增加管理层在编制财务报告时可能存在错误的潜在风险。Schultz 等(2010)认为,战略系统风险审计不仅使审计师能够识别那些和财务报告错报直接相关的经营风险,并且能在分析性程序阶段为账户之间的变动提供合理的判断标准。具体来说,当被审计单位的经营状况出现问题导致企业营运效率变低时,财务报告存在错报的可能性就会增加。因此,了解企业的经营风险使审计师对被审计单位的经营流程有更进一步的了解,在判断账户间是否存在错报风险的时候能够提供符合被审计单位经营环境的合理标准。同时,战略运营风险在以风险为导向的审计推行后,强调事项中的信息被投资者及其他财务报告使用者给予了很高的关注。虽然强调事项段中所含的持续经营风险与重大错报风险的本质不同,但相比较无保留审计意见来说,带强调事项段的无保留审计意见还是具有相

---

[1] IAASB, "International Standard on Auditing 315 Identifying and Assessing the Risks of Material Misstatement through Understanding the Entity and Its Environment", http://www.ifac.org/system/files/downloads/a017-2010-iaasb-handbook-isa-315.pdf.

[2] Ibid..

对较高的运营风险，可能会导致未来信息失真风险的增加。

因此，为了进一步检验分析师关注与审计意见之间的关系，本节对审计意见采取了进一步分类。将所有非无保留审计意见从全样本中剔除，只留有无保留审计意见和无保留加强调事项段的审计意见。因此理论上可以理解为，在不存在重大错报风险的剩余研究对象中，样本可以分为存在持续经营风险和不存在持续经营风险两类。在此设置哑变量 GC（Going Concern）为 1 代表被出具无保留加强调事项段（即持续经营意见）的样本公司，否则为 0。之后以 GC 为因变量进行多元 Logistic 回归：

$$GC_{i,t} = \alpha_1 \times Analyst_{i,t-1} + \sum_{k=1}^{k} \alpha_{k+1} \times Controls_k + Location effect + Industry effect + Year effect + \varepsilon_{i,t} \quad (8.3)$$

其中，GC 等于 1 代表带强调事项段的无保留审计意见，否则为 0；$Analyst$ 为滞后一期（$t-1$ 期）的相应公司的分析师跟踪人数，在这里分别用关注上市公司的分析师人数（即机构数）加 1 的自然对数 [Ln($Analyst_{t-1}+1$)]、发布盈余预测报告的数量加 1 的自然对数 [Ln($Reports_{t-1}+1$)]、是否有分析师跟踪的虚拟变量（$Follow_{t-1}$）作为替代变量；$Controls$ 代表公司特征等控制变量，同时控制了样本地域、行业及年度。回归结果在表 8.7 中列示。表 8.7 分别列示了使用盈余预测报告的机构数、发布盈余预测报告数及是否有分析师跟踪作为分析师关注程度的替代变量时的回归结果。结果显示，三种衡量方式分别在 10% 和 1% 的统计显著水平上与因变量负相关（z 统计量分别为 -1.91、-4.59、-5.12），说明当分析师关注度高时，相较于带强调事项段的无保留审计意见，上市公司更可能被出具无保留的审计意见，证实了前文假设 H4.6。

表 8.7　　　　分析师关注与带强调事项段的无保留审计意见

变量	因变量 = GC					
	Ln($Analyst_{t-1}$+1)		Ln($Reports_{t-1}$+1)		$Follow_{t-1}$	
	系数	z 值	系数	z 值	系数	z 值
$Analyst_{t-1}$	-0.014*	(-1.91)	-0.422***	(-4.59)	-0.725***	(-5.12)
DA	-2.149***	(-3.19)	-2.204***	(-3.31)	-2.245***	(-3.33)
RM	-0.109	(-0.49)	-0.128	(-0.58)	-0.073	(-0.33)
InsHold	-0.008*	(-1.71)	-0.008*	(-1.85)	-0.010**	(-2.24)
SIZE	-0.082	(-0.67)	-0.106	(-0.87)	-0.201*	(-1.75)
BTM	-1.503***	(-2.87)	-1.500***	(-2.91)	-1.232**	(-2.38)
Age	0.034	(1.63)	0.034	(1.63)	0.039*	(1.91)
LEV	3.116***	(5.38)	3.140***	(5.43)	3.218***	(5.49)
Growth	-0.267**	(-2.56)	-0.271***	(-2.60)	-0.289***	(-2.71)
NOA	-1.486***	(-3.16)	-1.477***	(-3.15)	-1.483***	(-3.13)
ROE	-0.812***	(-5.31)	-0.840***	(-5.55)	-0.848***	(-5.43)
TobinQ	0.131***	(3.63)	0.124***	(3.43)	0.118***	(3.24)
Big4	0.350	(0.70)	0.298	(0.60)	0.215	(0.44)
SOE	0.037	(0.11)	-0.007	(-0.02)	0.042	(0.13)
Constant	-2.357	(-1.02)	-2.082	(-0.89)	-0.282	(-0.13)
地域效应	控制		控制		控制	
年度效应	控制		控制		控制	
行业效应	控制		控制		控制	
N	16560		16560		16560	
Pseudo R^2	0.333		0.332		0.331	
Chi^2	738.6		745.6		754.2	

注：***、**及*分别代表1%、5%和10%的显著水平。括号内为已经过怀特异方差修正的 z 值且所有回归系数的标准差都在公司层面上进行了聚类处理。

第四节　本章小结

信息鉴证是上市公司的信息产品（即财务报告）在传递到"消费者"（即报告使用者）之前的最后一个环节。社会公众和以往研究的焦点通常在于在此阶段注册会计师能否对会计信息进行甄别。但这忽略了其他资本市场中介机构对财务报告中可能存在的重大错报风险的影响。与注册会计师相比，证券分析师由于具有对企业的财务状况、经营环境、宏观行业背景等信息获取的优势，同时分析师的关注行为在信息的"生产"及"控制"环节分别对财务报告的编制发挥了监督作用，改善了企业内部信息环境，因此降低了注册会计师的审计成本。

2007年新修订的《中国注册会计师执业准则》要求注册会计师在审计前先对被审计单位的重大错报风险进行评估，并以此估计所需的审计时间和范围，即审计成本。当财务报告审计风险越高时，审计定价也越高（Hogan和Wilkins，2008）。如前所述，分析师的关注，减少了审计师后期的投入，因此也降低了审计费用。以往的研究通过检验证券分析师与外部审计监督之间的关系发现，分析师的外部监督作用与审计之间是替代效应（李晓玲和任宇，2013）。Gotti等（2012）基于美国资本市场的数据发现，审计费用与分析师跟踪人数之间存在负向的关系；Cotter和Young（2007）也指出分析师的跟踪能够降低外部审计师的审计成本，即降低审计费用。利用中国资本市场的数据，Fang等（2014）用审计费用替代审计风险，发现分析师跟踪数量与审计费用显著负相关。同时，分析师关注程度较高的公司，由于具有更有效的信息传递环境，被出具的审计意见也更"清洁"。总体来说，本章研究结果证实了前文的理论分析及假设，即分析师关注与非标准审计意见发生的概率呈负相关关系，即当分析师关注越高时，上市公司被出具非标准审计意见的可能性越低。之后，将所有非无保留审计意见从全样本中剔除，只留有无保留审计意见和无保留加强调事项段的审计意见的样本公司，对其进行进一步的回归，发现当分析师对上市公司的关注较高时，相比较带强调事项段的无保留审计意见，上市公司更可能被出具无保留的审计意见，结论与前文一致。

第九章　研究结论与政策建议

第一节　主要研究结论

　　本书基于我国的制度背景和资本市场的信息环境，研究充当资本市场信息中介及上市公司外部监督机制——证券分析师的关注是否影响财务报告重大错报风险及其作用机理。在信息经济学的理论下，企业会计信息从内向外流动的过程形成了"制作（生产）—控制—鉴证—接收（披露）"的链条。借鉴以往研究和现有理论，本书发现分析师的关注行为对上市公司为投资者提供的"产品"（即会计信息）的"生产流程"各环节起到了至关重要的作用。主要的研究结论如下。

　　首先，在"产品制作"层面（即财务报告编制阶段），分析师的关注能显著降低上市公司的盈余管理信息风险、财务报告舞弊行为及财务报告重述发生的概率。以往使用盈余质量作为会计信息质量替代变量的研究对分析师关注的影响作用一直存在争议（Dyck 等，2010；袁知柱等，2016；Hu 和 Schaberl，2017）。这是由于盈余管理的概念本身是"中性"的，管理层进行盈余管理的原因可能是为了减少与投资者之间的信息不对称（Guay 等，1996），但是随业绩波动较大的盈余管理行为则可能威胁企业的财务风险（Francis 等，2005；曾雪云、陆正飞，2016）。所以，本书以盈余管理信息风险来替代以往文献大多使用的应计盈余质量，发现当分析师关注较高时，企业的盈余管理信息风险较低；同时，分析师的关注对企业基本面信息风险也起到了降低的作用。另外，本书用财务舞弊违规公告和财务重述指代企业披露的财务报告中存在重大错报。已有研究发现，在上市公司的财务报告舞弊行为的前期，分析师就已经减少了对其的关注（Dechow等，1996；Cotter和Young，2007）。由于对上市公司财务报告舞弊的识别需要监管成本，资本市场监管者并不能够识别所有的会计欺诈行为（吴联生、王亚平，2003）。但与监管层和外部审计师不同的是，分析师的职责是识别那些具有投资前景的企业，而不是识别报告中的重大错报，但可以在报告的编制阶段对信息的"生产"进行监督，并通过减少关注对资本市场起到警示的作用。因此，本书认为分析师关注越多，越证明上市公司具有较好的经营环境和发展前景，因此不存在或存在较低的重大错报风险；同时，分析师也会在公司的财务报告舞弊违规被发现前，采取减少跟踪（即关注）的方式来减少自身的声誉风险，实证结果支持了本书的假设。结论在PSM匹配回归、Heckman二阶段控制自选择偏差等稳健性检验后仍成立。

其次，在"产品生产控制"层面（即企业的内部控制体系），分析师关注能有效减少企业内部控制存在缺陷的可能性。以往文献认为，内控的缺陷增加了上市公司管理层进行舞弊的动机并为其行为增加了合理化的因素（陈汉文等，2005；张龙平等，2010）。本章搜集了2007—2014年企业披露的内部控制评价报告，其中以"是否披露内控评价""内控评价是否有效""内控评价是否存在缺陷"作为上市公司内部控制体系是否对信息的"生产控制"层面起到积极作用的替代变量。研究结果发现，分析师关注越高，企业披露内控评价报告的概率越高、内控设计有效的可能性越大，同时内控存在缺陷的概率越低。在2011年监管层要求强制披露内控评价报告后，分析师关注与内控缺陷的发生率仍然呈显著负相关关系。结果证实，分析师的关注在企业信息控制层面起到了积极的作用，能够帮助上市公司完善内部治理环境。

最后，在"产品质量鉴证"层面（即注册会计师外部审计阶段），由于上市公司前期信息的"生产阶段"和"产品控制"阶段受到分析师关注的影响，信息传递的链条得到有效的改善，因此在信息鉴证层面能够显著减少注册会计师的审计投入。我国资本市场中介机构监管不够完善，分析师因多方压力很难发布负面的评级建议，因此减少对上市公司的关注（即跟踪）即可以视为对上市公司治理环境的负面曝光，这个特点与媒体的监督是类似的（李培功、沈艺峰，2010）。正因为如此，本书认为分析师的关注，有效地减少了注册会计师的审计成本，相应地表现为较低的审计费用。另外，审计意见的出具受到被审计单位内部控制是否有效的影响，因此，当分析师关注改善了公司环境，降低了内控存在缺陷的可能性时，注册会计师则更有可能出具标准无保留审计意见。实证结果支持了研究假设，即分析师关注与审计费用呈显著负相关关系；分析师关注与非标准审计意见的发生概率呈显著负相关关系。稳健性检验后结果仍成立。

本书主要的研究贡献如下：

第一，构建了分析师关注对财务报告重大错报风险影响的新的解释框架，为分析师关注对会计信息传递的整个链条具有监督和改善的作用提供了理论依据。研究认为，会计信息是企业向外界披露的"产品"，从产品的制作到"消费者"手中，经历了"制作（会计报告的编制）—控制（企业内部控制）—鉴证（注册会计师审计）—接收（披露给报告使用者）"的一系列流程。但是，以往大量文献过多地把焦点放在分析师关注对资本市场反应或财务报告盈余质量的研究，忽略了分析师作为资本市场的信息中介和上市公司的外部监督者的角色，他们对于会计信息的影响遍及了财务报告信息流动的整个过程。

第二，根据会计信息传递链条的不同层面，构建了财务报告重大错报风险的新的度量体系。以往文献多数以因财务报告舞弊而受到证监会处罚，或应计盈余质量作为公司财务报告存在重大错报风险的衡量变量，但此类替代变量存在局限性：一是没有受到违规处罚的公司并不意味着其披露的财务信息是"清洁的"（即完全不存在重大错报风险）。二是由于盈余管理是中性的，可操控的应计利润的高低并不能直接代表上市公司财务报告存在较高的重大错报风险。因此，本书对重大错报风险的衡量根据会计信息链条进行了多角度的量化，使研究结果更稳健。

第三，本书的研究结果着重强调了资本市场的中介机构——证券分析师在市场信息传递中的重要作用。随着我国资本市场规模指数性的增长，证券分析师从早期不成规范的民间"股评师"，发展到截至2017年专业从事证券投资业务的2309人，其对于上市公司披露会计信息质量的影响愈加得到重视。因此，本书的主要现实意义在于如何利用分析师的职业特点和信息优势，提高上市公司会计信息质量，以有利于市场经济资源更有效的配置。研究结论以期为政府监管及资本市场利益相关者作为未来决策参考。

第二节 政策建议

本书的研究结果证实了证券分析师在市场信息传递中的重要作用。针对我国监管较弱、中介机构行业诉讼风险较低的特点，本书的现实意义主要在于，在当前分析师行业快速发展阶段，如何利用分析师的职业特点和获取信息的优势，有效提高上市公司会计信息的传递及质量，从而使得市场经济资源配置更加有效。基于理论分析和研究结果，本书提出以下几点政策建议。

一 资本市场监管者

市场经济条件下，法律监管是制约一切经济行为的重要制度安排。对于上市公司财务报告中存在的重大错报来说，完善的法律环境和体系所带来的强制处罚机制能够显著地增加管理层的会计舞弊成本，从而减少上市公司财务操纵的动机及舞弊时的侥幸心理。因此，本书建议市场监管者考虑如下几点建议。第一，政府各级监管部门加大对违规公司的处罚力度。同时，加强对资本市场中介机构的监管并完善惩罚机制。其中，中介机构主要包括会计师事务所、券商及其他证券投资咨询机构,要减少其与上市公司"合谋"的机会和动机。第二,调动社会公众监督的作用。鼓励广大投资者、新闻媒体、其他监督部门和社会公众对公司的财务信息操纵不当行为进行披露和举报。第三,完善关于上市公司会计监管的法律法规,并使之具有可操作性和严肃性,修订完善证券法,大幅提升市场违规成本。第四,加强对诸如会计师事务所等监督部门的检查、监督、惩罚。同时,不断提高注册会计师及证券分析师的知识水平、职业道德素质以及行业自律。

二 证券分析师行业

尽管证券分析师(指卖方分析师)在发布盈余预测或评级推荐报告时,理论上被认为是独立的,但是由于分析师隶属于券商或其他证券机构,其佣金的多少来自上市公司的募集资金额度。同时,我国资本市场存在供需失衡的状态,基本上承销商发行失败的概率很低,这导致证券分析师及其隶属证券公司可能对企业的财务舞弊行为"睁一只眼闭一只眼",更有甚者为其出谋划策。因此,当资本市场的广大投资者由于缺乏相关的行业了解和专业知识而依赖于分析师发布的报告时,上市公司的财务造假行为将会导致投资者的巨大损失。在其他方面,《新财富》杂志社每年定期主办"新财富最佳分析师"评选,名列榜单的分析师都被视为"明星分析师",其薪金也远远高于一般的证券分析师。评选的程序为券商推荐、投资者网上投票、主客观综合测评,这其中参与投票的投资者大部分来自上市公司及投资机构,而这些投票者大部分也可能是参评的分析师跟踪的上市公司。这严重影响了分析师的独立性,导致其在发布评估报告时选择避免给出相关上市公司的负面意见。并且,我国当前的证券市场不仅缺乏对分析师行业有效的监管机制,也缺乏对分析师行业的保护机制。因此,本书建议结合我国资本市场的实际情况,健全针对证券分析师行业等中介机构的法律规章制度。

三 上市公司内部治理

我国上市公司存在的内部问题也同样影响了资本市场资源配置的有效性。例如，我国上市企业股权过于集中，这导致大股东凭借自己的地位完全可以操控股东大会，使股东大会成为"一言堂"，而中小股东的利益无法得到有效保护。内部人控制现象也导致董事会的独立性不能得到保证。例如，我国上市公司普遍存在的董事长和总经理"两职合一"现象，严重降低了董事会成员对经理层的监督有效性，使上市公司财务报告可能出现财务舞弊的行为。此外，尽管大多数上市公司均设置了监事会和审计委员会，但其成员由公司的内部人员担任，在高层领导的管理下，基本无法保证其独立性，无法起到监督的作用。本书对此建议，要治愈当前资本市场存在的诟病，上市公司内部的监督机制是必不可少的因素，完善信息"制作过程"的内部控制体系，会有效减少上市公司财务信息错报和舞弊的可能性。

第三节 研究局限及展望

一 研究局限

由于数据可获取性、研究设计及研究者对问题理解的主观性，本书存在一定的局限性。

第一，关于重大错报风险的衡量方面。财务报告重大错报风险的衡量是本书的核心问题也是主要难点。准则中将重大错报风险定义为"财务报表审计前存在重大错报的可能性"，但由于审计前的财务数据无法获得，因此以往研究通常使用上市公司发生舞弊被处罚的违规公告作为存在财务报告重大错报的替代变量，这是此领域研究的一个重要局限。此外，还存在另外两点局限性：一是上市公司是否遭到处罚会受到处罚方（即监管者）偏好的影响，而由于监管成本的考虑和资源的限制，没有被处罚的上市公司并不能被认为是完全"清洁的"。二是监管的时效问题，处罚存在滞后性，那么考虑更长时间跨度的样本可能使结果更稳健，但分析师相关数据可用年度有限，因此现阶段无法实现。

第二，关于分析师关注的衡量。由于现有能搜集到的数据、关于分析师的跟踪数据及发布的预测报告数主要起始于2004年，因此研究区间只限于2004—2015年。此外，在本书研究设计中，由于缺乏相关数据，没有考虑分析师跟踪上市公司时的独立性问题。现实中，证券分析师可能会倾向于跟踪隶属券商重仓的上市公司，并发布相对乐观的预测报告。但是，本书在稳健性部分尽可能地使用以往文献所采取的方法对分析师的跟踪选择进行相关内生性控制，因此研究结果具有一定的可靠性，并可作为政策及未来研究参考。

第三，关于资本市场其他参与者的影响。本书在研究中假设外部审计师是独立的，如果考虑外部审计师的相关特征，例如审计任期、审计师行业专长等特征，可能对分析师关注是否影响重大错报风险有更进一步的理解。

第四，关于样本上市公司的选取。本书选取的样本公司为非金融的A股上市公司，因此结论不适用于金融行业及新三板或部分B股上市公司。

二 研究展望

在已有成果和本书的基础上，未来可以拓展的研究方向包括以下几方面。

首先，在理论分析方面，由于我国资本市场制度环境的特殊性，尚缺乏一个完整的理论框架或逻辑模型对分析师和其他资本市场参与者之间的关系进行解释。尽管本书对此做了初步的尝试，但在未来研究中仍需在此方面深入分析。

其次，重大错报风险的衡量方式值得更多的研究关注。本书的研究中对重大错报风险的衡量包括由非故意错误导致和故意导致错误的两种财务报告错报风险，这两种错误的区分也是今后需要研究的方向。

  最后，关于分析师的研究。在本书的研究中，对分析师关注行为的衡量主要是分析师对上市公司的跟踪人数（或跟踪上市公司的券商机构数）、发布的盈余预测报告数，以及是否跟踪上市公司三种衡量方式。除此之外，当前关于分析师研究领域的文章还包括了分析师的盈余预测准确性、盈余预测偏差、分析师自身特征、行业专长、隶属关系及其他特征的衡量等。这些方面都是能够影响上市公司财务报告信息质量的重要因素，因此需要进一步拓展。除此之外，分析师的关注及预测行为是否影响了上市公司披露的其他信息？例如，管理层盈余预测、季度及年度财务报告、管理层讨论分析报告（MD&A）等，都是相关领域需要重点关注的研究问题。

参考文献

薄仙慧、吴联生：《盈余管理、信息风险与审计意见》，《审计研究》2011年第1期。

蔡吉甫：《我国上市公司内部控制信息披露的实证研究》，《审计与经济研究》2005年第2期。

曹胜、朱红军：《王婆贩瓜：券商自营业务与分析师乐观性》，《管理世界》2011年第7期。

曹强、胡南薇、王良成：《客户重要性、风险性质与审计质量——基于财务重述视角的经验证据》，《审计研究》2012年第6期。

陈汉文、董望：《财务报告内部控制研究述评——基于信息经济学的研究范式》，《厦门大学学报》（哲学社会科学版）2010年第3期。

陈汉文、吴益兵、李荣、徐臻真：《萨班斯法案404条款：后续进展》，《会计研究》2005年第2期。

陈强：《高级计量经济学及Stata应用》，高等教育出版社2014年版。

陈小林、林昕：《盈余管理、盈余管理属性与审计意见——基于中国证券市场的经验证据》，《会计研究》2011年第6期。

陈永生：《证券投资技术分析的假说辨析》，《天府新论》1999年第3期。

陈毓圭：《对风险导向审计方法的由来及其发展的认识》，《会计研究》2004年第2期。

丁亮、孙慧：《中国股市股票推荐效应研究》，《管理世界》2001年第5期。

方春生、王立彦、林小驰、林景艺、冯博：《SOX 法案、内控制度与财务信息可靠性——基于中国石化第一手数据的调查研究》，《审计研究》2008 年第 1 期。

方红星、段敏：《内部控制信息披露对盈余价值相关性的影响——来自 A 股上市公司 2007—2011 年度的经验数据》，《审计与经济研究》2014 年第 6 期。

方红星、张志平：《内部控制质量与会计稳健性》，《审计与经济研究》2012 年第 5 期。

方先明、汤泓：《股票分析师报告有效吗？》，《中国经济问题》2016 年第 5 期。

冯旭南、李心愉：《中国证券分析师能反映公司特质信息吗？——基于股价波动同步性和分析师跟进的证据》，《经济科学》2011 年第 4 期。

郭杰、洪洁瑛：《中国证券分析师的盈余预测行为有效性研究》，《经济研究》2009 年第 11 期。

郝玉贵、刘李晓：《关联方交易舞弊风险内部控制与审计——基于紫鑫药业案例的研究》，《审计与经济研究》2012 年第 4 期。

韩丽荣、高瑜彬、胡玮佳：《带强调事项段无保留审计意见的市场反应研究》，《湖南社会科学》2015 年第 1 期。

韩丽荣、胡玮佳、高瑜彬：《数据安全性：中国 A 股上市公司异常会计信息与财务报告舞弊风险的识别》，《河南社会科学》2015 年第 7 期。

胡玮佳、韩丽荣：《分析师关注度、机构持股比与会计信息披露——基于相续 Logit 模型的回归分析》，《财经问题研究》2016 年第 6 期。

胡奕明：《证券分析师研究报告：市场信息的解读》，清华大学出版社 2005 年版。

胡奕明、林文雄：《信息关注深度、分析能力与分析质量——对我国证券分析师的调查分析》，《金融研究》2005 年第 2 期。

胡奕明、沈光明、岑江华：《见解的独到性与预示性——关于我国证券分析师分析能力的实证研究》,《中国会计评论》2005 年第 12 期。

黄明:《会计欺诈和美国式资本主义》,《比较》2002 年第 2 期。

江轩宇、于上尧:《分析师独立性与盈余管理》,《山西财经大学学报》2012 年第 10 期。

[德] 柯武刚、史漫飞:《制度经济学》,韩朝华译,商务印书馆 2000 年版。

李春涛、宋敏、张璇:《分析师跟踪与企业盈余管理——来自中国上市公司的证据》,《金融研究》2014 年第 7 期。

李春涛、赵一、徐欣、李青原:《按下葫芦浮起瓢:分析师跟踪与盈余管理途径选择》,《金融研究》2016 年第 4 期。

李丹蒙、叶建芳、叶敏慧:《分析师跟进对上市公司盈余管理方式的影响研究》,《外国经济与管理》2015 年第 1 期。

李培功、沈艺峰:《媒体的公司治理作用:中国的经验证据》,《经济研究》2010 年第 4 期。

李晓玲、刘中燕、任宇:《分析师关注对上市公司盈余管理的影响》,《江淮论坛》2012 年第 6 期。

李晓玲、任宇:《证券分析师关注与审计监督:替代抑或互补效应——基于中国民营上市公司的经验证据》,《审计与经济研究》2013 年第 6 期。

李增福、董志强、连玉君:《应计项目盈余管理还是真实活动盈余管理——基于我国 2007 年所得税改革的研究》,《管理世界》2011 年第 1 期。

陆建桥:《中国亏损上市公司盈余管理实证研究》,《会计研究》1999 年第 9 期。

路云峰:《财务报表重大错报风险与审计定价》,博士学位论文,暨南大学,2009 年。

路云峰:《流通股集中度、重大错报风险影响审计定价的实证分析》,《财会月刊》2010 年第 33 期。

路云峰、刘国常:《公司治理特征与审计重大错报风险——来自中国证券市场的经验证据》,《审计与经济研究》2008 年第 3 期。

马晨、张俊瑞、李彬:《财务重述对分析师预测行为的影响研究》,《数理统计与管理》2013 年第 2 期。

[美] 莫茨、夏拉夫:《审计理论结构》,文硕等译,中国商业出版社 1990 年版。

潘越、戴亦一、林超群:《信息不透明、分析师关注与个股暴跌风险》,《金融研究》2011 年第 9 期。

[日] 青木昌彦:《比较制度分析》,周黎安译,上海远东出版社 2001 年版。

邱学文、吴群:《现代风险导向下重大错报风险与审计定价》,《中国工业经济》2010 年第 11 期。

唐俊、宋逢明:《证券咨询机构选股建议的预测能力分析》,《财经论丛》2002 年第 1 期。

田高良、齐保垒、李留闯:《基于财务报告的内部控制缺陷披露影响因素研究》,《南开管理评论》2010 年第 4 期。

王海滨:《内部控制自我评价报告披露研究的文献综述》,《北京工商大学学报》(社会科学版) 2014 年第 1 期。

王丽、冯玉婷、刘红芬、卜伟国:《财务报表重大错报风险形成路径研究》,《审计与经济研究》2015 年第 5 期。

王良成:《应计与真实盈余管理:替代抑或互补》,《财经理论与实践》2014 年第 2 期。

王毅辉、魏志华:《财务重述研究述评》,《证券市场导报》2008 年第 3 期。

王泽霞、梅伟林:《中国上市公司管理舞弊重要红旗标志之实证研究》,《杭州电子科技大学学报》(社会科学版) 2006 年第 3 期。

韦琳、徐立文、刘佳:《上市公司财务报告舞弊的识别——基于三角形理论的实证研究》,《审计研究》2011 年第 2 期。

夏立军、杨海斌:《注册会计师对上市公司盈余管理的反应》,《审计研究》2002 年第 4 期。

肖浩、詹雷：《新闻媒体报道、分析师行为与股价同步性》，《厦门大学学报》（哲学社会科学版）2016年第4期。

谢震、艾春荣：《分析师关注与公司研发投入：基于中国创业板公司的分析》，《财经研究》2014年第2期。

谢震、熊金武：《分析师关注与盈余管理：对中国上市公司的分析》，《财贸研究》2014年第2期。

徐欣、唐清泉：《财务分析师跟踪与企业R&D活动——来自中国证券市场的研究》，《金融研究》2010年第12期。

许浩然、张雯、杨宜玮：《分析师跟踪、审计任期与审计质量》，《现代管理科学》2016年第7期。

薛祖云：《会计信息市场政府监管研究》，中国财政经济出版社2005年版。

薛祖云、王冲：《信息竞争抑或信息补充：证券分析师的角色扮演——基于我国证券市场的实证分析》，《金融研究》2011年第11期。

阎达五、王建英：《上市公司利润操纵行为的财务指标特征研究》，《财务与会计》2001年第10期。

于忠泊、叶琼燕、田高良：《外部监督与盈余管理——针对媒体关注、机构投资者与分析师的考察》，《山西财经大学学报》2011年第9期。

袁春生：《监督抑或跟随：机构投资者治理角色研究——来自舞弊公司机构持股行为的经验证据》，《财经理论与实践》2012年第3期。

袁春生、唐松莲、江涛武：《证券分析师舞弊警示能力及其信息传递方式——基于证监会处罚公告的经验证据》，《财贸研究》2013年第6期。

袁知柱、李江红、王书光：《分析师跟进、终极控制人性质与企业应计及真实盈余管理行为选择》，《南大商学评论》2016年第2期。

岳殿民、韩传模、吴晓丹、Chao-Hsien Chu：《中国上市公司会计舞弊方式实证研究》，《审计研究》2009年第5期。

岳衡、林小驰：《证券分析师VS统计模型：证券分析师盈余预测的相对准确性及其决定因素》，《会计研究》2008年第8期。

曾雪云、陆正飞:《盈余管理信息风险、业绩波动与审计意见——投资者如何逃离有重大盈余管理嫌疑的上市公司?》,《财经研究》2016年第8期。

翟胜宝、张雯、曹源、朴仁玉:《分析师跟踪与审计意见购买》,《会计研究》2016年第6期。

赵保卿、陈润东:《证券分析师关注、产权性质与审计费用》,《南京审计学院学报》2016年第1期。

张纯、吕伟:《信息环境、融资约束与现金股利》,《金融研究》2009年第7期。

张俊瑞、刘慧、杨蓓:《分析师跟进、法律环境与企业诉讼风险》,《财经论丛》2016年第9期。

张龙平、王军只、张军:《内部控制鉴证对会计盈余质量的影响研究——基于沪市A股公司的经验证据》,《审计研究》2010年第2期。

张苏彤:《奔福德定律:一种舞弊审计的数值分析方法》,《中国注册会计师》2005年第11期。

张苏彤、康智慧:《信息时代舞弊审计新工具——奔福德定律及其来自中国上市公司的实证测试》,《审计研究》2007年第3期。

张维迎:《博弈论与信息经济学》,生活·读书·新知三联书店上海分店、上海人民出版社1996年版。

张宜霞、郭玉:《财务报告重大错报风险的定量识别与评估——基于财务指标相对偏差的逻辑回归模型》,《财务研究》2015年第6期。

《中国注册会计师审计准则第1101号》(2006年版),中注协制定,中国财政部发布。

《中国注册会计师审计准则第1101号》(2010年版),中注协制定,中国财政部发布。

周冬华、赵玉洁:《分析师跟进能够降低审计费用吗?》,《证券市场导报》2015年第1期。

周泽将、杜兴强:《新闻发言人、财务分析师跟踪与信息透明度》,《商业经济与管理》2012 年第 11 期。

周泽将、刘中燕、胡瑞:《CEO vs CFO:女性高管能否抑制财务舞弊行为》,《上海财经大学学报》(哲学社会科学版) 2016 年第 1 期。

朱红军、何贤杰、陶林:《中国的证券分析师能够提高资本市场的效率吗——基于股价同步性和股价信息含量的经验证据》,《金融研究》2007 年第 2 期。

朱锦余、高善生:《上市公司舞弊性财务报告及其防范与监管——基于中国证券监督委员会处罚公告的分析》,《会计研究》2007 年第 11 期。

Abbott, Lawrence J., Susan Parker, and Gary F. Peters, "Audit Committee Characteristics and Restatements", *Auditing: A Journal of Practice & Theory*, Vol. 23, No. 1, 2004, pp. 69 – 87.

Adolf A. Berle and Gardiner C. Means, *The Modern Corporation and Private Property*, New York: McMillian, 1932.

Alan I. Blankley, David N. Hurtt, and Jason E. MacGregor, "Abnormal Audit Fees and Restatements", *Auditing: A Journal of Practice & Theory*, Vol. 31, No. 1, 2012, pp. 79 – 96.

Albrecht, W. Steve, Marshall B. Romney, David J. Cherrington, et al., "Red-Flagging Management Fraud: A Validation", *Advances in Accounting*, Vol. 3, 1986, pp. 323 – 333.

Alexander Dyck, Adair Morse, and Luigi Zingales, "Who Blows the Whistle on Corporate Fraud?" *Journal of Finance*, Vol. 65, No. 6, 2010, pp. 2213 – 2253.

Allen D. Blay, L. Dwight Sneathen, and Tim Kizirian, "The Effects of Fraud and Going-Concern Risk on Auditors' Assessments of the Risk of Material Misstatement and Resulting Audit Procedures", *International Journal of Auditing*, Vol. 11, No. 3, 2007, pp. 149 – 163.

American Institute of Certified Public Accountants (AICPA), Statement on Auditing Standards (SAS) No. 82: Consideration of Fraud in a Financial Statement Audit, New York: AICPA, 1997.

American Institute of Certified Public Accountants (AICPA), *Statement on Auditing Standards (SAS) No. 99: Consideration of Fraud in a Financial Statement Audit*, New York: AICPA, 2002.

Amy Y. Zang, "Evidence on the Trade-off between Real Activities Manipulation and Accrual-Based Earnings Management", *The Accounting Review*, Vol. 87, No. 2, 2012, pp. 675 – 703.

Andrey Golubov, Dimitris Petmezas, and Nickolaos G. Travlos, "When It Pays to Pay Your Investment Banker: New Evidence on the Role of Financial Advisors in M&As", *The Journal of Finance*, Vol. 67, No. 1, 2012, pp. 271 – 311.

Anne Beyer, Daniel A. Cohen, Thomas Z. Lys, Beverly R. Walther, "The Financial Reporting Environment: Review of the Recent Literature", *Journal of Accounting and Economics*, Vol. 50, No. 2 – 3, 2010, pp. 296 – 343.

Anthony M. Bertelli, "Motivation Crowding and the Federal Civil Servant: Evidence from the U. S. Internal Revenue Service", *International Public Management Journal*, Vol. 9, No. 1, 2006, pp. 3 – 23.

Arthur Allen, Bill B. Francis, Qiang Wu, Yijiang Zhao, "Analyst Coverage and Corporate Tax Aggressiveness", *Journal of Banking & Finance*, Vol. 73, 2016, pp. 84 – 98.

Arthur Levitt Jr., "The Numbers Game", *CPA Journal*, Vol. 68, No. 12, 1998, pp. 14 – 19.

Ashiq Ali, Weining Zhang, "CEO Tenure and Earnings Management", *Journal of Accounting and Economics*, Vol. 59, No. 1, 2005, pp. 60 – 79.

Benjamin C. Ayers and Robert N. Freeman, "Evidence That Analyst Following and Institutional Ownership Accelerate the Pricing of Future Earnings", *Review of Accounting Studies*, Vol. 8, No. 1, 2003, pp. 47 – 67.

Billy E. Brewster, "How a Systems Perspective Improves Knowledge Acquisition and Performance in Analytical Procedures", *The Accounting Review*, Vol. 86, No. 3, 2011, pp. 915 – 943.

Brian Ballou, Christine E. Earley, and Jay S. Rich, "The Impact of Strategic-Positioning Information on Auditor Judgments about Business-Process Performance", *Auditing: A Journal of Practice & Theory*, Vol. 23, No. 2, 2004, pp. 71 – 88.

Brian J. Bushee, "The Influence of Institutional Investors on Myopic R&D Investment Behavior", *The Accounting Review*, Vol. 73, No. 3, 1998, pp. 305 – 333.

Charalambos T. Spathis, "Detecting False Financial Statements Using Published Data: Some Evidence from Greece", *Managerial Auditing Journal*, Vol. 17, No. 4, 2002, pp. 179 – 191.

Charles A. P. N. Carslaw, "Anomalies in Income Numbers: Evidence of Goal Oriented Behavior", *The Accounting Review*, Vol. 63, No. 2, 1988, pp. 321 – 327.

Chen-Lung Chin and Hsin-Yi Chi, "Reducing Restatements with Increased Industry Expertise", *Contemporary Accounting Research*, Vol. 26, No. 3, 2009, pp. 729 – 765.

Chris E. Hogan and Michael S. Wilkins, "Evidence on the Audit Risk Model: Do Auditors Increase Audit Fees in the Presence of Internal Control?" *Contemporary Accounting Research*, Vol. 25, No. 1, 2008, pp. 219 – 242.

Christopher J. Skousen, Kevin R. Smith, and Charlotte J. Wright, "Detecting and Predicting Financial Statement Fraud: The Effectiveness of the Fraud Triangle and SAS No. 99", in Mark Hirschey, Kose John, Anil K. Makhija, eds., *Corporate Governance and Firm Performance*, Emerald Group Publishing Limited, 2009.

Chunxin Jia, Shujun Ding, Yuanshun Li, Zhenyu Wu, "Fraud, Enforcement Action, and the Role of Corporate Governance: Evidence from China", *Journal of Business Ethics*, Vol. 90, No. 4, 2009, pp. 561 – 576.

Cindy Durtschi, William Hillison, and Carl Pacini, "The Effective Use of Benford's Law to Assist in Detecting Fraud in Accounting Data", *Journal of Forensic Accounting*, Vol. V, 2004, pp. 17 – 34.

Clive Lennox, Jeffrey A. Pittman, "Big Five Audits and Accounting Fraud", *Contemporary Accounting Research*, Vol. 27, No. 1, 2010, pp. 209 – 247.

Clive Lennox, Xi Wu, and Tianyu Zhang, "Audit Adjustments and Measures of Earnings Quality", Working Paper, Nanyang Technological University, 2014.

Constantinos Caramanis and Clive Lennox, "Audit Effort and Earnings Management", *Journal of Accounting and Economics*, Vol. 45, No. 1, 2008, pp. 116 – 138.

Dan A. Simunic, "The Pricing of Audit Services: Theory and Evidence", *Journal of Accounting Research*, Vol. 18, No. 1, 1980, pp. 90 – 161.

Dan Dhaliwal, Chris Hogan, Robert Trezevant, and Michael Wilkins, "Internal Control Disclosure, Monitoring, and the Cost of Debt", *The Accounting Review*, Vol. 86, No. 4, 2011, pp. 1131 – 1156.

Dan Dhaliwal, Vic Naiker, and Farshid Navissi, "The Association between Accruals Quality and the Characteristics of Accounting Experts and Mix of Expertise on Audit Committees", *Contemporary Accounting Research*, Vol. 27, No. 3, 2010, pp. 787 – 827.

Dan S. Dhaliwal, Cristi A. Gleason, and Lillian F. Mills, "Last-Chance Earnings Management: Using the Tax Expense to Meet Analysts' Forecasts", *Contemporary Accounting Research*, Vol. 21, No. 2, 2004, pp. 431 – 459.

Daniel A. Cohen and Paul Zarowin, "Accrual-Based and Real Earnings Management Activities around Seasoned Equity Offerings", *Journal of Accounting and Economics*, Vol. 50, No. 1, 2010, pp. 2 – 19.

Daniel A. Cohen, Aiyesha Dey, and Thomas Z. Lys, "Real and Accrual-Based Earnings Management in the Pre-and Post-Sarbanes-Oxley Periods", *The Accounting Review*, Vol. 83, No. 3, 2008, pp. 757 – 787.

David A. Belsley, Edwin Kuh, and Roy E. Welsch, eds., *Regression Diagnostics: Identifying Influential Data and Sources of Collinearity*, New York: John Wiley & Sons, 1980.

David Burgstahler and Michael Eames, "Management of Earnings and Analysts' Forecasts to Achieve Zero and Small Positive Earnings Surprises", *Journal of Business Finance and Accounting*, Vol. 33, No. 5 – 6, 2006, pp. 633 – 652.

David B. Farber, "Restoring Trust after Fraud: Does Corporate Governance Matter?" *The Accounting Review*, Vol. 80, No. 2, 2005, pp. 539 – 561.

David J. Denis, Paul Hanouna, and Atulya Sarin, "Is There a Dark Side to Incentive Compensation?" *Journal of Corporate Finance*, Vol. 12, No. 3, 2006, pp. 467 – 488.

Dawn A. Matsumoto, "Management's Incentives to Avoid Negative Earnings Surprises", *The Accounting Review*, Vol. 77, No. 3, 2002, pp. 483 – 514.

Deborah S. Archambeault, F. Todd Dezoort, Dana R. Hermanson, "Audit Committee Incentive Compensation and Accounting Restatements", *Contemporary Accounting Research*, Vol. 25, No. 4, 2008, pp. 965 – 992.

Diana Knyazeva, "Corporate Governance, Analyst Following, and Firm Behavior", Working Paper, New York University, 2007.

Dietrich, J. Richard, Karl A. Muller, and Edward J. Riedl, "Asymmetric Timeliness Tests of Accounting Conservatism", *Review of Accounting Studies*, Vol. 12, No. 1, 2007, pp. 95 – 124.

Donald Ray Cressey, *Other People's Money: A Study of the Social Psychology of Embezzlement*, Montclair, NJ: Patterson Smith, 1953.

Douglas Cumming, W. Hou, and E. Lee, "Business Ethics and Finance in Greater China: Synthesis and Future Directions in Sustainability, CSR, and Fraud", *Journal of Business Ethics*, Vol. 138, No. 4, 2016, pp. 601 – 626.

Douglas J. Cumming, T. Y. Leung, and Oliver Rui, "Gender Diversity and Securities Fraud", *Academy of Management Journal*, Vol. 58, No. 5, 2015, pp. 1572 – 1593.

Douglas J. Skinner and Richard G. Sloan, "Earnings Surprises, Growth Expectations, and Stock Returns or Don't Let an Earnings Torpedo Sink Your Portfolio", *Review of Accounting Studies*, Vol. 7, No. 2 – 3, 2002, pp. 289 – 312.

Ed O'Donnell and Jon D. Perkins, "Assessing Risk with Analytical Procedures: Do Systems-Thinking Tools Help Auditors Focus on Diagnostic Patterns?" *Auditing: A Journal of Practice & Theory*, Vol. 30, No. 4, 2011, pp. 273 – 283.

Ed O'Donnell and Joseph J. Schultz Jr., "The Halo Effect in Business Risk Audits: Can Strategic Risk Assessment Bias Auditor Judgment about Accounting Details?" *The Accounting Review*, Vol. 80, No. 3, 2005, pp. 921 – 940.

Ed O'Donnell and Joseph J. Schultz Jr., "The Influence of Business-Process-Focused Audit Support Software on Analytical Procedures Judgments", *Auditing: A Journal of Practice & Theory*, Vol. 22, No. 2, 2003, pp. 265 – 279.

Edward L. Deciand, Richard M. Ryan, "Cognitive Evaluation Theory", in

Edward L. Deciand, Richard M. Ryan, eds., *Intrinsic Motivation and Self-Determination in Human Behavior*, Springer US, 1985.

Eli Bartov, Dan Givoly, and Carla Hayn, "The Rewards to Meeting or Beating Earnings Expectations", *Journal of Accounting and Economics*, Vol. 33, No. 2, 2002, pp. 173 – 204.

Elizabeth Carson, Neil L. Fargher, Marshall A. Geiger, Clive S. Lennox, K. Raghunandan, and Marleen Willekens, "Audit Reporting for Going-Concern Uncertainty: A Research Synthesis", *Auditing: A Journal of Practice & Theory*, Vol. 32, No. s – 1, 2012, pp. 353 – 384.

Ella M. Matsumura and Robert R. Tucker, "Fraud Detection: A Theoretical Foundation", *The Accounting Review*, Vol. 67, No. 4, 1992, pp. 753 – 782.

Eugene F. Fama, "Efficient Capital Markets: A Review of Theory and Empirical Work", *Journal of Finance*, Vol. 25, No. 2, 1970, pp. 383 – 417.

Evelyn R. Patterson and J. Reed Smith, "The Effects of Sarbanes-Oxley on Auditing and Internal Control Strength", *The Accounting Review*, Vol. 82, No. 2, 2007, pp. 427 – 455.

Feldmann, D. A. and Read, W. J., "Auditor Conservatism after Enron", *Auditing: A Journal of Practice & Theory*, Vol. 29, No. 1, 2010, pp. 267 – 278.

Ferdinand A. Gul, Charles J. P. Chen, and Judy S. L. Tsui, "Discretionary Accounting Accruals, Managers' Incentives, and Audit Fees", *Contemporary Accounting Research*, Vol. 20, No. 3, 2003, pp. 441 – 464.

Ferdinand A. Gul, Judy S. L. Tsui, "A Test of the Free Cash Flow and Debt Monitoring Hypotheses: Evidence from Audit Pricing", *Journal of Accounting and Economics*, Vol. 24, No. 2, 1997, pp. 219 – 237.

Francis Lees, *Public Disclosure of Corporate Earnings Forecasts*, New

York: The Conference Board, 1981.

Frank Benford, "The Law of Anomalous Numbers", *Proceedings of the American Philosophical Society*, Vol. 78, No. 4, 1938, pp. 551 – 572.

Frank F. Yu, "Analyst Coverage and Earnings Management", *Journal of Financial Economics*, Vol. 88, No. 2, 2008, pp. 245 – 271.

Franklin Allen, Jun Qian, Meijun Qian, "Law, Finance, and Economic Growth in China", *Journal of Financial Economics*, Vol. 77, No. 1, 2005, pp. 57 – 116.

François Degeorge, Jayendu Patel, and Richard Zeckhauser, "Earnings Management to Exceed Thresholds", *Journal of Business*, Vol. 72, No. 1, 1999, pp. 1 – 33.

François Degeorge, Yuan Ding, Thomas Jeanjean, Hervé Stolowy, "Analyst Coverage, Earnings Management and Financial Development: An International Study", *Journal of Accounting and Public Policy*, Vol. 32, No. 1, 2013, pp. 1 – 25.

Friedrich A. Hayek, *Law, Legislation, and Liberty: A New Statement of the Liberal Principles of Justice and Political Economy. Vol. 1. Rules and Order*, London and Henley: Routledge and Kegan Paul, 1973.

Gangadharrao Soundalyarao Maddala, ed., *Limited Dependent and Qualitative Variables in Econometrics*, Cambridge, England: Cambridge University Press, 1983.

Geert Braam, Monomita Nandy, Utz Weitzel, and Suman Lodh, "Accrual-Based and Real Earnings Management and Political Connections", *The International Journal of Accounting*, Vol. 50, No. 2, 2015, pp. 111 – 141.

Geoffrey P. Martin, Luis R. Gomez-Mejia, and Robert M. Wiseman, "Executive Stock Options as Mixed Gambles: Revisiting the Behavioral Agency Model", *Academy of Management Journal*, Vol. 56, No. 2, 2013, pp. 451 – 472.

Gerald J. Lobo and Yuping Zhao, "Relation between Audit Effort and Financial Report Misstatements: Evidence from Quarterly and Annual Restatements", *The Accounting Review*, Vol. 88, No. 4, 2013, pp. 1385 – 1412.

Giorgio Gotti, Sam Han, Julia L. Higgs, and Tony Kang, "Managerial Stock Ownership, Analyst Coverage, and Audit Fee", *Journal of Accounting, Auditing & Finance*, Vol. 27, No. 3, 2012, pp. 412 – 437.

Gopal V. Krishnan, Gnanakumar Visvanathan, "Do Auditors Price Audit Committee's Expertise? The Case of Accounting versus Nonaccounting Financial Experts", *Journal of Accounting, Auditing, and Finance*, Vol. 24, No. 1, 2009, pp. 115 – 144.

Hannan, R. Lynn, Frederick W. Rankin, Kristy L. Towry, "The Effect of Information Systems on Honesty in Managerial Reporting: A Behavioral Perspective", *Contemporary Accounting Research*, Vol. 23, No. 4, 2006, pp. 885 – 918.

Harold Demsetz, ed., *Economic, Legal, and Political Dimensions of Competition*, Amsterdam: North-Holland, 1982.

Hawariah Dalnial, Amrizah Kamaluddin, Zuraidah Mohd Sanusi, and Khairun Syafiza Khairuddin, "Detecting Fraudulent Financial Reporting through Financial Statement Analysis", *Journal of Advanced Management Science*, Vol. 2, No. 1, 2014, pp. 17 – 22.

Hollis Ashbaugh-Skaife, Daniel W. Collins, William W. Kinney Jr., and Ryan LaFond, "The Effect of SOX Internal Control Deficiencies and Their Remediation on Accrual Quality", *The Accounting Review*, Vol. 83, No. 1, 2008, pp. 217 – 250.

Hyonok Kim and Hironori Fukukawa, "Japan's Big 3 Firms' Response to Clients' Business Risk: Greater Audit Effort or Higher Audit Fees?" *International Journal of Auditing*, Vol. 17, No. 2, 2013, pp. 190 –

212.

International Federation of Accountants (IFAC), *Handbook of International Auditing, Assurance, and Ethics Pronouncements*, New York, NY: IFAC, 2005.

International Federation of Accountants (IFAC), *Handbook of International Auditing, Assurance, and Ethics Pronouncements*, New York, NY: IFAC, 2008.

International Federation of Accountants (IFAC), *Handbook of International Auditing, Assurance, and Ethics Pronouncements*, New York, NY: IFAC, 2010.

Jacob Thomas, "Unusual Patterns in Reported Earnings", *The Accounting Review*, Vol. 64, No. 4, 1989, pp. 773 – 787.

James J. Heckman, "Sample Selection Bias as a Specification Error", *Econometrica*, Vol. 47, 1979, pp. 153 – 161.

James Loebbecke and John J. Willingham, "Review of SEC Accounting and Auditing Enforcement Releases", Working Paper, University of Utah, 1988.

James Loebbecke, Martha Eining, and John J. Willingham, "Auditors' Experience with Material Irregularities: Frequency, Nature, and Detectability", *Auditing: A Journal of Practice & Theory*, Vol. 9, No. 1, 1989, pp. 1 – 28.

Jan Barton and Paul J. Simko, "The Balance Sheet as an Earnings Management Constraint", *The Accounting Review*, Vol. 77, No. s – 1, 2002, pp. 1 – 27.

Jeffrey Cohen, Ganesh Krishnamoorthy, and Arnie Wright, "Corporate Governance in the Post-Sarbanes-Oxley Era: Auditors' Experiences", *Contemporary Accounting Research*, Vol. 27, No. 3, 2010, pp. 751 – 786.

Jeffrey D. Kubik, Amit Solomon, Harrison G. Hong, "Security Analysts'

Career Concerns and Herding of Earnings Forecasts", *The RAND Journal of Economics*, 2000, pp. 121 – 144.

Jeffrey T. Doyle, Weili Ge, and Sarah McVay, "Accruals Quality and Internal Control over Financial Reporting", *The Accounting Review*, Vol. 82, No. 5, 2007, pp. 1141 – 1170.

Jennifer Conrad, Bradford Cornell, Wayne R. Landsman, and Brian R. Rountree, "How Do Analyst Recommendations Respond to Major News?" *Journal of Financial and Quantitative Analysis*, Vol. 41, No. 1, 2006, pp. 25 – 49.

Jennifer Francis and Donna Philbrick, "Analysts' Decisions as Products of a Multi-Task Environment", *Journal of Accounting Research*, Vol. 31, No. 2, 1993, pp. 216 – 230.

Jennifer Francis and Leonard Soffer, "The Relative Informativeness of Analysts' Stock Recommendations and Earnings Forecast Revisions", *Journal of Accounting Research*, Vol. 35, No. 2, 1997, pp. 193 – 211.

Jennifer Francis, Ryan LaFond, Per Olsson, and Katherine Schipper, "The Market Pricing of Accruals Quality", *Journal of Accounting and Economics*, Vol. 39, No. 2, 2003, pp. 295 – 327.

Jennifer J. Jones, "Earnings Management during Import Relief Investigations", *Journal of Accounting Research*, Vol. 29, 1991, pp. 193 – 228.

Jere R. Francis and Daniel T. Simon, "A Test of Audit Pricing in the Small-Client Segment of the U. S. Audit Market", *The Accounting Review*, Vol. 62, No. 1, 1987, pp. 145 – 157.

Jerry Sun and Guoping Liu, "Does Analyst Coverage Constrain Real Earnings Management?" *The Quarterly Review of Economics and Finance*, Vol. 59, 2016, pp. 131 – 140.

Jerry Sun, "Governance Role of Analyst Coverage and Investor Protection", *Financial Analysts Journal*, Vol. 65, No. 6, 2009, pp. 52 – 63.

Jiandong Chen, Douglas Cumming, Wenxuan Hou, and Edward Lee, "Does the External Monitoring Effect of Financial Analysts Deter Corporate Fraud in China?" *Journal of Business Ethics*, Vol. 134, No. 4, 2016, pp. 727–742.

Jiandong Chen, Rong Ding, Wenxuan Hou, and Sofia Johan, "Do Financial Analysts Perform a Monitoring Role in China? Evidence from Modified Audit Opinions", *Abacus*, Vol. 52, No. 3, 2016, pp. 473–500.

Jie (Jack) He, Xuan Tian, "The Dark Side of Analyst Coverage: The Case of Innovation", *Journal of Financial Economics*, Vol. 109, No. 3, 2013, pp. 856–878.

John D. Lyon and Michael W. Maher, "The Importance of Business Risk in Setting Audit Fees: Evidence from Cases of Client Misconduct", *Journal of Accounting Research*, Vol. 43, No. 1, 2005, pp. 133–151.

John K. Galbraith, *The New Industrial State*, Boston, MA: Houghton Mifflin.

John R. Graham, Campbell R. Harvey, and Shiva Rajgopal, "The Economic Implications of Corporate Financial Reporting", *Journal of Accounting and Economics*, Vol. 40, No. 1, 2005, pp. 3–73.

Jonathan M. Karpoff, D. Scott Lee, Gerald S. Martin, "The Consequences to Managers for Financial Misrepresentation", *Journal of Financial Economics*, Vol. 88, No. 2, 2008, pp. 193–215.

Joseph D. Piotroskiand, Darren T. Roulstone, "The Influence of Analysts, Institutional Investors, and Insiders on the Incorporation of Market, Industry, and Firm-Specific Information into Stock Prices", *The Accounting Review*, Vol. 79, No. 4, 2004, pp. 1119–1151.

Joseph Fuller and Michael C. Jensen, "Just Say No to Wall Street: Putting a Stop to the Earnings Game", *Journal of Applied Corporate Finance*, Vol. 14, No. 4, 2002, pp. 41–46.

Joseph F. Brazel, Keith L. Jones, Jane Thayer, and Rick C. Warne, "Understanding Investor Perceptions of Financial Statement Fraud and Their Use of Red Flags: Evidence from the Field", *Review of Accounting Studies*, Vol. 20, No. 4, 2015, pp. 1373 – 1406.

Joseph J. Schultz Jr., James Lloyd Bierstaker, and Ed O'Donnell, "Integrating Business Risk into Auditor Judgment about the Risk of Material Misstatement: The Influence of a Strategic-Systems-Audit Approach", *Accounting, Organizations and Society*, Vol. 35, 2010, pp. 128 – 251.

Joseph Piotroski and T. J. Wong, "Institutions and Information Environment of Chinese Listed Firms", in Joseph Fan and Randall Morck, eds., *NBER Chapters in Capitalizing China*, Chicago, IL: University of Chicago Press, 2012.

Jo-Ann Tsang, "Moral Rationalization and the Integration of Situational Factors and Psychological Processes in Immoral Behavior", *Review of General Psychology*, Vol. 6, No. 1, 2002, pp. 25 – 50.

Judson Caskey, Venky Nagar, and Paolo Petacchi, "Reporting Bias with an Audit Committee", *The Accounting Review*, Vol. 85, No. 2, 2010, pp. 447 – 481.

Judy Land and Mark H. Lang, "Empirical Evidence on the Evolution of International Earnings", *The Accounting Review*, Vol. 77, No. s – 1, 2002, pp. 115 – 134.

Julie Cotter and Susan M. Young, "Do Analysts Anticipate Accounting Fraud?" Working Paper, Social Science Research Network, 2007.

Julie Cotter, Irem Tuna, and Peter D. Wysocki, "How Do Analysts React to Explicit Earnings Guidance?" *Contemporary Accounting Research*, Vol. 23, No. 3, 2006, pp. 593 – 624.

Junxiong Fang, In-Mu Haw, Veicheng Yu, and Xu Zhang, "Positive Externality of Analyst Coverage upon Audit Services: Evidence from

China", *Asia-Pacific Journal of Accounting & Economics*, Vol. 21, No. 2, 2014, pp. 186 – 206.

Kai Li, Nagpurnanand R. Prabhala, "Self-Selection Models in Corporate Finance", in B. Espen Eckbo ed. , *Handbook of Empirical Corporate Finance*, 2007.

Kalok Chan and Allaudeen Hameed, "Stock Price Synchronicity and Analyst Coverage in Emerging Markets", *Journal of Financial Economics*, Vol. 80, No. 1, 2006, pp. 115 – 147.

Karen V. Pincus, Mark Rusbarsky, and Jilnaught Wong, "Voluntary Formation of Corporate Audit Committees among NASDAQ Firms", *Journal of Accounting and Public Policy*, Vol. 8, 1989, pp. 239 – 265.

Karen V. Pincus, "The Efficacy of a Red Flags Questionnaire for Assessing the Possibility of Fraud", *Accounting, Organizations and Society*, Vol. 14, No. 1 – 2, 1989, pp. 153 – 163.

Karla Johnstone, Chan Li, Kathleen Hertz Rupley, "Changes in Corporate Governance Associated with the Revelation of Internal Control Material Weaknesses and Their Subsequent Remediation", *Contemporary Accounting Research*, Vol. 28, No. 1, 2011, pp. 331 – 383.

Kate Litvak, "The Effect of the Sarbanes-Oxley Act on Non-US Companies Cross-Listed in the U. S. ", *Journal of Corporate Finance*, Vol. 13, No. 2, 2007, pp. 195 – 228.

Katherine Gunny, "The Relation between Earnings Management Using Real Activities Manipulation and Future Performance: Evidence from Meeting Earnings Benchmarks", *Contemporary Accounting Research*, Vol. 27, No. 3, 2010, pp. 855 – 888.

Katherine Schipper, "Analysts' Forecasts", *Accounting Horizons*, Vol. 5, No. 4, 1991, pp. 105 – 121.

Kee H. Chung and Hoje Jo, "The Impact of Security Analysts' Monitoring and Marketing Functions on the Market Value of Firms", *Journal of Financial and Quantitative Analysis, Vol. 31, No. 4, 1996, pp. 493 – 512.

Keith L. Jones, Gopal V. Krishnan, Kevin D. Melendrez, "Do Models of Discretionary Accruals Detect Actual Cases of Fraudulent and Restated Earnings? An Empirical Analysis", Contemporary Accounting Research, Vol. 25, No. 2, 2008, pp. 499 – 531.

Kennard Woodworth, "The National Federation of Financial Analysts Societies: Initial Report of the Committee on Corporate Information", The Analysts Journal, Vol. 5, No. 1, 1949, pp. 79 – 80.

Kenneth J. Reichelt, Dechun Wang, "National and Office-Specific Measures of Auditor Industry Expertise and Effects on Audit Quality", Journal of Accounting Research, Vol. 48, No. 3, 2010, pp. 647 – 686.

Kent L. Womack, "Do Brokerage Analysts' Recommendations Have Investment Value?" Journal of Finance, Vol. 51, No. 1, 1996, pp. 137 – 168.

Knechel, W. Robert, Steven E. Salterio, and Natalia Kochetova-Kozloski, "The Effect of Benchmarked Performance Measurers and Strategic Analysis on Auditors' Risk Assessments and Mental Models", Accounting, Organizations and Society, Vol. 35, No. 3, 2010, pp. 316 – 333.

Kothari, S. P., Andrew J. Leone, and Charles E. Wasley, "Performance Matched Discretionary Accrual Measures", Journal of Accounting and Economics, Vol. 39, 2005, pp. 163 – 197.

Krishnagopal Menon and Kenneth B. Schwartz, "An Empirical Investigation of Audit Qualification Decisions in the Presence of Going Concern Uncertainties", Contemporary Accounting Research, Vol. 3, No. 2, 1987, pp. 302 – 315.

Kurt M. Fanning and Kenneth O. Cogger, "Neural Network Detection of

Management Fraud Using Published Financial Data", *International Journal of Intelligent Systems in Accounting*, *Finance and Management*, Vol. 7, No. 1, 1998, pp. 21 – 41.

Lars Helge Haß, Sofia Johan, Maximilian André Müller, "The Effectiveness of Public Enforcement: Evidence from the Resolution of Tunneling in China", *Journal of Business Ethics*, Vol. 134, No. 4, 2016, pp. 649 – 668.

Laura J. Kornish, Carolyn B. Levine, "Discipline with Common Agency: The Case of Audit and Non-Audit Services", *The Accounting Review*, Vol. 79, No. 1, 2004, pp. 173 – 200.

Lawrence D. Brown and Marcus L. Caylor, "A Temporal Analysis of Quarterly Earnings Thresholds: Propensities and Valuation Consequences", *The Accounting Review*, Vol. 80, No. 2, 2005, pp. 423 – 440.

Lemon, W. Morley, Kay W. Tatum, and W. Stuart Turley, *Developments in the Audit Methodologies of Large Accounting Firms*, London: ABG Professional Information, 2009.

Lianzeng Edward Yuan, "The Positive Externality Effect of Analyst Coverage on the Private Loan Market", SSRN Working Paper, Dec 13, 2006, https://papers.ssrn.com/sol3/papers.cfm?abstract_id=951035.

Lily Hua Fang, "Investment Bank Reputation and the Price and Quality of Underwriting Services", *Journal of Financial*, Vol. 60, No. 6, 2005, pp. 2729 – 2761.

Linda Elizabeth Deangelo, "Auditor Size and Audit Quality", *Journal of Accounting and Economics*, Vol. 3, No. 3, 1981, pp. 183 – 199.

Ling Lei Lisic, Sabatino (Dino) Silveri, Yanheng Song, and Kun Wang, "Accounting Fraud, Auditing, and the Role of Government Sanctions in China", *Journal of Business Research*, Vol. 68, No. 6, 2015, pp. 1186 – 1195.

Margarethe F. Wiersema and Yan Zhang, "CEO Dismissal: The Role of Investment Analysts", *Strategic Management Journal*, Vol. 32, No. 11, 2011, pp. 1161 – 1182.

Margit Osterloh, Jetta Frost, and Bruno S. Frey, "The Dynamics of Motivation in New Organizational Forms", *International Journal of the Economics of Business*, Vol. 9, No. 1, 2002, pp. 61 – 77.

Maria L. Roxas, "Financial Statement Fraud Detection Using Ratio and Digital Analysis", *Journal of Leadership, Accountability and Ethics*, Vol. 8, No. 4, 2011, pp. 56 – 66.

Marie A. McKendall and John A. Wagner, "Motive, Opportunity, Choice, and Corporate Illegality", *Organization Science*, Vol. 8, No. 6, 1997, pp. 624 – 647.

Mark DeFond and Jieying Zhang, "A Review of Archival Auditing Research", *Journal of Accounting and Economics*, Vol. 58, No. 2 – 3, 2014, pp. 275 – 326.

Mark E. Peecher, Rachel Schwartz, and Ira Solomon, "It's all about Audit Quality: Perspectives on Strategic-Systems Auditing", *Accounting Organizations & Society*, Vol. 32, No. 4, 2007, pp. 463 – 485.

Mark H. Lang, Karl V. Lins, and Darius P. Miller, "Concentrated Control, Analyst Following, and Valuation: Do Analysts Matter Most When Investors are Protected Least?" *Journal of Accounting Research*, Vol. 42, No. 3, 2004, pp. 589 – 623.

Mark H. Langand, Russell J. Lundholm, "Corporate Disclosure Policy and Analyst Behavior", *The Accounting Review*, Vol. 71, No. 4, 1996, pp. 467 – 492.

Mark L. DeFond and Clive S. Lennox, "The Effect of SOX on Small Auditor Exits and Audit Quality" *Journal of Accounting and Economics*, Vol. 52, No. 1, 2011, pp. 21 – 40.

Mark L. DeFond and James J. Jiambalvo, "Incidence and Circumstances of Accounting Errors", *The Accounting Review*, Vol. 66, No. 3, 1991, pp. 643 – 655.

Mark S. Beasley, "An Empirical Analysis of the Relation between the Board of Director Composition and Financial Statement Fraud", *The Accounting Review*, Vol. 71, No. 4, 1996, pp. 443 – 465.

Mark T. Bradshaw, Scott A. Richardson, and Richard G. Sloan, "Do Analysts and Auditors Use Information in Accruals?" *Journal of Accounting Research*, Vol. 39, No. 6, 2001, pp. 45 – 74.

Marsha B. Keune and Karla M. Johnstone, "Materiality Judgments and the Resolution of Detected Misstatements: The Role of Managers, Auditors, and Audit Committees", *The Accounting Review*, Vol. 87, No. 5, 2012, pp. 1641 – 1677.

Marshall A. Geiger, K. Raghunandan, and Dasaratha V. Rama, "Recent Changes in the Association between Bankruptcies and Prior Audit Opinions", *Auditing: A Journal of Practice & Theory*, Vol. 24, No. 1, 2005, pp. 21 – 35.

Martha M. Eining, Donald R. Jones, and J. K. Loebbecke, "Reliance on Decision Aids: An Examination of Auditors' Assessment of Management Fraud", *Auditing: A Journal of Practice & Theory*, Vol. 16, No. 2, 1997, pp. 1 – 19.

Mary Ellen Carter, Luann J. Lynch, Sarah L. C. Zechman, "Changes in Bonus Contracts in the Post-Sarbanes-Oxley Era", *Review of Accounting Studies*, Vol. 14, No. 4, 2009, pp. 480 – 506.

Mary E. Barth and Amy P. Hutton, "Analyst Earnings Forecast Revisions and the Pricing of Accruals", *Review of Accounting Studies*, Vol. 9, No. 3, 2004, pp. 59 – 96.

Mary L. Schapiro, "Speech by SEC Chairman: Remarks at Stanford Center on Longevity-FINRA Investor Education Foundation Conference", U. S. Securities and Exchange Commission, November 3th 2011, https://www.sec.gov/news/speech/2011/spch110311mls.htm.

Maureen McNichols and Patricia C. O'Brien, "Self-Selection and Analyst Coverage", *Journal of Accounting Research*, Vol. 35 (Supplement), 1997, pp. 167–193.

Maureen McNichols, "Discussion of the Quality of Accruals and Earnings: The Role of Accrual Estimation Errors", *The Accounting Review*, Vol. 77, No. s–1, 2002, pp. 61–69.

May Hu and Jingjing Yang, "Can Analyst Coverage Reduce the Incidence of Fraud? Evidence from China", *Applied Economics Letters*, Vol. 21, No. 9, 2014, pp. 605–608.

Melissa S. Baucus and Janet P. Near, "Can Illegal Corporate Behavior Be Predicted? An Event History Analysis", *Academy of Management Journal*, Vol. 34, No. 1, 1991, pp. 9–36.

Messod D. Beneish, "The Detection of Earnings Manipulation", *Financial Analysts Journal*, Vol. 55, No. 5, 1999, pp. 24–36.

Michael C. Jensen, William H. Meckling, "Theory of the Firm: Managerial Behavior, Agency Costs and Ownership Structure", *Journal of Financial Economics*, Vol. 3, No. 4, 1976, pp. 305–360.

Michael D. Kimbrough, "The Effect of Conference Calls on Analyst and Market Underreaction to Earnings Announcements", *The Accounting Review*, Vol. 80, No. 1, 2005, pp. 189–219.

Michael Firth, Oliver M. Rui, and Wenfeng Wu, "Cooking the Books: Recipes and Costs of Falsified Financial Statements in China", *Journal of Corporate Finance*, Vol. 17, No. 2, 2011, pp. 371–390.

Michael Firth, Sonia Wong, Qingquan Xin, and Ho Yin Yick, "Regulatory Sanctions on Independent Directors and Their Consequences to the Director Labor Market: Evidence from China", *Journal of Business Ethics*, Vol. 134, No. 4, 2016, pp. 693–708.

Michael Schroeder, "SEC List of Accounting-Fraud Probes Grows", *Wall*

Street Journal, July 6th 2001, https：//www.wsj.com/articles/SB994366683510250066.

Minwen Li, Tanakorn Makaew, and Andrew Winton, "Cheating in China: Corporate Fraud and the Roles of Financial Markets", Working Paper, Social Science Electronic Publishing, 2014.

Moses, O. Douglas, "On Bankruptcy Indicators from Analysts' Earnings Forecasts", *Journal of Accounting, Auditing, and Finance*, Vol. 5, No. 3, 1990, pp. 379 – 409.

Moyer, R. Charles, Robert E. Chatfield, and Phillip M. Sisneros, "Security Analyst Monitoring Activity: Agency Costs and Information Demands", *Journal of Financial and Quantitative Analysis*, Vol. 24, No. 4, 1989, pp. 503 – 512.

Natalia Kochetova-Kozloski and William F. Messier, "Strategic Analysis and Auditor Risk Judgments", *Auditing: A Journal of Practice & Theory*, Vol. 30, No. 4, 2011, pp. 149 – 171.

Natalia Kochetova-Kozloski, Thomas M. Kozloski, and William F. Messier, Jr., "Auditor Business Process Analysis and Linkages among Auditor Risk Judgments", *Auditing: A Journal of Practice & Theory*, Vol. 32, No. 3, 2013, pp. 123 – 139.

Natasha Burns and Simi Kedia, "The Impact of Performance-Based Compensation on Misreporting", *Journal of Financial Economics*, Vol. 79, No. 1, 2006, pp. 35 – 67.

Neil L. Fargher and Liwei Jiang, "Changes in the Audit Environment and Auditors' Propensity to Issue Going-Concern Opinions", *Auditing: A Journal of Practice & Theory*, Vol. 27, No. 2, 2008, pp. 55 – 77.

Nigrini, M., "Using Digital Frequencies to Detect Fraud", *The White Paper*, Vol. 8, No. 2, 1994, pp. 3 – 6.

Obeua S. Persons, "Using Financial Statement Data to Identify Factors Associated with Fraudulent Financial Reporting", *Journal of Applied Bus-

iness Research, Vol. 11, No. 3, 1995, pp. 38–46.

Pamela R. Murphy and M. Tina Dacin, "Psychological Pathways to Fraud: Understanding and Preventing Fraud in Organizations", *Journal of Business Ethics*, Vol. 101, No. 4, 2011, pp. 601–618.

Patricia C. O'Brien, Maureen F. Mcnichols, Lin Hsiou-Wei, "Analyst Impartiality and Investment Banking Relationships", *Journal of Accounting Research*, Vol. 43, No. 4, 2005, pp. 623–650.

Patricia M. Dechow and Ilia D. Dichev, "The Quality of Accruals and Earnings: The Role of Accrual Estimation Errors", *The Accounting Review*, Vol. 77, No. s–1, 2002, pp. 47–67.

Patricia M. Dechow, Amy P. Hutton, Jung Hoon Kim, and Richard G. Sloan, "Detecting Earnings Management: A New Approach", *Journal of Accounting Research*, Vol. 50, No. 2, 2012, pp. 275–334.

Patricia M. Dechow, Richard G. Sloan, and Amy P. Sweeney, "Causes and Consequences of Earnings Manipulation: An Analysis of Firms Subject to Enforcement Actions by the SEC", *Contemporary Accounting Research*, Vol. 13, No. 1, 1996, pp. 193–225.

Patricia M. Dechow, Richard G. Sloan, and Amy P. Sweeney, "Detecting Earnings Management", *The Accounting Review*, Vol. 70, No. 2, 1995, pp. 193–225.

Patricia M. Dechow, Scott A. Richardson, and Irem Tuna, "Why are Earnings Kinky? An Examination of the Earnings Management Explanation", *Review of Accounting Studies*, Vol. 8, No. 2, 2003, pp. 355–384.

Paul A. Griffin, "A League of Their Own? Financial Analysts' Responses to Restatements and Corrective Disclosures", *Journal of Accounting, Auditing and Finance*, Vol. 18, No. 3, 2003, pp. 479–519.

Paul Dunn, "The Impact of Insider Power on Fraudulent Financial Reporting", *Journal of Management*, Vol. 30, No. 3, 2004, pp. 397–412.

Paul M. Healy, Krishna G. Palepu, "Information Asymmetry, Corporate Disclosure, and the Capital Markets: A Review of the Empirical Disclosure Literature", *Journal of Accounting and Economics*, Vol. 31, No. 1, 2001, pp. 405 – 440.

Philip G. Berger, F. Li, and M. H. Franco Wong, "The Impact of Sarbanes-Oxley on Cross-Listed Companies", Working Paper, University of Chicago and University of Michigan, 2011.

Picheng Lee, Jiang Wei, and Asokan Anandarajan, "Going Concern Report Modeling: A Study of Factors Influencing the Auditor's Decision", *Journal of Forensic Accounting*, Vol. 6, No. 1, 2005, pp. 55 – 76.

Public Company Accounting Oversight Board (PCAOB), Identifying and Assessing Risks of Material Misstatement. Auditing Standard No. 12, Washington, DC: PCAOB, 2010.

Qi Chen and Wei Jiang, "Analysts' Weighting of Private and Public Information", *Review of Financial Studies*, Vol. 19, No. 1, 2006, pp. 319 – 355.

Qiang Cheng and Terry D. Warfield, "Equity Incentives and Earnings Management", *The Accounting Review*, Vol. 80, No. 2, 2005, pp. 441 – 476.

Qian Wang, T. J. Wong, and Lijun Xia, "State Ownership, the Institutional Environment, and Auditor Choice", *Journal of Accounting and Economics*, Vol. 46, No. 1, 2008, pp. 112 – 134.

Rafael La Porta, Florencio Lopez-De-Silanes, Andrei Shleifer, and Robert W. Vishny, "Law and Finance", *Journal of Political Economy*, Vol. 106, No. 6, 1998, pp. 1113 – 1155.

Randolph P. Beatty, "The Economic Determinants of Auditor Compensation in the Initial Public Offerings Market", *Journal of Accounting Research*, Vol. 31, No. 2, 1993, pp. 294 – 302.

Ravi Bhushan, "Firm Characteristics and Analyst Following", *Journal of*

Accounting and Economics, Vol. 11, No. 2 – 3, 1989, pp. 255 – 274.

Ray Ball, S. P. Kothari, and Valeri V. Nikolaev, "On Estimating Conditional Conservatism", *The Accounting Review*, Vol. 88, No. 3, 2013, pp. 755 – 787.

Richard Chung, Michael Firth, and Jeong-Bon Kim, "Institutional Monitoring and Opportunistic Earnings Management", *Journal of Corporate Finance*, Vol. 8, No. 1, 2002, pp. 29 – 48.

Richard Cleary and Jay C. Thibodeau, "Applying Digital Analysis Using Benford's Law to Detect Fraud: The Dangers of Type I Errors", *Auditing: A Journal of Practice & Theory*, Vol. 24, No. 1, 2005, pp. 77 – 81.

Richard Mergenthaler, Shivaram Rajgopal, and Suraj Srinivasan, "CEO and CFO Career Penalties to Missing Quarterly Earnings Forecasts", Working Paper, Harvard Business School, 2012.

Robert D. Allen, Dana R. Hermanson, Thomas M. Kozloski, and Robert J. Ramsey, "Auditor Risk Assessment: Insights from the Academic Literature", *Auditing: A Journal of Practice and Theory*, Vol. 20, No. 2, 2006, pp. 157 – 177.

Robert Kuhn Mautz and Hussein Amer Sharaf, *The Philosophy of Auditing*, New York: American Accounting Association, 1961.

Robert M. Bowen, Angela K. Davis, and Dawn A. Matsumoto, "Do Conference Calls Affect Analysts' Forecasts?" *The Accounting Review*, Vol. 77, No. 2, 2002, pp. 285 – 316.

Robert M. Bushman, Joseph D. Piotroski, and Abbie J. Smith, "Insider Trading Restrictions and Analysts' Incentives to Follow Firms", *Journal of Finance*, Vol. 60, No. 1, 2005, pp. 35 – 66.

Robert P. Mageeand, M. C. Tseng, "Audit Pricing and Independence", *The Accounting Review*, Vol. 65, No. 2, 1990, pp. 315 – 336.

Romney, M. B., W. S. Albrecht, and D. J. Cherrington, "Red-Flagging the White Collar Criminal", *Management Accounting*, Vol. 61, No. 9, 1980, pp. 51 – 57.

Ronald A. Dye, "Auditing Standards, Legal Liability, and Auditor Wealth", *Journal of Political Economy*, Vol. 101, No. 5, 1993, pp. 887 – 914.

Ronald A. Dye, "Informationally Motivated Auditor Replacement", *Journal of Accounting and Economics*, Vol. 14, No. 1, 1991, pp. 347 – 374.

Ross L. Watts and Jerold L. Zimmerman, *Positive Accounting Theory*, Englewood Cliffs, NJ: Prentice-Hall, 1986.

Ruben Peixinho and Richard Taffler, "Do Analysts Know But Not Tell? The Case of Going-Concern Opinions", Working Paper, Social Science Electronic Publishing.

Rustom M. Irani, David Oesch, "Analyst Coverage and Real Earnings Management: Quasi-Experimental Evidence", *Journal of Financial and Quantitative Analysis*, Vol. 51, No. 2, 2016, pp. 589 – 627.

R. Gene Brown, "Changing Audit Objectives and Techniques", *The Accounting Review*, Vol. 37, No. 4, 1962, pp. 696 – 703.

R. H. Coase, "The Nature of the Firm", *Economica*, Vol. 4, No. 16, 1937, pp. 386 – 405.

Sanford J. Grossman, "On the Impossibility of Informationally Efficient Markets", *American Economic Review*, Vol. 70, 1980, pp. 393 – 408.

Scott A. Richardson, A. Irem Tuna, and Min Wu, "Predicting Earnings Management: The Case of Earnings Restatements", Working Paper, Social Science Electronic Publishing, 2002.

Scott E. Stickel, "The Anatomy of the Performance of Buy and Sell Recommendations", *Financial Analysts Journal*, Vol. 51, No. 5, 1995, pp. 25 – 39.

Scott L. Summers and John T. Sweeney, "Fraudulently Misstated Financial

Statements and Insider Trading: An Empirical Analysis", *The Accounting Review*, Vol. 73, No. 1, 1998, pp. 131 – 146.

Sheng-Syan Chen and Chia-Wei Huang, "The Sarbanes-Oxley Act, Earnings Management, and Post-Buyback Performance of Open-Market Repurchasing Firms", *Journal of Financial and Quantitative Analysis*, Vol. 48, No. 6, 2013, pp. 1847 – 1876.

Shujun Ding, Chunxin Jia, and Zhenyu Wu, "Mutual Fund Activism and Market Regulation during the Pre-IFRS Period: The Case of Earnings Informativeness in China from an Ethical Perspective", *Journal of Business Ethics*, Vol. 138, No. 4, 2016, pp. 765 – 785.

Siew Hong Teoh and T. J. Wong, "Why New Issues and High-Accrual Firms Underperform: The Role of Analysts' Credulity", *The Review of Financial Studies*, Vol. 15, No. 2, 2002, pp. 869 – 900.

Simon Newcomb, "Note on the Frequency of Use of the Different Digits in Natural Numbers", *American Journal of Mathematics*, Vol. 4, No. 1, 1881, pp. 39 – 40.

Sonali Hazarika, Jonathan M. Karpoff, Rajarishi Nahata, "Internal Corporate Governance, CEO Turnover, and Earnings Management", *Journal of Financial Economics*, Vol. 104, No. 1, 2012, pp. 44 – 69.

Stephen A. Hillegeist, "Financial Reporting and Auditing under Alternative Damage Appointment Rules", *The Accounting Review*, Vol. 74, No. 3, 1999, pp. 347 – 369.

Stephen J. Dempsey, "Predisclosure Information Search Incentives, Analyst Following, and Earnings Announcement Price Response", *The Accounting Review*, Vol. 64, No. 4, 1989, pp. 748 – 757.

Steven R. Matsunagaand, Chul W. Park, "The Effect of Missing a Quarterly Earnings Benchmark on the CEO's Annual Bonus", *The Accounting Review*, Vol. 76, No. 3, 2001, pp. 313 – 332.

Suguta Roychowdhury, "Earnings Management through Real Activities Manipulation", *Journal of Accounting and Economics*, Vol. 42, No. 3, 2006, pp. 335 – 370.

Tao Chen, Jarrad Harford, and Chen Lin, "Do Analysts Matter for Governance? Evidence from Natural Experiments", *Journal of Financial Economics*, Vol. 115, No. 2, 2015, pp. 384 – 410.

Thomas Alexander Lee, ed., *Company Auditing*, London: Institute of Chartered Accountants of Scotland, 1986.

Timothy B. Bell, Frank O. Marrs, Ira Solomon, Howard Thomas, and Jr. William R. Kinney, *Auditing Organizations through a Strategic-Systems Lens*, New York: KPMG Peat Marwick, 1997.

Timothy B. Bell, Szykowny S., and John J. Willingham, "Assessing the Likelihood of Fraudulent Financial Reporting: A Cascaded Logit Approach", Working Paper, KPMG, Peat Marwick, Montvale, NJ, 1991.

Toby E. Stuart and Yanbo Wang, "Who Cooks the Books in China, and Does It Pay? Evidence from Private, High-Technology Firms", *Strategic Management Journal*, Vol. 37, No. 17, 2016, pp. 2658 – 2676.

Toshiyuki Shibano, "Assessing Audit Risk from Errors and Irregularities", *Journal of Accounting Research*, Vol. 28, No. 3, 1990, pp. 110 – 140.

Tracy Yue Wang, "Corporate Securities Fraud: Insights from a New Empirical Framework", *Journal of Law, Economics, and Organization*, Vol. 29, No. 3, 2013, pp. 535 – 568.

T. G. Calderon and B. P. Green, "Signaling Fraud by Using Analytical Procedures", *Ohio CPA Journal*, Vol. 53, 1994, pp. 27 – 38.

Vineeta D. Sharma, "Board of Director Characteristics, Institutional Ownership, and Fraud: Evidence from Australia", *Auditing: A Journal of Practice & Theory*, Vol. 23, No. 2, 2004, pp. 105 – 117.

Wayne R. Guay, S. P. Kothari, Ross L. Watts, "A Market-Based Evaluation of Discretionary Accrual Models", *Journal of Accounting Research*, Vol. 34, 1996, pp. 83 – 105.

Wei Shi, Brain L. Connelly, and Robert E. Hoskisson, "External Corporate Governance and Financial Fraud: Cognitive Evaluation Theory Insights on Agency Theory Prescriptions", *Strategic Management Journal*, Vol. 38, No. 6, 2017, pp. 1268 – 1286.

Weijia Hu and Lirong Han, "Does the Reputation of Financial Advisors and Legal Advisors Matter in Mergers and Acquisitions: Evidence from U. S. Capital Market", *The Frontiers in Economic and Management Research*, Vol. 5, No. 4, 2015, pp. 1 – 24.

Weijia Hu and Philipp Schaberl, "Analyst Coverage and Earnings Management: A Role of Regional Development Disparity", Presented at 2017 American Accounting Association International Accounting Section Mid Year Conference, Tampa, Florida, U. S. A., Jan. 21 – 23, 2017.

Weisenborn, D. and D. M. Norris, "Red Flags of Management Fraud: The Authors Examine Management Fraud and the Signs That Indicate It Might Be Occurring", *National Public Accountant*, Vol. 42, 1997, pp. 29 – 33.

Wenxuan Hou and Geoff Moore, "Player and Referee Roles Held Jointly: The Effect of State Ownership on China's Regulatory Enforcement Against Fraud", *Journal of Business Ethics*, Vol. 95, No. 2, 2010, pp. 317 – 335.

Werner F. M. De Bondt and Richard H. Thaler, "Further Evidence on Investor Overreaction and Stock Market Seasonality", *Journal of Finance*, Vol. 42, No. 3, 1987, pp. 557 – 581.

Wilks, T. Jeffery and Mark F. Zimbelman, "Decomposition of Fraud-Risk Assessments and Auditors' Sensitivity to Fraud Cues", *Contemporary Accounting Research*, Vol. 21, No. 3, 2004, pp. 719 – 745.

William Eugene Shafer, Richard Stanley Simmons, and Rita W. Y. Yip,

"Social Responsibility, Professional Commitment and Tax Fraud", *Accounting, Auditing & Accountability Journal*, Vol. 29, No. 1, 2016, pp. 111 – 134.

William F. Wright and Leslie Berger, "Fraudulent Management Explanations and the Impact of Alternative Presentations of Client Business Evidence", *Auditing: A Journal of Practice and Theory*, Vol. 30, No. 2, 2011, pp. 153 – 171.

William F. Wright, "Client Business Models, Process Business Risks and the Risk of Material Misstatement of Revenue", *Accounting, Organizations and Society*, Vol. 48, 2016, pp. 43 – 55.

William H. Greene, "Sample Selection Bias as a Specification Error: A Comment", *Econometrica: Journal of the Econometric Society*, Vol. 40, No. 1, 1981, pp. 795 – 798.

William R. Kinney, Zoe-Vonna Palmrose, and Susan Scholz, "Auditor Independence, Non-Audit Services, and Restatements: Was the U.S. Government Right?" *Journal of Accounting Research*, Vol. 42, No. 3, 2004, pp. 561 – 588.

William, M., "What to Tell Security Analysts", *Public Relations Journals*, Vol. 3, No. 5 – 6, 1955, p. 26.

Wuchun Chi, Ling Lei Lisic, and Mikhail Pevzner, "Is Enhanced Audit Quality Associated with Greater Real Earnings Management?" *Accounting Horizons*, Vol. 25, No. 2, 2011, pp. 315 – 335.

Xiaonian Xu, Yan Wang, "Ownership Structure and Corporate Governance in Chinese Stock Companies", *China Economic Review*, Vol. 10, No. 1, 1999, pp. 75 – 98.

Xin Yu, Peng Zhang, and Ying Zheng, "Corporate Governance, Political Connections, and Intra-Industry Effects: Evidence from Corporate Scandals in China", *Financial Management*, Vol. 44, No. 1, 2015, pp. 49 – 80.

Yannis Georgellis, Elisabetta Iossa, and Vurain Tabvuma, "Crowding out Intrinsic Motivation in the Public Sector", *Journal of Public Administration Research and Theory*, Vol. 21, No. 3, 2011, pp. 473 – 493.

Y. Lim, G. Monroe, and S. Suwardi, "The Effect of Analyst Coverage on Audit Fees: International Evidence", Presented at the AAA Annual Conference, Anaheim, CA. , August 7, 2013.

Zabihollah Rezaee, "Causes, Consequences, and Deterrence of Financial Statement Fraud", *Critical Perspectives on Accounting*, Vol. 16, No. 3, 2005, pp. 277 – 298.

Zhaoyang Gu, Zengquan Li, and Yong George Yang, "Monitors or Predators: The Influence of Institutional Investors on Sell – Side Analysts", *The Accounting Review*, Vol. 88, No. 1, 2013, pp. 137 – 169.

Zoe-Vonna Palmrose, Vernon J. Richardson, and Susan Scholz, "Determinants of Market Reactions to Restatement Announcements", *Journal of Accounting and Economics*, Vol. 37, No. 2, 2004, pp. 59 – 90.

Zoe-Vonna Palmrose, "The Effect of Nonaudit Services on the Pricing of Audit Services: Further Evidence", *Journal of Accounting Research*, 1986, pp. 405 – 411.